"十四五"职业教育国家规划教材

"十二五"职业教育国家规划教材

修订版

普通高等教育"十一五"国家级规划教材

机械工业出版社精品教材

市场营销 第5版

线上课程版

主　编　张晋光
副主编　邹心之
参　编　何　兰　杨叶飞　邓志旺

机械工业出版社
CHINA MACHINE PRESS

本书第2版、第3版、第4版分别获评"十一五""十二五""十四五"国家规划教材。

本书主要面向高等职业教育及职业本科院校学生，以培养应用型人才为目标，以工学结合、项目驱动、情景化教学为指导思想，基于企业营销工作岗位的实际需要，设计优化了教学内容，突出理实一体化的教学理念。全书体例新颖、内容简洁、案例丰富，并将企业界、学术界的新动态、新发展有机地穿插到各部分内容中，力图在较为成熟的市场营销理论框架之上，构筑出较为新颖、充实的内容体系，体现出当今全球化、数字化等时代特色，激发学生的学习兴趣，启发学生思维，便于学生掌握和运用市场营销的基本理论和方法。

全书共分10章，主要内容包括：认识市场营销，分析市场及竞争，市场调查，聚焦目标顾客，产品决策，定价决策，分销决策，促销决策，服务市场营销，企业营销组织、计划与控制。为方便学生学习，每章列有明确的学习与能力目标，每节内容前配有引导案例，每章最后附有本章小结、知识检测与拓展、实训项目及操作规范、案例分析。

本书将营销理论与企业实践紧密结合，深入浅出、强调重点，可作为高等职业教育、职业本科及成人继续教育财经商贸类专业的教材，也可作为企业管理人员和企业营销人员的参考用书。

图书在版编目（CIP）数据

市场营销/张晋光主编. —5版. —北京：机械工业出版社，2023.11（2025.8重印）
"十四五"职业教育国家规划教材：修订版
ISBN 978-7-111-74041-4

Ⅰ.①市… Ⅱ.①张… Ⅲ.①市场营销学—高等职业教育—教材 Ⅳ.①F713.50

中国国家版本馆CIP数据核字（2023）第191374号

机械工业出版社（北京市百万庄大街22号 邮政编码100037）
策划编辑：孔文梅　　　责任编辑：孔文梅　董宇佳
责任校对：闫玥红　　　封面设计：马若濛
责任印制：刘　媛
三河市宏达印刷有限公司印刷
2025年8月第5版第5次印刷
184mm×260mm・16印张・335千字
标准书号：ISBN 978-7-111-74041-4
定价：49.00元

电话服务　　　　　　　　网络服务
客服电话：010-88361066　机 工 官 网：www.cmpbook.com
　　　　　010-88379833　机 工 官 博：weibo.com/cmp1952
　　　　　010-68326294　金 书 网：www.golden-book.com
封底无防伪标均为盗版　　机工教育服务网：www.cmpedu.com

关于"十四五"职业教育
国家规划教材的出版说明

为贯彻落实《中共中央关于认真学习宣传贯彻党的二十大精神的决定》《习近平新时代中国特色社会主义思想进课程教材指南》《职业院校教材管理办法》等文件精神，机械工业出版社与教材编写团队一道，认真执行思政内容进教材、进课堂、进头脑要求，尊重教育规律，遵循学科特点，对教材内容进行了更新，着力落实以下要求：

1. 提升教材铸魂育人功能，培育、践行社会主义核心价值观，教育引导学生树立共产主义远大理想和中国特色社会主义共同理想，坚定"四个自信"，厚植爱国主义情怀，把爱国情、强国志、报国行自觉融入建设社会主义现代化强国、实现中华民族伟大复兴的奋斗之中。同时，弘扬中华优秀传统文化，深入开展宪法法治教育。

2. 注重科学思维方法训练和科学伦理教育，培养学生探索未知、追求真理、勇攀科学高峰的责任感和使命感；强化学生工程伦理教育，培养学生精益求精的大国工匠精神，激发学生科技报国的家国情怀和使命担当。加快构建中国特色哲学社会科学学科体系、学术体系、话语体系。帮助学生了解相关专业和行业领域的国家战略、法律法规和相关政策，引导学生深入社会实践、关注现实问题，培育学生经世济民、诚信服务、德法兼修的职业素养。

3. 教育引导学生深刻理解并自觉实践各行业的职业精神、职业规范，增强职业责任感，培养遵纪守法、爱岗敬业、无私奉献、诚实守信、公道办事、开拓创新的职业品格和行为习惯。

在此基础上，及时更新教材知识内容，体现产业发展的新技术、新工艺、新规范、新标准。加强教材数字化建设，丰富配套资源，形成可听、可视、可练、可互动的融媒体教材。

教材建设需要各方的共同努力，也欢迎相关教材使用院校的师生及时反馈意见和建议，我们将认真组织力量进行研究，在后续重印及再版时吸纳改进，不断推动高质量教材出版。

机械工业出版社

Preface
前言

本书第1版出版于2005年2月，第2、3、4版分别获评"十一五""十二五""十四五"国家规划教材，一直是机械工业出版社精品教材，被全国众多高职院校选用，赢得了营销学界专家、学者和师生们的一致好评。

本次修订仍然坚持之前的编写思路和风格，服务党的二十大提出的造就更多"高技能人才"的人才战略目标，坚持立德树人，充分考虑到高职高专教育的培养特色，围绕打造"优素养、厚基础、强能力"的课程培养目标，教材编写更加注重匹配职业院校学生学习禀赋，厚植营销职业素养培养，精炼市场营销理论，突出职业岗位项目训练，力求便于学生的阅读理解和教师使用。

当今面对百年未有之大变局，企业营销活动受到国际及国内政治、经济、技术和社会等的影响，特别是移动互联网、新一代信息技术、人工智能等新技术的广泛应用，对企业原有营销体系和实践产生立体冲击，对营销人提出了更高的要求和挑战；同时，党的二十大报告强调"以中国式现代化全面推进中华民族伟大复兴"，高质量发展、文化自信自强、绿色发展等任务目标的确立，使得中国营销范式的实施与创新成为当代营销人的重要使命。新时代、新技术、新场景，需要新思维。为此，本次修订将突出以下四大特色：一是注重思政元素融入，以本土优秀企业及企业家的营销案例，培植学生优秀的职业素养和民族精神；二是更新案例、丰富新素材，并充实数字化资源，匹配新变化；三是更加突出理实一体、线上线下相融合的教学内容设计；四是充实营销实用方法及技能的引介及训练，更便于教师开展项目化、情景化教学。

全书共10章，每章为一个学习单元，设计一个综合性实训项目，实训内容和要求尽可能与企业的营销工作对接；每节有"引导案例"，还穿插有"企业实例""课堂行动学习""营销工具"等营销实务内容，每章末有与本章内容相关的"营销伦理""本章小结""知识检测与拓展"，使学生更好地理解掌握整章内容，同时强化学生的营销道德观。

本次修订提纲由张晋光、邹心之、杨叶飞商讨拟定，具体的修订分工如下：深圳职业技术学院张晋光负责第一、四、七、九、十章；深圳职业技术学院邹心之负责第八章；湖南铁道职业技术学院何兰负责第二、五章；深圳职业技术学院邓志旺负责第三章；深圳职业技术学院杨叶飞负责第六章。最后由张晋光统稿、定稿。

在编写中参考借鉴了国内外营销学者的研究成果，在此，谨向市场营销学界的前辈、师友及作者致谢！本书的编写和再版，得到了众多职业技术学院及机械工业出版社的大力支持，在此一并致谢！感谢校企合作企业诸位专家对课程建设的帮助，感谢校友彭剑明同学在资源制作方面的贡献！

为方便教学，本书配备课件、习题及答案、教案、课程标准、教学日历、案例集、模拟试卷及视频素材等教学资源，选用本书作为教材的教师可登录机工教育服务网（www.cmpedu.com），免费注册下载；学习者可登录学银在线课程（https://www.xueyinonline.com/detail/236325693）进行学习。咨询电话：010-88379375。

由于编者时间及精力有限，本书内容难免存在谬误，敬请读者批评指教，我们将努力改正。

编　者

二维码索引 Index

序号	微课名称	二维码	页码	序号	微课名称	二维码	页码
1	第一章学习导引		1	11	如何开展一场市场调查		72
2	社会市场营销观念		12	12	第四章学习导引		90
3	企业需要赢得回头客		14	13	如何进行市场细分		93
4	第二章学习导引		27	14	什么是市场定位五价值法		103
5	机会威胁矩阵解读		29	15	第五章学习导引		112
6	宏观环境分析法——PEST		30	16	产品组合与优化调整		115
7	消费者行为分析模型——5W2H		42	17	产品生命周期		119
8	消费者购买决策过程		46	18	如何打造强势品牌		123
9	第三章学习导引		68	19	如何提高新产品开发成功率		133
10	从大数据看精准营销		69	20	第六章学习导引		139

（续）

序号	微课名称	二维码	页码	序号	微课名称	二维码	页码
21	定价目标		141	28	华为云销售为何能打动罗振宇		189
22	产品组合定价策略		151	29	这样的洗脑广告怎么样？		197
23	第七章学习导引		158	30	星巴克公共活动		204
24	分销渠道模式		161	31	疫情中的中国企业都做了哪些事情？		204
25	营销渠道设计四步法		166	32	第九章学习导引		213
26	第八章学习导引		182	33	第十章学习导引		229
27	如何制定营销传播方案		188	34	如何编制营销计划		237

目录 Contents

前言
二维码索引

第一章　认识市场营销 1
第一节　市场及市场营销的含义 2
第二节　市场营销理念及新发展 9
第三节　市场营销职业方向 19
本章小结 24
知识检测与拓展 24
实训项目 25

第二章　分析市场及竞争 27
第一节　营销环境分析 28
第二节　需求及购买行为分析 40
第三节　竞争分析 54
第四节　SWOT分析及应用 62
本章小结 66
知识检测与拓展 66
实训项目 67

第三章　市场调查 68
第一节　市场调查的类型及实施步骤 69
第二节　市场调查的基本方法 75
第三节　市场调查报告的撰写 80
本章小结 87
知识检测与拓展 87
实训项目 87

第四章　聚焦目标顾客 90
第一节　市场细分的意义及方法 91
第二节　目标市场选择及营销策略 97
第三节　市场定位策略及方法 102
第四节　市场营销组合 104
本章小结 110
知识检测与拓展 110
实训项目 111

第五章　产品决策——企业营销的基石 112
第一节　整体产品及产品组合 113
第二节　产品生命周期与营销策略 118
第三节　品牌、包装策略 123
第四节　新产品开发策略 129
本章小结 137

| 知识检测与拓展 | 137 |
| 实训项目 | 137 |

第六章 定价决策——关乎企业的利润 … 139
第一节 企业定价的主要依据 … 140
第二节 企业定价的基本方法 … 144
第三节 企业定价策略 … 149
本章小结 … 155
知识检测与拓展 … 155
实训项目 … 155

第七章 分销决策——抢占市场的桥头堡 … 158
第一节 分销渠道的基本模式 … 159
第二节 分销渠道选择及策略 … 164
第三节 中间商的主要类型 … 169
本章小结 … 179
知识检测与拓展 … 180
实训项目 … 180

第八章 促销决策——做好与消费者的沟通 … 182
第一节 促销组合与整合营销传播 … 183
第二节 人员推销 … 188
第三节 广告 … 193
第四节 营业推广 … 198
第五节 公共关系 … 202
第六节 新媒体促销 … 206
本章小结 … 210
知识检测与拓展 … 210
实训项目 … 211

第九章 服务市场营销 … 213
第一节 服务市场概述及服务营销的特殊性 … 214
第二节 服务营销组合策略 … 217
第三节 服务业的关系营销 … 222
本章小结 … 226
知识检测与拓展 … 226
实训项目 … 227

第十章 企业营销组织、计划与控制 … 229
第一节 企业市场营销组织 … 230
第二节 营销计划的编制和执行 … 235
第三节 企业营销控制 … 239
本章小结 … 243
知识检测与拓展 … 243
实训项目 … 243

参考文献 … 245

Chapter 1

第一章
认识市场营销

学习与能力目标

◎ 提升对"市场""市场营销"的认识,理解其在营销学中的确切含义。

◎ 能描述出企业营销工作的主要内容,并能区分营销与推销、促销、销售等概念的不同。

◎ 理解产品导向、市场导向、客户关系导向三类营销理念的基本思想及区别,及当代营销观念的新发展,并能列举出具体的应用事例。

◎ 了解未来就业的主要岗位,以及所需的能力、素质要求。

第一章
学习导引

第一节　市场及市场营销的含义

> **引导案例 1-1　国内吃货终于把海底捞"吃"上市**
>
> 2018年9月26日，海底捞成功在香港证券交易所上市。发行价为17.8港元/股，市值一度突破千亿港元，成为我国餐饮界的"航空母舰"。
>
> 海底捞创建于1994年，历经20多年的发展，成长为国际知名餐饮企业。截至2019年年底，海底捞已在中国（含港澳台）以及新加坡、越南、韩国、日本、英国、美国、加拿大以及澳大利亚等国家经营768家门店，拥有超过5 473万会员和10万员工；其2015～2019年的业绩情况如表1-1所示。
>
> 表1-1　海底捞2015～2019年业绩情况
>
> | 年　份 | 营业收入（亿元） | 净利润（亿元） | 净利润率（%） |
> | --- | --- | --- | --- |
> | 2015 | 57.57 | 4.11 | 7.11 |
> | 2016 | 78.08 | 9.78 | 12.50 |
> | 2017 | 106.37 | 11.94 | 11.21 |
> | 2018 | 169.69 | 16.49 | 9.70 |
> | 2019 | 265.56 | 23.45 | 8.83 |
>
> 良好的业绩成就了海底捞的传奇。据了解，餐厅经营收入一直是海底捞最主要的收入来源，2018年全年海底捞接待用餐人次超过1.6亿，约有六成顾客每月去一次，翻台率达5次/天；2019年服务顾客超过2.44亿人次，会员达到5 473万人，全年平均翻台率4.8次/天。
>
> 因此可以说，海底捞的成功，离不开全国上亿"吃货"们的贡献。

一、什么是"市场"

（一）市场概貌

现实生活中我们每个人都是消费者，我们需要购买和使用各种各样的生活消费品。图1-1所示的简单的市场结构图，就反映了这种最基本的买卖关系。

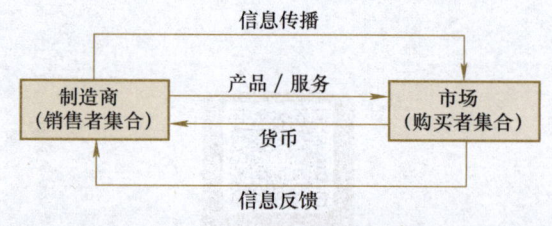

图1-1　简单的市场结构图

在现代社会，任何组织、个人都不能离开市场而存在。作为营销活动主体的企业，在其经营活动中可能会涉及消费者市场、中间商市场、资源市场、政府市场等各种类型的市场，其相互关系如图1-2所示。

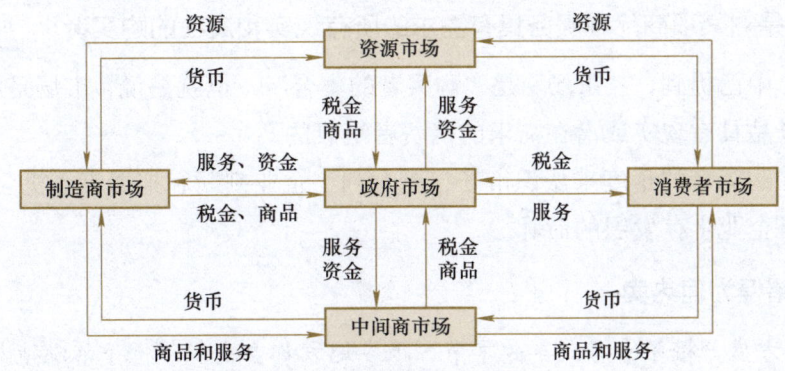

图 1-2 复杂的市场结构图

现实经济社会中的市场结构是十分复杂的：生产企业为生产某种产品，需要从资源市场取得其所需的原材料、设备、劳动力、资金等生产要素，生产出产品或服务后卖给中间商（批发商、零售商），中间商再将产品出售给消费者；消费者凭自己的劳动获取金钱，再到市场上购买所需的产品或服务；政府在社会经济生活中，一方面为公众提供服务，向各市场征税，另一方面也从资源市场、中间商市场、生产厂商处采购商品，以满足其行政管理的需要。

（二）市场的含义

"市场"的概念由来已久，历史上，当人们有了盈余的货物，有了交换的需要，就有了市场。《易传·系辞》中记载，远古时，"日中为市，致天下之民，聚天下之货，交易而退，各得其所"。这种集中交易的场所就是最早的市场。因此，市场最基本的含义是指商品交易的场所、商品行销的区域。如我们都熟悉的菜市场、商场，乃至淘宝、京东等，但仅仅停留在这样的认识是远远不够的。

站在企业经营、市场营销专业人士的角度，应从以下两点来理解"市场"的含义：

1. 市场是对某种商品或服务的具有支付能力的需求

据历史考证，我国最早的贸易物品是盐，最早的商人是山西南部解州（今运城）盐池从事自然结晶盐贸易的山西人。祖先们出于生理需要而发现并食用自然存在、无须加工的盐，直到今天，盐仍是我们每个人的刚需。可见，市场交易的本质是满足需求。

近年来，随着我国经济的发展，消费者收入水平的提高，旅游市场"异军突起"，反映的是旅游消费需求的快速增长。

> 【课堂行动学习】说出你的需求
>
> 请列举你在生活中出现的以下几种需求以及所需要的相应产品：刚性需求及产品、非刚性需求及产品、刚性高频的需求及产品、刚性低频的需求及产品、有痛点的需求及产品。
>
> （建议分组讨论，小组汇总后提交，组间交流，老师点评、总结。）

2. 市场是对某项商品或服务具有需求的所有现实和潜在的购买者

在图1-1中已提到,"市场"是"购买者的集合"。也就是说,市场是由人组成的,是由对某种产品具有现实或潜在需求的消费者组成的。

从需求和购买者的角度来认识市场,更有利于企业判断和把握市场机会,而对市场机会的把握是企业生存发展的命脉。

实例1-1 // 褚橙为何热卖

我国南方盛产橙子,每到丰收季节,很多地方都会出现"橙子落满地却无人问"的局面。75岁的褚时健发现美国等进口橙子价格高却有市场,决定用先进技术培育出比国外进口橙子质量更好的冰糖橙子。他准确定位,选择了中高端消费者市场,推出了近6元钱一个的"褚橙"(见图1-3),打造出"甜中带酸的感觉,犹如人生"的励志橙概念。2012年11月,20吨橙子在北京市场亮相5天即销售一空。

褚橙的成功,与褚时健的个人经历有很大的关系。

图1-3 褚橙

74岁时,褚时健在新加坡华人华侨资助下,租下900亩山地,年逾古稀的老人种起了橙子,而从种苗到橙子结果,至少要等6年。他像管理工厂一样,采取了严格的、精细化的管理方式来管理果园,当时他就对手下的人说:"我们要做的是高端产品,按我说的做,保证橙子卖得比肉还贵。"

褚时健84岁时,"褚橙"通过"本来生活网"大规模进入北京市场,开始在中国各地销售。网站创始人喻华峰为褚橙拟定了宣传语"人生总有起落,精神终可传承(橙)"。上线销售5分钟卖出800箱,服务器一度宕机。此后,每年11月褚橙上市的季节,年年热销,供不应求。

通常我们可以用以下简单的公式对市场进行分析:

$$市场 = 人口 + 购买力 + 购买欲望$$

其中,人口是构成市场的最基本要素,人口的多少是决定市场大小的基本前提;购买力是指消费者用货币购买商品或服务的能力,一般情况下是由消费者的收入决定的;购买欲望指消费者购买商品的动机、愿望和需求。

当以上三个要素同时具备时,该市场就是现实的市场;而当后两个要素没有同时具备时,就只能称其为潜在市场,但一旦所缺条件具备,则潜在市场就可转化为现实市场。

运用此公式,营销人员就可以简便、有效地分析本企业产品现实的和潜在的需求状况,对正确地制定营销决策具有重要意义。

实例 1-2 // 经典故事：鞋的市场

> 一家美国鞋业公司派其高级财务职员到一个非洲国家，去了解公司的鞋能否在那里找到销路。一个星期后，这位职员打电报回来说："这里的人不穿鞋，这里没有鞋的市场。"
>
> 鞋业公司总经理决定派最好的推销员到这个国家，对此进行仔细调查。一星期后，推销员打电报回来说："这里的人还没穿鞋，是一个巨大市场。"
>
> 请问：对此案例你怎样看？说说你的理由。

二、什么是"市场营销"

（一）市场营销的含义

市场营销（Marketing）既指企业的一种经营活动，也作为学科的名称，指市场营销学，属于管理学的一个分支。

市场营销学是研究市场营销活动及其规律性的一门应用科学。它诞生于20世纪30年代的美国。当时在经历了1929—1933年的经济危机之后，美国的市场环境告别了市场供不应求的卖方市场而转为买方市场。市场营销学就是在买方市场的环境条件下产生和发展起来的，作为市场营销学研究对象的市场营销包含了企业经营中与市场有关的一切活动，其目的是创造销售产品的机会。

美国市场营销协会（The American Marketing Association，AMA）对市场营销的定义是：市场营销是创造、传播、交付和交换那些对顾客、客户、合作伙伴和社会有价值的市场供应物的活动、制度和过程。

营销学界的权威美国西北大学教授菲利普·科特勒（Philip Kotler）在其所著的《营销管理》一书中指出，可以把营销管理看作艺术和科学的结合——选择目标市场，并通过创造、交付和传播优质的顾客价值来获得顾客、挽留顾客和提升顾客关系的科学和艺术。

为便于理解，本书将市场营销的含义归结为以下几个要点：

（1）营销的中心任务是满足顾客的现实或潜在需求。

（2）营销行为的核心就是将顾客的需求转变成企业的盈利机会。

（3）企业通过营销活动及过程为顾客创造价值，从而赢得顾客、留住顾客。

（4）营销的产品可以是商品（有形的产品）、服务（无形的产品）、创意/观念、人物、场所等。几乎任何东西都可以被营销。

（二）与营销相关的几个概念

1. 需要、欲望与需求

人们在日常生活中，对吃、穿、住、行、用等各个方面会有多种多样的需要，有低层次的、最基本的需要，也有高层次的需要；有物质方面的需要；也有精神层次的需要。

随着社会及经济的发展，人的需要也是不断发展变化的。

欲望是指为了满足某种需要，而对某种产品的渴求。同样的需要，对不同年龄或不同地区的消费者而言，可能引发出对不同产品的渴求。

需求则是指有支付能力的需要，是有能力购买的对某种商品的需要及欲望。

三者的关系是，需要可能引发欲望，欲望进一步可能变成消费者对某种商品的需求。营销人员需要关注、把握消费者的需求及变化，开发出适合的产品及服务，满足顾客需求。"好的产品是被顾客主动买走的，而不是被推销出去的"，只有真正满足顾客需求的产品，才能赢得顾客的"货币选票"，企业才会有好的收益，否则，顾客就会"用脚投票"了。

因此，需求分析是企业营销的核心工作之一，这是我们第二章第二节将要学习的内容。

2. 顾客价值与顾客满意

顾客价值是指顾客对产品满足其需求的主观评价。一般而言，消费者在购物的时候，都会有意或无意地将物品或服务的品质与价格做比较，以衡量是否物有所值。

营销学权威菲利普·科特勒（Philip Kotler）教授提出了"顾客让渡价值（Customer Perceived Value）"（或称"顾客认知价值"）理论。

顾客让渡价值是指顾客从市场提供的商品中发现和感受到的总价值与为获得这些利益所付出的总成本之间的差额，即

$$顾客让渡价值 = 顾客总价值 - 顾客总成本$$

具体来讲，顾客让渡价值的构成因素如图1-4、表1-2所示。

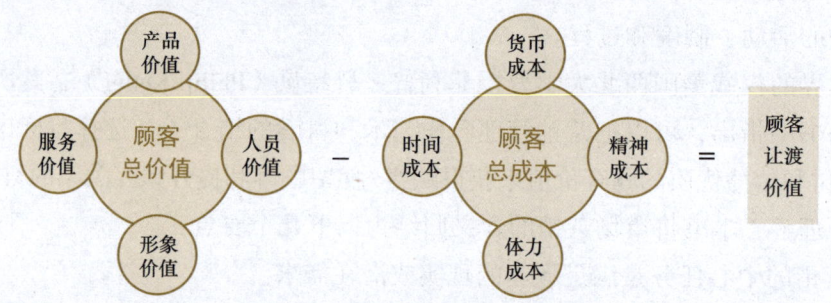

图1-4 顾客让渡价值的形成

表1-2 顾客让渡价值的决定因素

总价值	决定因素	总成本	决定因素
产品价值	品质、功能、款式、特色等	货币成本	商品价格、交通费、安装维修费等
服务价值	伴随产品销售的售前、售中、售后服务	时间成本	咨询收集信息的时间、交通时间、交货等待时间等
人员价值	员工的经营思想、作风、业务能力、工作效率和质量等	精神和体力成本	收集信息、谈判交易条件、购买、安装、使用、维修等方面的精神和体力的支出
形象价值	企业的品牌、声誉等		

顾客往往会从产品提供的利益（价值）与为获得该产品所需付出的成本两个方面进行比较分析，从中选择出价值与成本之差最大的产品作为优先选购的对象。因此，企业以满足顾客的需求为出发点，通过增加顾客总价值，或减少顾客总成本，或双管齐下，达到向顾客提供比竞争对手具有更多让渡价值的产品，将有利于赢得更多的潜在顾客。

"满意的顾客是企业最好的广告。"企业为谋求长远的发展，不仅应设法赢得顾客，还需让顾客满意、保持忠诚。根据预期满意理论，顾客满意与否主要取决于其对产品的实际感受与自己的期望所进行的比较。如果顾客的实际感受低于预期，那么顾客就会不满意；如果两者相当，顾客就会满意；如果实际感受超出预期，顾客就会非常满意。

3. 推销、促销与营销

被誉为现代管理学之父的彼得·德鲁克（Peter F. Drucker）指出，市场营销是要深刻地认识和了解顾客，使产品和服务完全适合特定顾客的需要，从而实现产品的自我销售。推销往往是需要的，然而，市场营销的目的却是使推销成为多余的。

科特勒有个非常形象的比喻，他说："如果将营销比作漂浮在海里的一座冰山，销售只不过是这座冰山露出水面的那一部分。"他在接受记者采访时曾谈道："中国企业过分地依靠媒体和广告做市场营销工作，这是个非常大的错误。"

德鲁克还曾指出："市场营销是如此基本，以致不能把它看成是一个单独的功能……从它的最终结果来看，也就是从顾客的观点来看，市场营销是整个企业的活动。"科特勒教授更明确地指出，营销是企业成功的关键因素。

因此，推销、销售、促销仅仅是企业营销工作中的一个部分，且并不是最重要的部分。而市场营销是包含推销、促销等在内的整体性、综合性的活动过程，贯穿了从产品生产前到销售后的整个过程。具体来讲，市场营销包括以下四个方面的主要内容（见图1-5）：

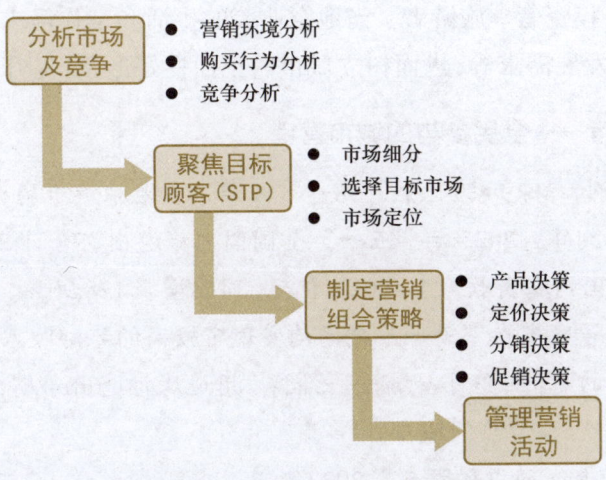

图1-5 市场营销的主要内容

(三)市场营销的应用

市场营销作为管理中的后起之秀,不仅被众多的消费品公司、工业设备公司、服务行业企业所运用,现如今,市场营销也已被运用到各种组织、非营利机构,如学校、医院、警察部门、博物馆、交响乐团、社会组织等。

实例 1-3 // 各高校的宣传越来越好看了

> 近年来,每到 6~7 月高考及报考季,各高校都高度重视,纷纷通过官方微博、微信等多种途径推出各自的招生宣传。很多高校改变了往日严肃、说教的形象和内容,拼创意、拼形式,努力拉近与考生的距离,学生、校友、网友们也脑洞大开,纷纷参与进来,好不热闹。
>
> 2019 年 6 月,一则上海交大的宣传片上了网络热搜,"本科技术哪家强,上海交大在闵行""美容美发、汽修、厨师、挖掘机等全球热门专业我们都没有……",采用的是 20 世纪 90 年代的土味"蓝翔版"风格,插入了很多曾经流行的段子,成功引来网络上的巨大流量。虽是匿名网友制作,但获得上海交大官微的转发,并配文称"瞎说什么大实话"。
>
> 到了录取、报到季,又会看到很多高校用心制作的网红通知书。如清华大学的 3D 录取通知书,封面是经典的红色,当它被打开时,清华著名的"二校门"就会在眼前徐徐立起。这是激光雕刻的 3D 清华"二校门"纸雕,有 30 多件纸艺部件,上百个拼插结构,经激光雕刻、建材、拼插组装,据说是由清华师生纯手工打造。
>
> 深圳大学"深大盒子梦想版"录取通知书,盒子里有一个 VR 眼镜,通过扫二维码就能观看 VR 版的深大——"给你天空的视角,瞰美丽荔园"。除了 VR 科技元素,礼盒里还有校徽、纪念笔、纪念本、木质明信片等,主打暖心温情路线。

此外,城市营销、地区营销也越来越受到地方政府及文旅部门的重视,从市场营销的角度来讲,城市营销通过优化提升城市软硬件环境及相关服务,发掘、创新其独特的吸引力来满足市民、投资者、旅游者、当地企业等的生活和工作需求、创业和投资需求、旅游休闲需求、企业发展需求等,进而树立城市的正面良好形象,提升城市的核心竞争力。

实例 1-4 // 淄博烧烤——全民参与的城市营销

> 2023 年新冠疫情结束后的首个"五一"假期,多地旅游市场火爆。据国家文化和旅游部数据中心测算,2023 年"五一"全国国内旅游出游合计 2.74 亿人次,同比增长 70.83%,实现国内旅游收入 1 480.56 亿元,同比增长 128.90%。上海、成都、北京、苏州、南京、西安等城市在"五一"期间均实现了较高的旅游收入。
>
> 特别值得一提的是,三线小城市——淄博,用烧烤打造出专属自己的城市名片,成为 2023 年"五一"旅游热门城市。
>
> (1)淄博烧烤走红网络的源头。2022 年 5 月,山东大学 1.2 万名学生被转运到

淄博隔离，在此期间，他们受到了当地政府和民众的热情款待。离别的最后一餐，当地政府包下了一个区的烧烤店为学生践行。为此，学生们留下感谢信表示，春暖花开时会再来淄博吃烧烤。2023年3月，一群大学生集体坐高铁去淄博撸串的视频火爆全网，此后两个月里，淄博烧烤热度不断。

（2）政府细致服务。为迎接五一"进淄赶烤"的大批游客，淄博仅用20天的时间新建了一座占地百余亩的烧烤城，4月28日正式营业。新装的标牌上醒目地写着"诚实守信、公平交易、杜绝欺诈、文明服务"。当地政府提出"谁敢砸淄博的锅，就砸了谁的碗"，对市场商户进行严格的管理。节前淄博文旅局还发出"劝退"信，表明游客量已超出接待能力，劝"赶烤者""知难而退"。200多家党政机关事业单位向社会免费开放停车场和洗手间，给游客带来更多便利。

（3）商户诚信经营。3、4月份开始，面对游客的大幅度增加，商户坚持不涨价、不宰客。尽管疫情三年经营惨淡，商户们也没有利用这次爆火的机会抬高价格。他们明白，挣一天的钱，不如叫它一直火下去。

（4）市民积极配合。淄博赢得广泛好评，还离不开市民们的珍视和付出。他们时刻注意自己的言行，尽自己所能让游客留下好的印象。一些反常操作带来了网上更高的热度，如"五一"期间游客预定的酒店"坐地降价"，住酒店都管接送，有市民收拾出私人房间让外地游客免费住宿等，赢得游客广泛好评。

第二节　市场营销理念及新发展

引导案例1-2　华为：以客户为中心，以奋斗者为本

华为成立于1987年，是一家由员工持有全部股份的民营企业，目前有18万员工，业务遍及170多个国家和地区。

2012年，华为取代爱立信，成为世界上最大的通信设备生产者。2014年，华为的国际专利申请件数超过多年盘踞第一的美国高通，位居全球公司之首。

华为创始人任正非，于2003年被网民评选为"2003年中国IT十大上升人物"；2005年入选美国《时代》杂志全球100位最具影响力人物；2018年9月入选世界最具影响力十大华商人物榜。

30多年来，华为一直坚持"以客户为中心，以奋斗者为本，长期艰苦奋斗，坚持自我批判"这一企业文化和核心价值观。

1. 以客户为中心

（1）为客户服务是华为存在的唯一理由，客户需求是华为发展的原动力。

（2）坚持以客户为中心，快速响应客户的需求，持续为客户创造长期价值，帮助

客户获得成功。而不是通过为客户服务，赚一笔钱，自己获得成功，成就自己。

（3）为客户提供有效服务，不追求企业利益最大化。要站在客户的立场上，比客户多想一步；此外，有钱要大家赚，华为把利润分给产业链或上下游的合作伙伴，实现共生共赢。

2. 以奋斗者为本

（1）实行"员工持股计划"。任正非本人在华为的持股比例只有1.01%，其余的98.99%属于华为投资控股有限公司工会委员会。

（2）为员工提供成长和发展的舞台。华为以责任贡献来评价员工和选拔干部，为员工提供了全球化发展平台、与世界对话的机会，使大量年轻人有机会担当重任、快速成长，也使得十几万员工通过个人的努力，收获了合理的回报与值得回味的人生经历。

一、产品导向的营销理念

产品导向的营销理念是以企业为中心的，企业擅长生产什么就生产什么、销售什么。其具体包括以下三种营销观念（见图1-6）：

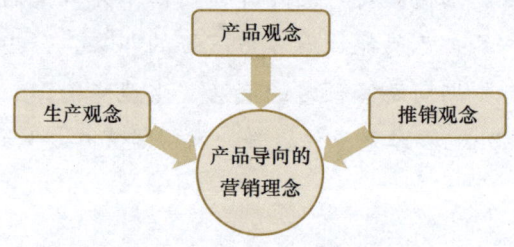

图1-6　产品导向的营销理念

1. 生产观念（Production Concept）

生产观念是最为古老的营销观念之一，适用于产品供不应求的卖方市场，因而企业不需要担心产品的销路。企业把主要的精力放在生产上，重点是提高产量和降低成本，以尽可能地获取更多的利润。

2. 产品观念（Product Concept）

产品观念认为在同类产品增多的情况下，那些品质好的产品会受到顾客的青睐。"只要产品好，顾客自然会找上门来。"因而企业应把主要的精力放在提高产品质量上。

注重产品质量本无可厚非，但这种观念容易导致企业一味地关注和陶醉于自己的产品，而忽视了顾客的需求，即导致所谓的"营销近视症"。例如一些技术很先进的产品在市场上却败下阵来。

3. 推销观念（Selling Concept）

推销观念通常适用于产品供应极大地丰富，市场开始由卖方市场向买方市场转化的阶段。一些企业认为消费者通常表现出一种购买的惰性或者抗拒心理，只有通过加强推销和促销，才能扩大销售，增加企业收益。因而企业把主要精力放在产品的推销和销售上。

另外，推销观念比较适合于销售那些非渴求商品。所谓非渴求商品，就是指消费者一般不会想到要去购买的商品，如保险、百科全书、墓地等。这些行业应善于运用各种推销技巧去寻找和说服顾客购买。

二、市场导向的营销理念

这是买方市场条件下企业应遵循的经营理念，其核心思想是"顾客需要什么，就生产什么、销售什么"。甚至有人说，如果你不去满足顾客的需要，就没有人需要你。市场导向的营销理念具体包括以下两种营销观念（见图1-7）：

图1-7 市场导向的营销理念

1. 市场营销观念（Marketing Concept）

市场营销观念认为，实现企业目标的关键在于明确目标顾客的需要和欲望，并且要比竞争对手更有效地满足顾客的需要。通过更好地满足顾客的需要而获取利润，求得企业的发展。

有许多形象的说法能够体现这一理念，如"生产你能销售出去的产品而不是销售你所能生产的产品""爱你的顾客要胜过爱你的产品"等。总之，市场营销观念充分体现了以顾客为中心的思想。

市场营销观念对指导企业的经营活动具有重大意义，是众多企业取得经营成功的基本前提。

实例1-5 // 年客流上亿，宜家凭什么这么牛？

> IKEA（宜家）公司创立于1943年，创始人是瑞典人坎普拉德。创立之初主要经营文具邮购、杂货等业务，后转向以家具为主业，在不断扩张过程中，其产品范围扩展到各种家居用品，现已成为全球最大的家居用品零售商。自1998年至今，宜家在中国已开设了数百家商场。
>
> 作为一家传统的线下企业，宜家在中国1年的客流量达上亿人次，他们是怎么做到的呢？
>
> 秉持着"为大众创造更美好的日常生活"的企业使命，宜家在经营中不是从产品出发，也不是从品牌出发，而是从大众出发。
>
> 1. 商品陈列按需求科学排列
>
> 他们把分类摆放和整效布局科学地搭配起来，把大件家具和小件饰品统一起来，以客厅、卧室等家居实景的方式呈现出来，让人看起来能够增见识、长学问，有

层次感又不会觉得累。

2. 采用开放式场景销售模式

客户可随意触摸测试家具，坐在沙发上甚至躺到床上。客户参与已成为宜家特有的文化，成为其吸引客户、导入流量的关键推手。

3. 注重细节

在宜家，当你想测量尺寸或把感兴趣的东西记下来的时候，在抬手的地方有小铅笔、小纸条、纸米尺供你使用；当你在购物累了的时候，你会发现，刚好在你不远处有一个可坐的地方让你休息。

2. 社会市场营销观念（Social Marketing Concept）

扫码观看：社会市场营销观念

虽然市场营销观念强调满足顾客需要是企业经营的最高宗旨，但现实中却还存在着片面理解消费者的需求，或一味地从自身利益出发，置消费者长远利益于不顾的种种现象。例如，一次性用品给人们带来了方便，却造成了资源的浪费和环境的污染；一些网吧利用学生对电子游戏的需求，不顾学生的身心健康而牟取暴利……种种现象均说明市场营销观念回避了消费者需要与消费者的长远利益、社会福利之间隐含的冲突，暴露出市场营销观念的局限性。

社会市场营销观念即是对市场营销观念的进一步修正和完善，如图1-8所示。该观念认为，企业营销活动在满足顾客需要的同时，还必须要考虑到社会公众长远的和整体的利益，担负起社会与道德的责任，如要考虑到环境保护、资源节约、消费者的身心健康等。

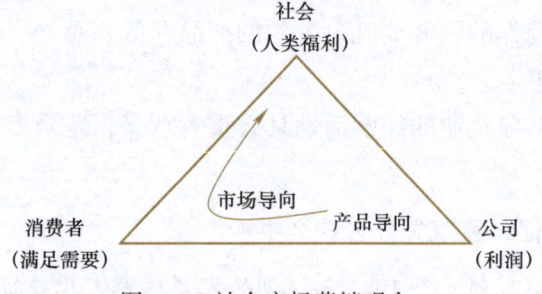

图1-8 社会市场营销观念

因此，社会市场营销观念是对市场营销观念的补充，强调要衡量消费者、企业、社会三个方面的利益，要求企业在追求经济效益的同时，兼顾社会效益，因而是符合社会可持续发展要求的营销观念，应当大力提倡。

实例 1-6 // 快递业包装浪费有多可怕？胶带可绕地球 200 圈

随着电商的持续快速发展，不断增多的包裹也带来了包装浪费的问题。国家统计局数据显示，2017年1～5月，快递业务量超过130亿件。其中，电商包裹超过100亿件，占比超过80%。由于快递包裹垃圾增加较快，清运生活垃圾中塑胶和纸类垃圾占比也明显增长，其中塑胶垃圾占比从12%上升到20%左右，纸类垃圾占比从9%上升到14%左右。

通常一个快递包裹在打包的过程中耗费了哪些材料呢?以一个550毫升的洗发水为例,它的包装除了一个纸箱之外,还需封装用的胶带、防撞用的泡泡纸和包裹用的保鲜膜,胶带的使用长度接近1.4米,泡泡纸的消耗也接近1米,而保鲜膜的使用长度是最长的,达到了2.3米,这三种材料加起来的长度已经接近5米,而这样的一个包装程度在商品的打包过程中只是一个平均水平。

为了减少包装浪费,很多电商开始低碳化行动。图1-9中的黄色小箱子叫作"漂流箱",用它来代替普通纸箱装载消费者购买的商品并循环使用,大大节省了包装材料。目前,全国共投入16 000个漂流箱,每天减少传统快递包裹4 000个左右。

除了通过回收货物装载箱来减少包装材料的浪费,电商还在传统包裹材料节省上下功夫。菜鸟物流研发了可降解的快递袋和无胶带纸箱,并建立站点回收快递箱再利用。京东将胶带的宽度由53毫米缩短至45毫米,去年全年减少胶带使用长度达到1亿米。同时,各大电商均推出电子签收系统,节约了上千吨物流小票。

图1-9 漂流箱

知识链接

什么是企业社会责任

对于企业社会责任(Corporate Social Responsibility, CSR),目前国际上普遍认同的理念是:企业在创造利润、对股东利益负责的同时,还要承担对员工、对社会公众和环境的社会责任,包括遵守商业道德、确保生产安全、维护职业健康、保护劳动者合法权益、节约资源等。

企业通过承担社会责任,一方面可以赢得声誉和社会认同,另一方面也可以更好地体现自己的文化取向和价值观念,为企业发展营造更佳的社会氛围,使企业得以保持生命力,能够长期可持续发展。所以,成熟的企业都非常重视社会责任形象的建立和推广。

从全球视角来看,企业承担社会责任已成为必然趋势。1997年8月,美国制定了企业社会责任的国际标准,即SA8000(Social Accountability 8000)。1999年1月,在瑞士达沃斯世界经济论坛上,联合国秘书长安南提出了"全球协议",并于2000年7月在联合国总部正式启动,该协议号召公司遵守人权、劳工标准和环境等方面的9项基本原则。SA8000体系认证、"全球协议"均已在全球范围内推进,其对于企业发展、全球贸易产生越来越大的影响。

三、客户关系导向的营销理念

扫码观看：
企业需要
赢得回头客

如今的市场，商品供过于求，企业间竞争激烈，顾客面对众多供应商提供的类似产品或服务，稍不合意就不购买，即使买了第一次也不一定会再买第二次。企业因此感到了顾客流失的严重后果，如果不采取有效措施保留顾客，企业将无法生存。现在的市场已不是顾客依靠企业，而是企业需要依靠顾客。

关系营销（Relationship Marketing）于20世纪80年代末、90年代初在西方企业界兴起，是企业顺应市场环境变化的理性选择。随着市场的成熟及竞争的进一步加剧，企业营销关注的焦点就必然由与顾客的单次交易，转变为与顾客建立长期稳定的关系。建立、维持并增进顾客与企业的关系，留住老顾客，已成为企业获得持久竞争优势的关键。

关系营销理念强调发展与顾客的长期、稳定的关系，使顾客保持忠诚。后来，关系营销所涵盖的关系进一步被扩展到与企业营销活动相关的所有个人和组织，包括顾客、供应商、经销商、内部员工、政府机构、社会组织等，以此赢得新的竞争优势。

信息技术的发展成为关系营销发展的重要驱动力。现代信息技术为各种营销伙伴关系的建立、维护和发展提供了低成本、高效率的沟通工具，如CRM、APP、大数据等，解决了关系营销所必需的基本技术条件。

【营销工具】 CRM系统

CRM是英文Customer Relationship Management的简写，即"客户关系管理"。这套系统一般包括客户信息管理、销售过程自动化（SFA）、营销自动化（MA）、客户服务与支持（CSS）、客户分析（CA）、进销存六大主要功能模块组成。

CRM系统的核心是对客户数据的管理，全过程自动记录和存储企业在营销与销售过程中与客户发生的各种交互行为，以及各类有关活动的状态，应用该系统有助于提高企业赢利能力、利润以及顾客满意度。

一些企业设有CRM专员岗位，负责客户管理相关的工作。

（一）建立、保持并加强同顾客的良好关系

┃专家观点┃

管理大师彼得·德鲁克："企业的目的在于创造顾客。没有顾客何来利润，利润是为顾客创造价值的附属物。"

营销界权威菲利普·科特勒："营销不是市场推广的艺术，而是为客户创造价值的艺术。"

20世纪90年代，美国著名学者赖克海德（Frederick F. Reichheld）和萨瑟（W. E. Sasser）对服务行业的大量企业进行调查分析后得出的结论是，一个公司如果能将其顾客流失率

降低 5%，其利润就能增加 25%～85%。因此，关系营销的中心在于使顾客保持忠诚。在当今新经济条件下，企业应更关注顾客的终身价值，从顾客的终身消费中获利。

实例 1-7 // 蔚来汽车：和用户做朋友

> 上海蔚来汽车有限公司（简称蔚来汽车）成立于 2014 年 11 月，是一家全球化的智能电动汽车公司，在上海、合肥、北京、南京、圣何塞、慕尼黑、牛津、柏林以及布达佩斯等地设立了研发与生产机构，并初步建立销售服务体系。
>
> 经过近十年的发展，蔚来汽车因便捷的换电模式、良好的服务品质等特点逐渐打动国内消费者，成为国内造车新势力的重要品牌之一。2023 年 3 月，蔚来交付新车 10 378 辆，同比增长 3.9%。2023 年第一季度，蔚来共交付新车 31 041 辆，同比增长 20.5%；每月交付量稳定在一万辆左右。
>
> 致力于成为一家用户型企业的蔚来几乎所有的策略均是围绕其用户展开的，用户对于他们来说不再是旁观者，而是真正的参与者、体验者，也是企业走向未来的见证者。蔚来汽车从诞生之日起便放弃了传统 4S 店的销售渠道模式，而是自营自建了线上线下的服务系统。
>
> 蔚来汽车的线上服务体系并非官方网站，而是以 NIO App 作为用户体验和服务的统一接口。用户可以通过 App 完成看车、购车、售后等基础服务；任何出行问题可以通过 App 与服务中心建立联系解决；随时随地查询充电换点基点。除了上述基础服务以外，还创新性地加入了社交、媒体、商城等属性功能。
>
> 蔚来通过该 App 倾听用户真实的声音，用以改进产品设计及服务体验。同时，这款 App 不仅局限于用户之间的沟通交流，公司的管理高层、蔚来员工同样在 App 中以人格化的形象对外，普通用户可以直接与他们互动。
>
> 线下服务是为了带给客户不一样的沉浸式"蔚来体验"。蔚来已在全国 19 个城市开设 23 家 NIO House，向蔚来用户提供展厅、办公、阅读、休闲、成长、聚会、城市文化服务等多种功能，为用户提供有温度的"第二个家"或"第三空间"。

（二）发展与主要利益相关者的关系

关系营销所涵盖的关系包括与企业营销活动相关的所有个人和组织，除顾客以外，还有员工、营销合作伙伴（渠道、供应商、分销商、经销商、代理商、股东、投资者等）、政府、公众团体等。

1. 与关联企业的关系

传统意义上的企业竞争往往是两败俱伤。关系营销理论则认为，企业之间存在合作的可能，有时通过与关联企业的合作，更有利于实现企业预期目标。首先，企业与其供应商的关系决定着企业所能获得的资源数量、资源质量及获得的速度；其次，在分销商市场上，零售商和批发商的支持对于产品的销售至关重要，优秀的分销商是企业竞争优势的重要组成部分；第三，企业与竞争者可以通过在研发、采购、生产、销售等方面的合作，降低经营的费用和风险，增强企业的经营能力。

此外，同行企业间的竞争容易造成许多恶果，如企业亏损剧增、行业效益下降等，这对整个社会经济的发展将产生不良影响，而企业间的合作则可使这种不良竞争减少到最低程度。每个企业各有所长，各有所短，发现和利用企业外部的有利条件是企业营销的重要因素。现实中已有越来越多的公司通过缔结战略伙伴关系来应对日趋激烈的竞争。

2. 与政府及公众团体的关系

企业是社会的组成部分，其活动必然要受到政府有关规定的影响和制约，在处理与政府的关系时，企业应该采取积极的态度，自觉遵守国家法律法规，协助研究国家所面临的各种问题及解决方法和途径。关系营销理论认为，如果企业能与政府积极地合作，树立共存共荣的思想，则有利于政府制定出对营销活动调节更为合理化、避免相互矛盾、帮助营销人员创造和分配价值的政策。

3. 与企业内部员工的关系

员工对企业营销的成功是至关重要的，员工的工作态度、能力、素质等是实现企业目标的根本保证。当员工能充满激情工作的时候，他们就能够以更高的热情和效率为顾客提供产品和服务，从而赢得顾客的满意。因此，处理好与企业内部员工的关系是关系营销的重要内容，也被称为内部营销。

> **【课堂行动学习】** 分析华为公司的营销理念
>
> 结合所学的产品导向、市场导向、关系导向三大类营销理念，分析本节引导案例，总结华为采取的是何种营销理念，并阐述你的理由。

四、当代企业营销理念的新发展

回顾企业营销理念从产品导向的营销理念，到市场导向的营销理念，再到客户关系导向的营销理念，整个的演进过程体现的是不断向重视顾客方向发展的结果。如今更是顾客主导的时代，企业面临着越来越激烈的竞争，这也必然促使企业营销观念进一步深化和发展。

（一）全球营销

进入 21 世纪以来，伴随着网络技术、高新技术的快速发展和广泛应用，经济全球化的进程明显加速，全球经济一体化、市场全球化的崭新格局已经形成，企业营销的时空无限扩大，从而使企业传统的"时空"观念和"国界"观念受到巨大冲击。任何企业都可以借助现代信息技术手段，随时地、直接地面对全球的顾客和竞争者，企业竞争从区域竞争转向了全球竞争。

全球营销理念要求企业必须彻底打破以国界、区界划分国际市场与国内市场的传统认识，强化竞争全球化、资源全球化、顾客全球化的全新经营理念，开拓营销思维和视野，以全球市场的观点来制定和实施经营战略，选择目标市场和战略定位，要善于借助网络等现代化的信息技术手段了解和掌握国际市场营销发展动态，发掘商机，主动营销，大力开拓市场。

全球营销观念强调通过全球性布局与协调，按照最优化的原则，把不同国家中的资源组织起来，以最低的成本、最优化的营销去满足全球市场的需要，获取全球性竞争优势。

实例1-8 // 一加手机的全球化思维

> 2019年3月29日，Google与WPP集团联合发布"2019 BrandZ中国出海品牌50强"榜单，一加手机位居第九位。年轻的一加手机于2013年12月诞生在深圳，作为新来者它是如何从同质化竞争中脱颖而出的呢？
>
> 公司创始人兼CEO刘作虎说，"我们拥有很大的梦想，从创业之初，我们就希望打造一个受人尊敬的国际化品牌""我们正在做一些不一样的事情。一加的口号就是'不将就（Never Settle）'，我们会一直坚持这个理念"。
>
> 一加手机上市前，刘作虎就明确提出，除了中国市场外，一加还将进军欧美和亚洲发达地区市场。他表示，一加的国际化运作并非是噱头，无论是国际化团队，还是国际版社区的运营，都有不错的表现。
>
> 当时一加的员工来自全球15个国家，人数不到30人。刘作虎曾这样介绍："就像我们的联合创始人Carl一样，他出生于1989年，我们绝大多数员工都是拥有远大梦想的年轻人。"
>
> 据了解，一加海外论坛每月访问量接近200万，访客来自全世界各个国家，其中访客人数最多的前三个国家依次是美国、德国、意大利，国内用户只排在了第九位。
>
> 刘作虎将一加的海外市场划分为三个区域，北美市场、欧洲市场以及亚洲发达地区市场。北美市场是一加做口碑的地方，欧洲市场电子产品的平均价格都很高，是一加在海外做销量的地方。亚洲市场包括日本、韩国、新加坡、马来西亚等地区，只做影响力，反过来促进中国市场业务。
>
> 一加经常会被贴上"最会做海外市场的中国品牌"标签，据一加内部数据，在近100亿人民币销售额中，70%的市场份额来自海外市场，国内市场仅仅占据30%。

（二）体验营销

体验营销是1998年美国学者派恩等提出的，指企业以满足消费者的体验需求为目标，以服务产品为舞台，以有形产品为载体，通过对事件、情境的安排以及特定体验过程的设计，让消费者在体验中产生美妙而深刻的印象，并获得最大程度上的精神满足的过程。

通常体验营销是根据需求，创造提供一个新的环境或者条件，在消费者的体验需求得到满足的同时,实现商家利益。如今的网络时代,在线游戏就是一个典型的体验营销案例。在线游戏商通过游戏软件的设计,营造出一个相互竞争的消费氛围(有时是激烈的,有时是非激烈的),通过游戏规则设计出游戏事件。

体验营销的设计通常包括下面几个因素:

(1)体验。体验是指遇到或经历某种情景后产生的结果,主要是心理上的感受,具体包括感觉、感受、思维、行动与联系五种类型。

(2)情境。它是企业为顾客搭建的舞台,是顾客体验的外部环境,如星巴克咖啡店设计的店堂环境。

(3)事件。如为顾客设计的一系列的表演程序。

(4)浸入。这是指顾客的参与性,要让顾客成为"演员",而不是"观众"。

(5)印象。体验的难忘过程就形成了印象,其目的是顾客关系的维护,强调顾客的重复购买。

实例 1-9 // 海底捞的"变态"服务

> 海底捞从一家普通的火锅店发展为中国餐饮业的领头羊,其在体验营销上的成功值得借鉴。
>
> 每当人们走进海底捞,排队等待用餐往往是不可避免的,这本是极其枯燥的过程,但海底捞的服务员会时不时送上免费的饮料、水果和点心,顾客还能免费享受擦皮鞋、上网、美甲等服务,也可随意选择打牌、下棋之类的娱乐项目,让顾客的等待不再枯燥乏味。
>
> 在海底捞用餐还会享受到很多贴心的服务。例如,火锅菜可点半份,饮料可以免费续杯,水果免费等;对女士,会赠送皮筋,用来绑起头发,避免粘到食物;对孕妇顾客,服务员会送上柔软的靠枕;戴眼镜的客人会得到擦镜布;卫生间还准备了免费的护肤品和牙刷、牙膏;糖果可以无限拿取……
>
> 海底捞以人性化的服务赢得了顾客的口碑,几乎所有在海底捞吃过饭的人都会对其服务竖起大拇指,其中绝大多数的顾客都成了海底捞的回头客。

(三)全方位营销

时代发展到今天,互联网、全球化和超竞争正重塑市场格局并改变企业的运作方式,科特勒教授在《营销管理》中提出"必须超越传统的营销观念,采用一种更富有整体性、关联性的方法来开展营销活动"。

全方位营销(Holistic Marketing)观念以开发、设计和实施营销计划、过程及活动为基础,同时也深度地认识到上述营销计划、营销过程和营销活动的广度和彼此间的相互依赖性。全方位营销的观点认为,在营销实践中,每个细节都特别重要,但广泛的、整合的视角更是不可或缺的。

全方位营销包括以下四个主题(见图1-10):

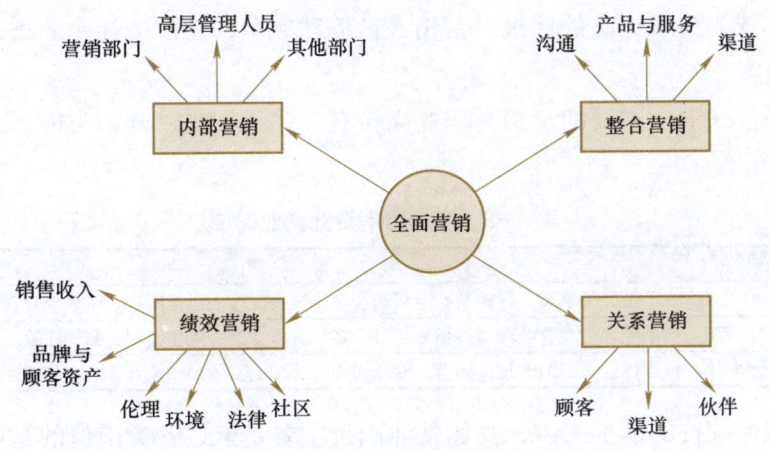

图 1-10　全方位营销图示

> **专家观点**
>
> **营销的进化**
>
> 营销 1.0：工业化时代的以产品为中心的营销，解决企业如何实现更好地"交易"的问题。
>
> 营销 2.0：以消费者为导向的营销，不仅需要产品有功能差异，更需要企业向消费者诉求情感与形象。
>
> 营销 3.0：以价值观驱动的营销，消费者从企业"捕捉的猎物"还原成"丰富的人"，是以人为本的营销。
>
> 营销 4.0：以大数据、社群、价值观营销为基础，营销的核心是如何与消费者积极互动，让消费者更多地参与到营销价值的创造中来。
>
> （资料来源：科特勒，卡塔加雅，塞蒂亚万. 营销革命 4.0[M]. 王赛译. 北京：机械工业出版社，2018）

第三节　市场营销职业方向

本节将帮助学生初步了解未来主要的就业岗位及职业能力要求。

高职市场营销专业是培养适应制造、流通、服务等企业营销业务一线需要，具有良好的职业道德，掌握现代营销管理知识，具有营销调研与预测、谈判与推销、营销策划与执行等能力的技术技能型人才。

一、营销类基础岗位

根据近年各地人才市场、企业招聘等方面的信息，市场营销人才需求量一直都很大。一方面，企业发展壮大需要一支优秀的市场营销团队对市场的开发；另一方面，或由于工作压力大，或为追求更高的回报，营销人员流动频繁，无形中让企业增加了对营销类人员的招聘频度。

从就业岗位来看，主要的营销类职业岗位有：销售类岗、营销类岗、运营类岗等，如表 1-3 所示。

表 1-3　市场营销专业就业岗位

岗位类别	具体岗位
销售类岗	业务员、跟单员、促销员、电话销售员、客户经理、销售助理、销售经理等
营销类岗	产品经理、品牌经理、市场分析员、客户服务专员、媒体策划、营销主管、公共关系主管等
运营类岗（互联网业务）	新媒体运营、APP 推广运营、SEO/SEM 运营、广告投放/流量运营、网店运营、社群运营等

对高等职业院校的学生来讲，初始就业岗位主要是上述各类岗位的基层职位；随着自身素质和业务能力的提升，可获得更高的职位，如销售主管、客户关系经理、谈判代表、市场部经理、公关经理、企划经理、运营主管，甚至可能成为企业高级管理人员。一般需 3 年左右的时间，就可以升迁到更高一级的岗位。

实例 1-10 // 销售女神：董明珠

> 董明珠，现任珠海格力电器股份有限公司董事长、总裁。20 世纪 90 年代，当时 36 岁的董明珠辞去在南京的干部工作，到深圳后加入当时还叫海利的珠海格力，从基层业务员做起，业绩不断突破业界的营销记录，创造了多个营销神话，后逐步升任格力总裁。竞争对手曾用"董姐走过的路不长草"来形容其作风强硬果断。
>
> 1990 年，董明珠进入格力做基层业务员。当时格力被称作"海利"，是一家投产不久、年产能约 2 万台的国营空调厂，没有核心技术，只能做空调组装。董明珠在格力工作期间基本没有休过年假。
>
> 1992 年，董明珠在安徽的销售额突破 1 600 万元，占整个公司的 1/8。随后，她被调往几乎没有一丝市场裂缝的南京，并签下了一张 200 万元的单子，一年内，其个人销售额上涨至 3 650 万元。
>
> 1994 年，格力内部出现了一次严重危机，部分骨干业务员突然"集体辞职"，董明珠经受住了诱惑，坚持留在格力，被全票推选为公司经营部部长。
>
> 一年之后，公司销售收入增长了 7 倍，达到 28 亿元。
>
> 1996 年，空调业凉夏血战，已升为销售经理的董明珠宁可让出市场也不降价，她带领 23 名营销业务员奋力迎战国内一些厂家成百上千人的营销队伍。同年 8 月 31 日，她宣布拿出 1 亿元利润的 2% 按销售额比例补贴给每个经销商，促使该年格力销售增长 17%。
>
> 自董明珠 1994 年年底出任经营部部长以来，格力电器在 1995—2005 年连续 11 年的空调产销量、销售收入、市场占有率均居全国首位。2003 年以后，销售额以年均 30% 的速度增长，净利润保持 15% 以上的增幅！格力电器在技术、营销、服务和管理等创新领域硕果累累，独揽"行业标志性品牌""中国世界名牌""全国质量奖"和"出口免验"等顶级荣誉。

> 董明珠在珠海格力从业务员一步步成长为经营部部长、销售公司经理、副总经理、副董事长、总裁；2012年5月，被正式任命为格力集团董事长。

二、职业能力要求

根据营销职业岗位的工作环境、条件、技术性质等方面的特点，营销从业人员需具备以下四个方面的专业技能：

1. 市场调研和分析能力

市场调研和分析能力主要包括：市场调查能力、市场分析能力、编制市场调查报告的能力、运用市场调查结果的能力。

2. 产品销售能力

产品销售能力主要包括：根据顾客需求进行推销的能力、与客户进行商务谈判的能力、利用网络进行营销的能力、良好的商务沟通和公关能力。

3. 营销策划和执行能力

营销策划和执行能力主要包括：市场推广策划能力、媒体选择和广告效果评估能力、根据客户需要撰写营销活动方案的能力、整体营销方案策划的能力。

4. 营销管理能力

营销管理能力主要包括：进行营销组织及协调的能力、渠道管理能力、客户关系管理能力、培训和激励员工的能力、基本的财务管理能力。

具体的能力及任务要求，如表1-4所示。

表1-4 市场营销职业能力分解表

职业能力	具体技能	任务要求
市场调研和分析	市场调查能力 市场分析能力 编制市场调查报告的能力 运用市场调查结果的能力	制订市场调查计划 市场调查实施 分析调查资料 撰写调查报告
产品销售	需求分析、方案设计及推销能力 与客户进行商务谈判的能力 利用网络资源进行推销的能力 商务沟通和公关能力	良好的客户沟通 基本的商务谈判 较好的营销服务 基本的推销技巧及商务礼仪
营销策划和执行	市场推广策划能力 媒体选择和广告效果评估能力 根据客户需要撰写营销活动文案的能力 整体营销方案策划能力	促销、营销方案策划 各种营销手段的运用 新媒体营销、运营
营销管理	营销组织和协调能力 渠道管理能力 客户关系管理能力 培训和激励员工的能力 基本的财务管理能力	组织和协调销售活动 渠道管理 客户关系管理 销售人员管理 营销财务管理

三、营销职业道德及素养

古人云:"人无德不立,业无德不兴,国无德不威。"这句话的意思是:人如果没有德行便不能立足于世,事业如果没有德行就无法兴旺,国家如果无德就无法立威。

习近平主席在纪念五四运动 100 周年大会上曾讲到,青年要把正确的道德认知、自觉的道德养成、积极的道德实践紧密结合起来,不断修身立德,打牢道德根基,这样才能在人生道路上走得更正、走得更远。

现实中,企业、事业、政府部门等用人单位在选人、选才时,都希望选到德才兼备、品学兼优的人才。甚至有这样的说法:"有德有才提拔重用,有德无才培养使用,有才无德限制使用,无德无才坚决不用。"因此,我们应该把"德业兼修"作为自己一生的功课。

实例 1-11 // 诚信不欺的晋商

> 晋商在我国明清时期,雄踞十大商帮之首,享誉海内外。晋商的历史和故事中有大量诚信不欺的事例。
>
> 清末某年粮油歉收,食用油价格直线上涨,当时,许多商人为图暴利就把小米粥的汤用搅拌法掺入油中,短期内从颜色上看不出来,也不致毒死人。乔家复盛油坊的伙计也在油中掺假,被掌柜发现后,勒令追回所有假油,重新换售质量上乘的好油。
>
> 著名的乔家复字号还有"大斗卖出"的传奇故事。面食是北方人的主食,平时的销量很大,当时许多商号卖面时缺斤短两,但复字号卖的一斤面实际上却是一斤一两。表面上看乔家的做法很傻,但实际上消费者不傻,他们后来都到乔家买面了。
>
> 在长期的经营中,晋商总结出很多诚信经营的经商谚语,如"售货无诀窍,信誉第一条""宁叫赔折腰,不让客吃亏""秤平、斗满、尺足,诚信不欺,商之道"。常言道"小富靠智,大富靠德",能做成大事的绝不是那些靠玩弄小聪明的人,而是拥有大德的商人,晋商中成大事者无不如此。

(一)营销职业道德

企业的每一个营销活动,无不体现着营销者的道德水准,营销道德的失范,会给企业、消费者和社会利益带来严重的危害。

在当今市场环境日趋复杂,市场竞争空前激烈的形势下,有些企业、个人为了牟取暴利、私利不择手段,不道德的营销行为屡有发生。例如产品安全性、质量缺陷问题,经营中危害环境或消费者身心健康的问题,价格欺诈、误导性定价,加盟、分销陷阱,虚假广告、低俗恶俗的宣传,恶意刷单、数据造假,新型传销骗局,消费者隐私信息的窃取等，严重危害社会经济的良性发展，甚至对营销行业、营销人员的声誉都造成极大损害。良好的市场环境及秩序需要国家法律、政府监管、行业自律、企业自律、从业人员个人自律多方面的强化。

良好的职业道德是每位员工都必须具备的基本品质，是维护职业交往中从业人员内部以及从业人员与服务对象间的关系，维护和提高本行业或企业的信誉，促进行业、企业更好地发展的基本保证，同时对提升整个社会的道德水平也有积极的作用。

营销职业道德包括企业及从业人员在生产经营工作过程中所应该遵循的道德准则、道德情操和品质，以及行为规范等，也包括其对社会所负的道德责任和义务。综合多方观点，最基本的应包括以下三点：

（1）诚实守信。在儒家思想中，诚信是做人最根本的品质，诚信也是商业成功的基石。诚信是赢得消费者及合作伙伴信赖，提升自身品牌形象和商誉的重要保证，一次失信的行为可能给企业带来灭顶之灾。

（2）责任心。要求企业及营销人员对自己的一切行为和后果负责，要本着对消费者、对企业自身、对社会负责的态度开展营销活动。

（3）义利并重。利润是企业经营的重要目标和生存发展的必要条件，但是企业不能为了获利不择手段，任意侵害消费者和社会的利益，钻法律的空子，突破法律的底线。

（二）营销职业素养

良好的职业素养是每位员工担负起自己的工作责任所必备的素质。营销从业人员应具备的良好的职业素养有：

（1）具有良好的市场意识、用户思维、服务意识。
（2）积极主动、团队合作、认真的工作态度。
（3）良好的自主学习和自我管理的意识和能力。
（4）勇于创新的思维和专业能力。

【课堂行动学习】就业岗位调查

> 请查询学校网站上最新的企业校园招聘信息，选择自己感兴趣的某个行业企业，摘录其营销岗位需求及素质能力要求，分享你的理解和认识。

▶ 营销伦理小贴士　向低俗营销说不

近年来，一些企业甚至包括知名企业为了博眼球、赚流量，在营销活动中别有用心地挑战公众的道德底线，打法律擦边球，进行低俗营销，引发营销翻车事件，带来的是消费者的恶评，品牌美誉度、品牌形象一落千丈。

2022年4月21日,中国青年报社会调查中心发布的调查显示,69.4%的受访者认为低俗营销会引起不正当竞争,不利于市场规范发展;68.3%的受访者认为会影响社会风气,对未成年人产生不良影响。对此,79.6%的受访者呼吁加强对低俗营销的治理;69.7%的受访者认为商家不能对低俗营销道歉了之。

当今营销4.0时代,消费者除了追求产品基本功能的满足以外,越来越重视对企业价值观的认同。华为"中华有为",小米"为发烧友而生",在多年持续不断的努力下,赢得今天的声誉和业界地位。

企业营销需以社会主义核心价值观为引领,以社会营销观念、关系营销观念进行营销,才能更好地彰显企业产品价值和体验价值,赢得顾客、合作伙伴、舆论等社会各方的支持,获取良好的声誉和利润回报。

本章小结

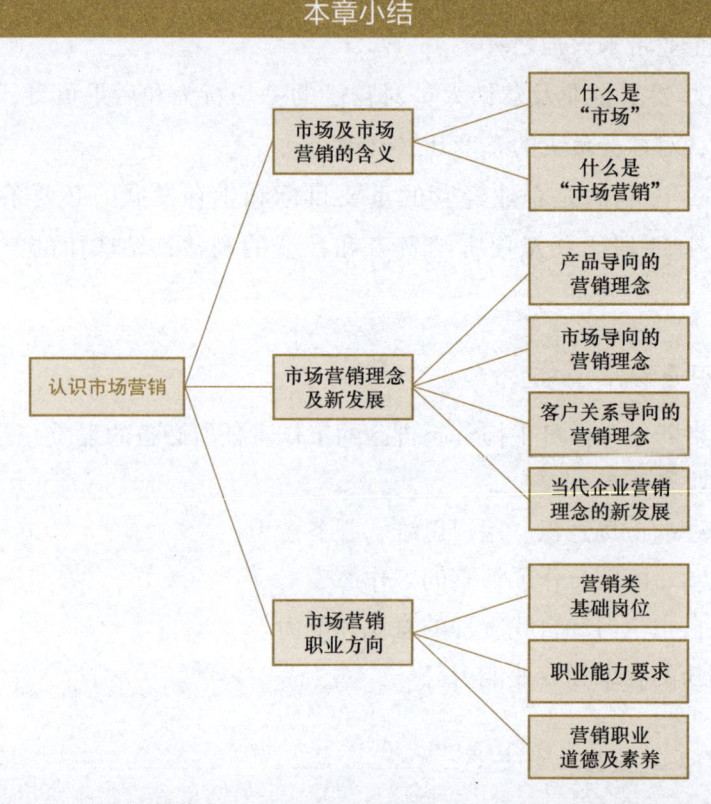

知识检测与拓展

1. 谈谈你对市场营销的理解和认识。
2. 产品导向的营销理念与市场导向的营销理念有何不同?
3. 试以一家具体企业或某种产品为例,运用顾客让渡价值理论,分析其提升顾客价值的可能性。

4. 以身边（或国内）一具体企业为例，分析其客户关系营销的主要举措、成效或存在的问题。

5. 结合具体事例，谈谈你对体验营销的理解和认识。

实训项目

【实训任务】

选一个你敬佩的企业或企业家（最好是国内企业、本地企业），调查了解该企业的营销状况，如创业历程、营销理念、服务的主要客户、产品特色、企业业绩等。

【操作要求】

1. 以小组为工作团队，一手资料、二手资料调查相结合。
2. 将调查内容进行整理总结，制作PPT，要求文字简练、图文并茂。
3. 课堂汇报演讲（脱稿），每组5～8分钟。
4. 回答老师及同学的提问。

案例分析

大学生在校园开水果店

在四川某学院内有家水果店，店老板是两名大二学生——19岁的孟颖和陈中月，这两个家境不错的女生从6箱苹果开始创业，同学给她们取名"苹果妹"。她们自称创业的目的不是赚钱，而是要获取人生阅历。

一开始她们打算开一家DIY蛋糕店，做了市场调查后，又觉得不太现实，就放弃了。后来二人偶然听到报道称，人民大学的女生在学校开水果店，这引起了她们的兴趣，于是决定开一家水果店。

对女生来讲吃水果在行，但真要自己去卖水果，问题就来了：怎么卖、怎么挑、怎么进货和保存等，都得从零学起。于是她们花了两个月的时间去跑市场，搞调研，上网学习如何保存和挑选水果。

2010年11月底，两人从生活费里节省出700元钱，从盘溪农贸市场进回6箱苹果，每天下午放学后在女生宿舍外的空地摆起了地摊。价格要比学校附近的摊贩便宜一块多，苹果可以免费品尝，喜欢才买，只买一两个也可以。

渐渐地，两个"苹果妹"的生意火爆起来。两人会排班轮流去进货，去时乘坐2元的公交车，回来时就拖着十多箱苹果坐着斗篷车回来。忙起来时，她们就聘请学生帮工，报酬4元/小时。

2011年7月，她们投资2万元在校内租房开了半山腰水果店，并且千方百计把它做得有创意，小店里整合了当下流行的各种元素、宣传语，如"亲！脆到骨子里的苹果，您还能HOLD住吗？"等等。并通过提供到宿舍的免费送货服务，办水果卡可打折购买等促销活动，吸引了很多回头客。

她们的勇气和努力赢得了一些水果批发商的支持，不仅教她们如何选水果，有时钱没带够，也会让她们先提货再给钱。此外，两人的家长也给予了极大的支持。

谈到日后的打算，陈中月说想在毕业后经商，孟颖则打算继续考研深造。

案例思考题：

1．"苹果妹"是如何做水果生意的？有哪些做法值得借鉴？

2．请了解你所在学校有哪些成功的或失败的校园创业项目，选1～2个分析其成功或失败的原因。

Chapter 2

第二章

分析市场及竞争

学习与能力目标

◎ 熟悉企业营销环境的构成,能够准确、全面地分析企业的内外部环境因素。
◎ 了解消费者市场需求特点及购买行为分析的主要内容和方法。
◎ 了解组织机构市场需求特点及购买行为分析的主要内容。
◎ 了解企业市场竞争战略、竞争策略的选择。
◎ 熟悉 SWOT 分析法,并能结合具体案例,运用 SWOT 分析法对环境因素进行分析。

第二章
学习导引

企业作为社会的经济细胞，它的生存和发展离不开企业的内外部环境。在现代市场经济条件下，企业必须建立适当的机构和机制，监测营销环境的发展变化；要善于分析和识别由于环境变化而带来的机会和威胁，并及时采取适当的对策；要注意协调企业的相关利益群体，促进企业营销目标的实现。

第一节　营销环境分析

引导案例2-1　小镇青年与下沉市场

中国的一、二线城市有近50个，而三、四、五线城市大致有300个，县级市近3 000个，乡镇超40 000个。人们通常将三线及以下城市称为"下沉市场"，而将生活在三线及以下城市的年轻人称为"小镇青年"。

按照传统的思维，商家都将眼光聚焦在一、二线城市，这些城市人口密度大，经济发达，人们的收入水平高；而三、四线城市，特别是县乡镇，则很少得到商家的关注。因此，在2019年以前，多数企业和平台把精力放在了消费者数量仅占全国消费者总量很小一部分的一、二线城市。在很多年里，下沉市场消费者饱受粗制滥造与山寨商品的困扰。原因很简单，这些地方的消费者收入低，消费水平不高，城镇范围广而分散、服务成本更高。

但是，如今的商业环境发生了巨变。随着中国城市化进程的加快以及经济的迅速发展，小镇青年的消费观念和消费力正在吸引着越来越多的商家，"下沉市场"成为今天中国商业浪潮中的高频词！

小镇青年和他们所在的下沉市场正在影响着我国的商业格局和社会经济的发展潮流。无论是拼多多、快手、抖音，还是天猫、京东、苏宁，电商巨头们纷纷布局下沉市场。2019年，聚划算聚焦于下沉市场，成为阿里品质惠战略的重要窗口，决心要把更高品质的生活带给低线城市的人民。截至2019年12月底，苏宁易购拥有各类互联网门店8 216家，深入下沉市场的零售云加盟店规模跃增，总数达4 586家。天猫公开数据显示，头部品牌超过一半订单来自下沉市场。

有数据显示，小镇青年的支出占个人月收入的比重超过80%，20~30岁的小镇青年是许多商家眼中的"香饽饽"。小镇青年的消费力如此强劲，是因为较之于一、二线城市的同龄人，小镇青年有着更加稳定的工作，且其中85后、女性和已婚人数占比更高，购房压力更小，他们人数众多，有时间、敢花钱，有更多的消费提升空间，有更大的消费意愿。小镇青年正在成为中国消费市场的主流，影响着众多企业的战略布局。价格实惠、品质、好货成为激发下沉市场购买力的三个关键词。

一、营销环境的含义及影响

营销环境是指影响企业营销活动及其目标实现，而企业营销部门又难以控制的各种因素和动向。根据营销环境对企业营销活动发生影响的方式和程度的不同，可以将营销环境分为两大类，即营销的微观环境和营销的宏观环境。

所谓营销的微观环境（Micro-environment），是指与企业紧密相连，直接影响企业为目标市场顾客服务的能力和效率的各种参与者，包括企业内部营销部门以外的其他部门、供应商、中间商、辅助商、目标顾客、竞争者和公众。

所谓营销的宏观环境（Macro-environment），是指那些作用于各项微观环境因素，影响企业营销活动的不可控制的主要社会力量，包括人口、经济、自然、社会文化、科学技术、政治法律等因素。

图2-1直观地反映了企业与营销环境之间的关系。

图2-1　影响企业营销的环境因素

具体来讲，营销环境对企业经营的影响主要有：

1. 营销环境是企业赖以生存的条件

企业营销活动所需的各种资源，如资金、信息、人才与资源，都需要在环境的许可下取得，企业生产经营的产品或服务也需要环境的接纳。所以，分析研究营销环境因素，是企业制定营销战略和策略的前提和基础。

2. 环境变化可能给企业带来威胁

营销环境在变化中可能会出现不利于企业生存和发展的因素，由此而形成对企业的挑战。如果企业不采取相应的措施规避风险，威胁的出现必然会导致企业营销的困难。为保证经营活动的正常运行，企业应能及时预见环境威胁，将危机减少到最低程度。

扫码观看：机会威胁矩阵解读

3. 环境变化可能给企业带来机会

营销环境在变动中也会衍生出对企业有吸引力的领域，这就给企业带来了发展的机会。所谓市场营销机会，是指环境中对企业有利的因素或变化。企业只有善于捕捉环境机会，并将环境机会转变成企业的赢利机会，才有助于企业更好地生存和发展。

总之，营销环境对企业的生存和发展至关重要。现代管理学理论中的"组织—环境适应"理论指出，任何组织都必须与环境协调，否则，企业将面临被淘汰的危险；而关注营销环境的意义就在于提高企业对于环境的适应性。

实例2-1 // 养老服务多层次供给空间大

随着中国经济的发展，作为朝阳产业的养老产业，需要消费升级，面向高端市场开发设计产品。例如，针对老年人当中的"高文化、高收入、高能力"的目标人群，合理开发适合这部分人群的产品及服务。

众所周知，老年人通常将健康需要作为第一需要。健康又包括生理健康和心理健康。

生理健康方面，随着社会的发展，越来越多的老年人追求膳食营养。这部分消费群体相信药食同源，愿意花钱花时间采购营养健康的食材，更注重作为医疗前端的健康管理环节。因此，企业针对这部分老人，可以发展健康教育，设计由权威医生、著名老中医讲授营养保健知识的定制课程；发展注重营养搭配、根据慢性病量身定制的老年餐桌等服务。其次是体育锻炼，如当代很多老年人爱好太极拳、舞蹈、球类等，但社会上商业运营的体育设施较少考虑到老年人的特殊需求。针对这部分需求，可以发展健身产业，重点开发场地依赖型健身项目，量身定制健身套餐，做好设施设备的卫生处理与无障碍建设。

心理健康方面，老年人对文化产品及旅游的需求增加。针对这部分需求，企业可以发展文艺院团，开发这代人喜闻乐见的精品演出剧目；发展老年旅游，或者与养老社区等相结合，设计旅游产品。但有调查发现，目前旅游设施存在诸多问题，如酒店缺乏适老化设施，航空公司及旅游景点对老年人限制较多等，因此，需加强开发服务老年人消费需求的旅游景点与酒店设施及服务。

除了健康需求以外，很多老人还有生活照料服务需求。针对这部分群体，有关企业应当大力发展居家养老与家政服务。

二、营销环境的构成及内容

营销环境主要由宏观环境和微观环境构成。

（一）宏观环境

宏观环境主要包括人口、经济、政治与法律、社会文化、自然、科技六大要素。这些环境因素有的直接影响企业的营销活动，有的通过影响企业的微观环境而间接影响企业的经营。

【营销工具】PEST 分析模型

PEST 分析是指宏观环境的分析，也有称 PESTDN 分析。这些字母代表的含义分别是政治（Political）、经济（Economic）、社会（Social）、技术（Technological）、人口（Demographic）、自然（Natural）。不同行业、企业因所处行业特点和经营需要不同，分析的具体内容会有差异。

扫码观看：
宏观环境分析法——PEST

1. 人口环境

现代市场营销学认为，市场是由具有购买欲望和购买能力的消费群体组成的，人口是市场的第一要素。因而，人口状况自然成为企业营销人员最为关注的首要环境因素。

（1）人口数量及增长速度。人口数量及增长速度是决定市场规模和潜在容量的基本因素，如果收入水平不变，人口越多，对食物、衣物、日用品、住房、交通、基础教育等的需求量也越多，市场也就越大。在经济全球化过程中，国外企业纷纷来中国投资，就是看中了中国这个巨大的市场。

（2）人口的地理分布和流动。人口的地理分布指人口在不同地区的密集程度。人口的地理分布表现在市场上就是：各地人口的密度不同，其市场规模不同；不同地区消费习惯不同，则市场需求特性不同。

当前，我国正处于新型城镇化进程之中，需求及消费结构的变化，必将给企业带来较多的营销机会。

（3）人口的结构。人口的结构包括人口的自然结构和社会结构，如图2-2所示。

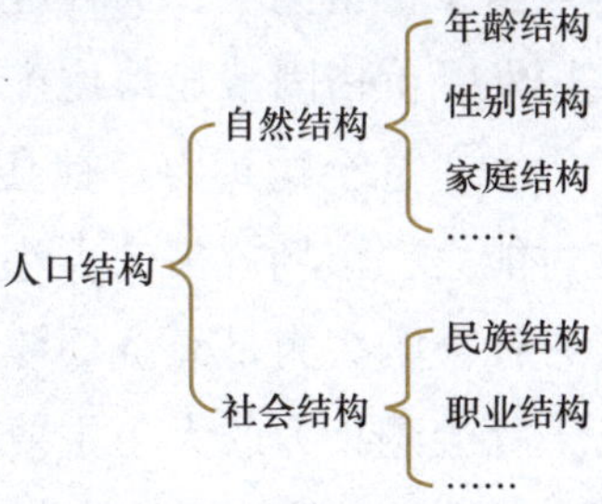

人口结构对企业营销工作极其重要，因为不同的人口结构状况，相应的收入水平、生理需要、生活方式、价值观念等都不同，需求也就不同。特定年龄段的人口数量的变化会影响某些行业的发展，如人口老龄化会促进保健品、老年消费品等行业的兴旺发展。

图2-2 人口结构（人口结构：自然结构——年龄结构、性别结构、家庭结构……；社会结构——民族结构、职业结构……）

总之，人口环境直接决定市场需求的潜在容量，人口的密度、年龄、性别、民族、居住地点、婚姻状况、职业等也对市场格局产生着深刻影响，并直接影响企业的经营管理活动。企业必须重视对人口环境的研究，密切关注人口特性及其发展动向，及时地调整营销策略以适应人口环境的变化。

实例2-2 // 冲击千万人口俱乐部的背后

中国城市化的进程在不断加快。由于资源的有限性，城市之间的竞争日益激烈，从人才到人口的争夺，正是这一背景下的真实写照。城市经济发展的诸多生产要素中，人是最基础性的。人口的集聚程度越高，劳动力的供应越充足，城市基础设施越完备，城市吸引力也越大，消费市场就更广阔。例如，国家对地铁建设审批门槛收紧，其中一个关键限制是城区常住人口在300万以上。因此，大批二线城市计划冲击千万人口俱乐部，提出常住人口千万级甚至两千万级的目标。

东莞市提出：2025年，该市常住人口要达到960万人；2035年，常住人口要达到1080万人。如果以2035年为标准计算，接下来的每年都得保证有14万左右的常住人口增幅。郑州与西安一起成功步入千万人口俱乐部，达到1013.6万人。成都、南京、长沙等城市2035年的远景规划，几乎都是当前实际常住人口规模的1.5倍。宁波则大幅度放宽人才落户、居住就业落户条件，取消老年父母投靠落户限制，并新增了租赁落户和投资创业落户。相对新经济火热的杭州来说，宁波已经明显感受到来自缺乏人口上的吸引力的压力。

城市为了吸引人口流入，一旦全面开放落户，城市间的竞争也将变成城市综合实力、服务水平的较量。

2. 经济环境

经济环境指企业营销活动所面临的外部经济因素，其运行状况及发展趋势会直接或间接地影响企业的营销活动。分析经济环境一般应考虑以下几个因素：

（1）经济发展阶段。处在不同经济发展阶段的目标市场，呈现不同的市场需求和消费方式。如在经济发展水平较高的地区，消费者更注重产品的款式、性能及特色，品质竞争多于价格竞争；而在经济发展水平比较低的地区，消费者往往更注重产品的功能及实用性，价格因素显得比产品品质更为重要。

（2）社会购买力。社会购买力指一定时期内社会各方面用于购买产品或服务的货币支付能力。市场规模的大小，归根到底取决于购买力的大小。因此，从企业营销的角度看，社会购买力是经济环境中最主要的一个因素。

社会购买力的大小主要取决于国民经济的发展水平以及由此决定的国民平均收入水平。经济发展快，人均收入高，社会购买力大，企业的市场营销机会就随之扩大；反之，经济衰退，市场规模小，则会给企业市场营销带来威胁，迫使许多企业不得不缩小经营规模。

需要注意的是，社会购买力水平的高低还与是否存在通货膨胀、储蓄增减变动以及消费者信用规模的变化有着很大的联系。以下是决定购买力状况的几个主要因素：

1）消费者收入。消费者收入是决定消费者购买力的最直接因素。它是指消费者个人从各种经济来源所得到的全部货币收入，通常包括个人的工资、奖金、退休金、红利、租金等。但消费者通常并不会把全部收入都用来购买商品或服务，购买力只是收入的一部分。因此，在研究消费者收入时，应着重分析消费者可支配收入及消费者可任意支配收入的水平。

消费者可支配收入，是指个人收入减去直接负担的各项税款和非税性负担之后的余额，即个人能够用以作为个人消费支出或储蓄的数额。

消费者可任意支配收入，是指从个人可支配收入中再减去维持生活所必要的支出和其他固定支出后所剩下的那部分个人收入。这部分收入是消费变化中最活跃的因素，也是企业开展营销活动时所要考虑的主要对象。因为这部分收入主要用于满足人们基本生活需要之外的开支，一般用于购买高档耐用消费品、旅游、储蓄等，它是影响非生活必需品和服务销售的主要因素。

此外，若要从宏观上分析一个国家或地区的收入水平，则通常要参考该地区国民生产总值、人均国民收入两个指标。国民生产总值是衡量一个国家或地区经济实力与购买力的重要指标。人均国民收入则大体反映了一个国家或地区人民生活水平的高低，也在一定程度上决定着消费者需求的水平及结构。

2）消费者支出。随着消费者收入的变化，消费者支出模式会发生相应变化，从而影响消费结构（即消费支出在各类商品上的比例分配）。德国统计学家恩格尔根据长期观察和大量统计资料得出结论:一个家庭越穷,总支出中用于购买食品的部分所占比例越多,其比重随富裕程度的降低而按几何级数增大。人们将食物支出占总支出的比例称为恩格尔系数,其计算公式为

$$恩格尔系数 = 食物支出总额 / 家庭或个人消费支出总额 \times 100\%$$

恩格尔系数是衡量一个国家、地区、城市、家庭生活水平高低的重要参数。食物开支占总消费支出的比重越大,恩格尔系数越高,表明生活水平越低;反之,食物开支所占比重越小,恩格尔系数越小,表明生活水平越高。

优化消费结构是优化产业结构和产品结构的客观依据,也是企业开展营销活动的基本立足点。我国目前经济发展水平与发达国家相比还有很大差距,特别在广大的农村,消费中衣食等必需品消费所占比例还相当大。但随着我国经济的进一步发展和农村改革的深入,我国国民的消费模式和消费结构正在发生明显的变化。

3)消费者的储蓄和信贷。消费者的购买力还要受到储蓄和信贷的直接影响。当收入一定时,储蓄越多,现实消费量就越少,而潜在消费量越大;反之,储蓄越少,现实消费量就越大,而潜在消费量越小。此外,储蓄的目的不同,也往往会影响潜在需求量、消费模式、消费内容和消费趋势。这就要求企业营销人员在调查、了解储蓄动机与目的的基础上,制定不同的营销策略,为消费者提供有效的产品和服务。

消费者信贷指金融或商业机构向有一定支付能力的消费者融通资金的行为,消费者凭信用可以先取得商品使用权,然后按期归还货款,从而促成商品销售。消费者信贷的主要形式有短期赊销、分期付款、信用卡结算等。信贷消费允许人们购买超过自己现实购买力的商品,因此,对于高档消费品,消费者信贷可提前实现这些商品的销售,从而可以创造更多的需求。

实例 2-3 // 开往春天的火车专列

当前,我国社会主要矛盾已经转化为人民日益增长的美好生活需要和不平衡不充分的发展之间的矛盾。中国消费者的需求结构正在升级,由此产生了中国市场优质产品的供求缺口。

2021年,国内首列高端旅游列车"呼伦贝尔号"草原森林旅游专列正式开启预售模式。据资料显示,这列国内首列高端度假列车,拥有当时世界上最大的火车包间,以高端化、国际化、跨空间为核心,集旅游观光、餐饮住宿、私人定制于一体。

随着铁路旅游产品的更新换代,越来越多的专列产品除了具有个性鲜明的内外装饰外,还配备健身房、娱乐室、儿童游乐室、独立卫浴、中西餐厅、酒吧、会议室、图书室、医疗室等功能性区域,使旅行者享受到更为舒适的出行环境,极大地丰富了旅游形式,促进了旅游市场的发展。随着国内旅游市场的消费升级,铁路旅游产品也在不断创新,产品质量不断提高,"自然景观游""风俗风情游""红色传承游""人文景观游""历史文化游"等各具特色的旅游专列不断涌现与创新。

> 今天，当人们打开熟悉的 12306 APP 首页，"铁路游"清晰地出现在消费者经常浏览的出行服务应用中，更多的人们也逐渐熟悉并选择这种便捷优质的旅游出行方式。

3. 政治与法律环境

政治与法律环境是指企业外部政治形势、法规条例给市场营销活动带来的或可能带来的影响，主要包括政治环境和法律环境。政治环境引导着企业营销活动的方向，法律环境则为企业规定经营活动的行为准则。政治与法律相互联系，共同对企业的市场营销活动产生影响和发挥作用。

（1）政治环境。政治环境指影响企业营销活动的外部政治形势，包括国家政局的状况以及政府所制定的方针政策。如果政局稳定，人们安居乐业，就会给企业创造出良好的营销环境。相反，如果政局不稳，社会矛盾尖锐，秩序混乱，则必然影响企业的经营和经济发展。尤其当企业进行跨国营销活动时，一定要考虑东道国政局变动和社会稳定情况可能造成的影响。

此外，国家的人口政策、能源政策、物价政策、财政政策、金融与货币政策等，都会对企业的营销活动造成影响。例如，国家降低利率，征收个人收入调节税等政策，都会对社会购买力产生一定的影响；而实行高的产品税（如对汽车、香烟、酒等）则可以抑制消费者的消费需求。

在国际贸易中，各个国家还会制定一定的政策来干预外国企业在本国的营销活动，主要措施有进口限制、税收政策、价格管理、外汇管制、国有化政策等。

（2）法律环境。法律环境是指国家或地方政府所颁布的各种法规、法令和条例等，它是企业营销活动的准则。企业只有依法进行各种营销活动，才能受到国家法律的有效保护。对于从事国际营销活动的企业来说，不仅要遵守本国的法律制度，还要了解和遵守国外的法律制度以及有关的国际法规、惯例和准则。

4. 社会文化环境

任何消费者都是生活在一定的社会与文化环境中的，社会文化环境是人类社会实践活动的产物，而反过来这种社会文化环境又会对人的思想、信仰、行为及人与人之间的关系产生影响。实际上，一个社会中占主导地位的社会指导思想、信仰、世界观、人的行为模式、语言、风俗习惯等的总和就是社会文化环境。

社会文化环境影响着消费者的行为及偏好，进而间接影响企业的营销活动。主要的社会文化环境包括：

（1）价值观念。价值观念是指人们对社会生活中各种事物的态度和看法。在不同的国家或民族之间，甚至是同一国家或民族的不同群体之间，人们的价值观念可能有很大的差异，而不同的价值观念会影响人们的消费需求和消费行为。

（2）风俗习惯。不同国家、不同民族，有着不同的风俗习惯。一般而言，风俗是指世代相袭固化而成的一种风尚；习惯则指由于重复或练习而巩固下来并变成需要的行为方式。两者合称习俗。我国地域辽阔，民族众多，长期以来形成了形形色色的风俗习惯，如果企业的营销活动能够迎合消费者的风俗习惯，那么消费者自然愿意接受。因此，营销时要注意"入乡问俗"。

（3）教育状况。消费者受教育状况会直接影响其对商品的选择。例如，通常文化素质高的国家或地区的消费者要求商品包装典雅华贵，对附加功能的要求较高。此外，消费者受教育程度的高低，还会影响企业的调研、分销、促销等活动的开展。

（4）语言文字。各个国家和民族都有自己特定的语言文字，不同的语言文字会限制购销双方的沟通。例如，宝洁公司通过中国化的品牌命名，迅速地拉近了其产品与我国消费者的距离。

（5）宗教信仰。宗教信仰也是影响人们消费行为的重要因素，特别是在宗教信仰比较浓厚的国家和地区。企业在开展营销活动时，应尊重消费者的信仰，避免与当地的宗教信仰产生冲突。

实例 2-4 // "文和友"的梦想，做餐饮界的迪士尼！

> "文和友"是湖南文和友文化产业发展集团有限公司旗下的品牌，成立于2011年，致力于传统民俗餐饮文化的研究，将地域民间小吃与潮流文化相结合，形成了"商业+文化+艺术"的独特餐饮模式，以便让更多的消费者感受到城市独特的市井文化与人文生活，他们的目标是打造城市的文旅地标，成为餐饮界的迪士尼！
>
> 2019年，"文和友"位于湖南长沙商业综合体"海信广场"的门店升级，扩展成营业面积近20 000平方米、总计七层的"超级文和友"，并将20世纪80年代的老长沙呈现在市井美食与现代商业购物中心相交互的立体空间里，婚姻登记处、照相馆、理发店、书店、美术馆、艺术品店、缆车、宁乡花猪场等真实场景穿插其间，形成了独特的"文和友餐饮模式"，与传统饮食行业的形象形成了鲜明的对比。在"文和友"，能一站式吃到长沙特色的所有食物；"文和友"还融入了更多艺术元素，如"老长沙的柴米油盐：长沙方言的视觉记录"长沙方言主题展、"小街小巷小人"绘画展、由亚洲顶级涂鸦团队Penshop担纲主创的门店外墙涂鸦"长沙画板"等。
>
> 更难得的是，"文和友"获得了2019年度红点奖（世界三大设计大奖之一）"年度最佳设计奖"，颁奖词中写道："不同于广为熟知的购物中心，游客在这里体验真实而愉悦的氛围，使他们在情感上与过去的生活建立联系。"

5. 自然环境

自然环境是企业赖以生存的基本环境，自然环境的优劣不仅影响企业的生产经营活动，而且会影响一个国家或地区的经济结构、经济发展和人口环境等。以下几种自然因素值得企业关注：

（1）自然条件的变化。气候条件的变化和自然灾害的发生可能会直接影响企业的经营，同时也可能给企业带来许多商机。例如空调企业大都需要购买专业气象信息，以更好地预测和把握市场脉搏。

（2）自然资源短缺。自然界的资源可分为无限资源与有限资源两大类。其中有限资源又可分为有限可再生资源和有限不可再生资源。随着人类文明和社会经济的不断发展，人们大量地开采各种矿产，有限不可再生资源日趋匮乏。比如石油这一重要的不可再生的能源资源，已成为未来经济发展的重要制约因素，不少企业正寻求新的其他形式的能源，如太阳能、风能、原子能等，这些都将会给企业的营销环境带来新的变化。

（3）环境污染加剧。随着现代工业的进一步发展，环境污染问题日趋严重，已引起全世界人民的广泛重视，各国政府也加强了对环境保护的立法。这样一方面限制了那些污染性行业的发展，但另一方面也带来了两种营销机会：一是为治理污染的技术和设备提供了营销的机会；二是为不破坏生态环境的新的生产技术、包装方法及环保型产品创造了营销机会。

实例 2-5 // 中国低调的非电空调巨头——远大空调

远大（见图 2-3）是 1988 年诞生在湖南长沙的民营企业。现以非电中央空调主机产品享誉全球，在中国及欧美市场占有率排名第一。

远大所有产品均为自主创新，其所有产品均以节能、降低用户开支为特色。用实用的空调通风产品和建筑节能技术使用户节能，以降低能源使用造成的空气污染及全球变暖。

图 2-3 远大

远大通过不断创新，研发了直燃式非电空调、大规模非电空调流水生产线及试验台、制冷制热卫生热水一机三用非电空调、以发电废尾气为能源的非电空调、免真空泵非电空调等，且其所有非电空调都取得了欧美安全质量认证。

6. 科技环境

"科学技术是第一生产力"，当代科学技术的发展对经济建设和人类生活的影响越来越大。科技环境不仅直接影响企业内部的生产和经营，同时还与其他环境因素互相依赖、相互作用。每一种新技术的应用，都会给一些行业或企业带来新的市场机会，同时也会给另一些行业或企业带来威胁，如数码相机对传统光学相机的冲击。此外，新技术的发展也会引起人们的消费观、价值观及企业营销策略的变化。

实例 2-6 // 京东无人仓的发展

> 2017年10月,京东的业内首个全流程无人仓亮相,该无人仓经受住了2018年"6·18"期间海量订单的检验,大幅提升了作业效率及准确率。
>
> 无人仓内,由货架穿梭车、搬运机器人、分拣机器人、六轴机器人等物流机器人构成"机器天团",可实现货物从入库、存储、包装、分拣的全流程、全系统的智能化和无人化。京东"亚洲一号"无人仓已处于行业领先水平,其智能大脑能在0.2秒内计算出300多个机器人的680亿条可运行路径,并做出最佳选择。
>
> 京东物流首席规划师、无人仓项目负责人在接受媒体采访时介绍,无人仓的实质是自动化技术与智慧系统的结合体。仓库的无人化必然是先从最简单的作业实现以机器替代人力,逐步向复杂的动作推进。
>
> 无人仓的发展大致分为以下四个阶段:
>
> 第一阶段:智能型仓库,指在仓库存储、拣货等作业环节采用了智能设备,部分环节实现无人化,物流系统具有自决策能力的基本雏形。目前京东天狼仓、地狼仓、亚洲一号中的Shuttle仓均属于此类。
>
> 第二阶段:少人型仓库,特点是对特定品类实现收货、存储、拣货、包装、分类、发货大部分环节作业的无人化,复杂作业仍需人工辅助,系统具备自感知、自适应、自决策的基本能力。
>
> 第三阶段:无人型仓库,特点是仓储作业全流程都实现了无人化。系统具备自感知、自适应、自决策、自诊断、自修复的全套能力。目前在电商行业,京东无人仓属于全球唯一一个已建成并使用的此类仓库。
>
> 第四阶段:终级无人型仓库,这是无人仓发展的最高阶段,特点是在第三阶段基础上,结合人工智能技术全面应用,全品类、全业务实现无人作业。
>
> 目前,京东已有不同层级的无人仓投入使用,分布在北京、上海、武汉、深圳、广州等全国多地。

(二)微观环境

企业营销的微观环境主要是指对企业营销活动发生直接影响的组织和力量。构成微观环境的主要因素有:企业本身、供应商、营销中介、顾客、公众及竞争者。

1. 企业本身

企业开展营销活动要充分考虑到企业内部的环境力量。企业本身包括最高管理层、市场营销部门以及生产、采购、财务等其他职能部门。

市场营销部门在制订和执行营销计划时,必须获得企业最高管理层的批准和支持,并与其他部门做好分工协作。只有企业内各部门协调一致,共同服务于企业总的营销目标,营造出良好的微观环境,才能取得良好的经营业绩。

2. 供应商

供应商是指向企业提供生产所需资源的企业和个人，包括提供原材料、零部件、设备、能源、服务和资金等。

供应商对企业营销十分重要，会直接影响企业产品的产量、质量以及利润，从而影响企业营销计划和营销目标的实现。如服装厂不仅需要布匹等原料来进行服装加工，还需要设备、技术等其他生产要素，任何一个环节在供应上出现了问题，都会导致企业的生产活动无法正常开展。

3. 营销中介

营销中介帮助企业推广及分销产品，包括中间商、服务代理商、物流企业以及金融机构。

（1）中间商。中间商是指协助销售、分配产品至最终顾客的企业，如代理商、经销商等。它们直接向企业取货，利用自己已经建立的销售系统推销给下一级需求者。中间商对企业产品从生产领域到消费领域的流通具有极其重要的影响。

（2）服务代理商。服务代理商指广告公司、广告媒体经营公司、市场调研机构、市场营销咨询公司、财务代理、税务代理等专门提供各种服务的企业。它们协助企业确立市场定位，进行市场推广。

一些大的集团公司往往有自己的广告和市场调研部门，而大多数企业通常则以合同方式委托专业公司办理这些事务。服务代理商服务质量的好坏直接影响企业的营销活动。

（3）物流企业。它们协助制造企业将产品运往销售目的地，完成产品空间位置的转移，到达目的地之后，在待售期间，还要协助保管和储存。物流的安全性和方便性直接影响企业营销的质量。

（4）金融机构。金融机构包括银行、信贷公司、信托公司、保险公司等。企业应与这些机构保持良好的关系，以保证融资及信贷业务的稳定和渠道的畅通。

4. 顾客

企业营销以满足顾客需要为中心，顾客是企业营销的对象，也是影响企业营销的重要力量。任何企业的产品和服务，得到了顾客的认可就赢得了市场。一般来说，可以将企业的顾客划分为以下五种类型：

（1）消费者市场。这是由为了个人消费而进行购买的个人和家庭所构成的市场。

（2）生产者市场。这是由为了生产其他产品及服务以赚取利润而购买产品与服务的个人和企业所构成的市场。

（3）中间商市场。这是由为了转卖、取得利润而进行购买的批发商和零售商所构成的市场。

（4）政府市场。这是由为了提供公共服务、履行政府职责而购买产品与服务的政府机构所构成的市场。

（5）国际市场。国际市场具体又可分为国外的消费者、生产者、中间商、政府机构等市场。

上述五种不同的市场，在需求特点、购买行为等方面各不相同，企业的营销策略也是有区别的，此部分内容将在本章第二节进行专门阐述。

5. 公众

公众是指与企业完成其营销目标的能力有着实际或潜在利益关系或对其有影响力的群体或个人。公众对企业的态度会对企业的营销活动产生巨大的影响，它既可能有助于增强企业实现营销目标的能力，也可能妨碍这种能力，所以企业必须采取一定的措施，为自己营造和谐宽松的公众环境。

企业所面临的公众主要有以下六类：

（1）金融公众。这主要包括银行、投资公司、证券公司、股东等，其对企业的融资能力有重要的影响。

（2）媒介公众。这是指报纸、杂志、电台、电视台、网络等传播媒介。它们掌握传媒工具，有着广泛的社会联系，能直接影响社会舆论对企业的认识和评价。

（3）政府公众。这是指与企业营销活动有关的各级政府机构、部门。企业在开展营销活动时必须认真研究政府政策方针与措施的发展变化情况，从中寻找对企业营销的限制或机遇。

（4）社团公众。这是指与企业营销活动有关的非政府机构，如消费者组织、环境保护组织以及其他群众团体。企业营销活动涉及社会各方面的利益，来自社团公众的意见、建议对企业营销有着十分重要的影响。

（5）社区公众。这是指企业所在地附近的居民和社区团体。社区是企业的邻里，企业保持与社区的良好关系，为社区的发展做出一定的贡献，会受到社区居民的好评，能为企业建立良好的口碑。

（6）内部公众。这是指企业内部的管理人员及一般员工。企业的营销活动离不开内部公众的支持。

6. 竞争者

企业在营销活动中面临着各种竞争者的挑战。企业的竞争对手不仅包括同行业竞争者，还包括非同行业的竞争者。竞争者的营销活动及策略会直接影响企业的经营及效益，因此，企业需密切关注竞争者的动态，并采取积极有效的措施，以更好地适应日益激烈的竞争。此部分内容将在本章第三节进行专门的阐述。

> **【课堂行动学习】企业环境因素分析**
>
> 选择一家你最熟悉的企业，结合营销环境的构成因素，列举3～4个对这家企业影响较大的营销环境，分别说说具体的影响状况。

第二节　需求及购买行为分析

> **引导案例 2-2　电商平台的"千人千面"**

所谓"千人千面",是指每个用户打开 APP 页面所显示的内容都不尽相同。这是一种基于用户行为的大量样本统计和协同过滤,对用户需求进行预测的技术,根据个人的行为数据可向其精准推荐相应的商品和信息。亚马逊最先做到,后来阿里、京东在国内率先做到。

以 2020 年 3 月 26 日阿里推出的淘宝特价版为例,据了解,登录过该平台的消费者都发现,在淘宝买过的商品在特价版都有推荐,所搜索过的商品以及加入过购物车的商品都会出现在推荐页上,推荐目标性之强甚至超过淘宝。

用支付宝付款的线下同品牌商品也出现在购物推荐中。而且,为了便于分享商品,出现在分享链接前十位的联系人,也是过去几天内频繁互动的联系人,淘宝特价版还设置了微信、QQ、微博等社交入口。

时代在不断向前发展,服务提供者比过去更懂得用户需求,更精准地把产品和用户进行对接,这就是大数据时代伟大的所在。

企业营销的核心是通过满足顾客的需要而获取利润,从而求得自身的生存和发展。因此,企业要有效地开展市场营销活动,既要准确地把握市场营销环境,还要着重研究与剖析市场需求和购买者的行为,达到企业营销与购买者购买行为的和谐统一。

按照顾客购买目的或用途的不同,市场可分为消费者市场和组织市场两大类。消费者市场(Consumer Market)是个人或家庭为了生活消费而购买产品和服务的市场;而组织市场(Organization Market)是指各种组织作为购买者所构成的市场,该市场购买者的购买目的是进行生产、销售或维持组织的正常运作及保障组织基本职能的正常发挥。

一、消费者市场购买行为分析

1. 消费者市场的特点

(1) 广泛性。消费品是人们生存发展不可或缺的物质基础,凡是有人群的地方,就有对消费品的需求,可见,消费者市场人数众多,需求范围广泛。

(2) 分散性。消费者的购买单位是个人或家庭,由于家庭商品储藏空间小,设备少,家庭人口较少,商品消耗量小,再加上商家商品供应丰富,随时随地都可以很方便地买到,消费者每次购买都是少量的,但购买频繁。

(3) 复杂性。消费者的年龄、性别、身体状况、性格、习惯、文化、职业、收入、教育程度的不同导致消费者需求和消费行为存在差异,消费者对商品的品种、花样款式、质量、规格都会有不同的要求，这使得市场交易活动呈现出复杂性。

（4）易变性。消费者一般有喜新厌旧、标新立异的特性，对产品的品种、款式、性能等要求多样化。随着技术的进步、生活水平的不断提高、消费者审美观的不断更新，消费者的要求也越来越高，他们希望企业的产品能够不断地推陈出新。企业需要把握消费者的这种心理，在产品的款式、品种、技术上不断地创新以满足他们求新求异的要求。

（5）发展性。随着社会生产力和科学技术的不断进步、消费者收入水平的不断提高，消费者的需求也呈现出由少到多、由粗到精、由低级到高级的发展趋势。例如，某高端电动汽车生产企业研究发现，该企业产品的未来潜在购买者将由"主流出行方式的追求者""大众高端车的追求者""高性价比的追求者"构成，电池组较小、里程较短因而成本较低的适用型电动汽车更能满足这类经济型买家的需求。

（6）可诱导性。消费者对所要购买的商品缺乏专门的甚至是必要的知识，只能根据个人爱好或外界所给予的影响而做出购买决策，这种购买称为非专家购买，其购买行为容易受到企业广告宣传等促销活动的影响。

实例 2-7 // 淘宝直播主播的达人新时代

> 目前，淘宝大部分商家通过直播实现了增量销售。淘宝直播主播也从最早的简单推荐变成帮助更多的粉丝寻求更好的商品，而这需要在主播、粉丝、商家之间构建良好的互动关系。
>
> 直播隔着手机屏幕，首先要解决的是信任感的问题。很多粉丝买东西会认为自己喜欢的主播所推荐的东西都是好的，尤其一些头部主播代表的是KOL（即意见领袖）。
>
> 因此，主播需要了解自己的粉丝，才能为粉丝找到定制化产品。某主播认为"闺蜜"这个词是描述直播间里主播与粉丝关系很好的一个词语，因为闺蜜就是可以一起讨论买什么东西，一起聊八卦的。她特别注重与粉丝间的情感交流，她说："我付出了真心，粉丝能感受到。"
>
> 当然商家要保证产品质量并做好售后，帮助主播维护好和粉丝之间的情感联系。

2. 消费者市场中参与购买的角色

在消费者以个人或家庭为单位的购买活动中，严格来说，可以有以下五种不同的参与购买的角色：

（1）倡议者——首先想到购买或提出购买建议的人。

（2）影响者——对最终购买决策有直接或间接影响的人。

（3）决策者——对购买做最后决定的人。

（4）购买者——具体执行和完成购买决策的人。

（5）使用者——所购产品的实际消费者。

以上五种角色可能是同一个人，也可能是不同的人。企业营销人员应该准确分析和区分不同消费对象和角色分工，特别是应该关注决策者的需求及行为特点，因为只有针对决策者有的放矢地开展营销工作，才有可能达到理想的营销效果。

【营销工具】消费者行为分析之5W2H分析模型

营销人员研究消费者行为，通常可围绕5W2H这七个问题展开，其含义分别是：

扫码观看：
消费者行为分析
模型——5W2H

Who：谁来购买？

What：购买什么？

Why：为什么购买？

When：何时购买？

Where：何处购买？

How：购买方式是怎样的？

How Often：购买的频率是怎样的？

3. 影响消费者行为的主要因素

消费者行为的发生通常会受到来自文化、社会、个人和心理等方面因素的综合作用，如图2-4所示。

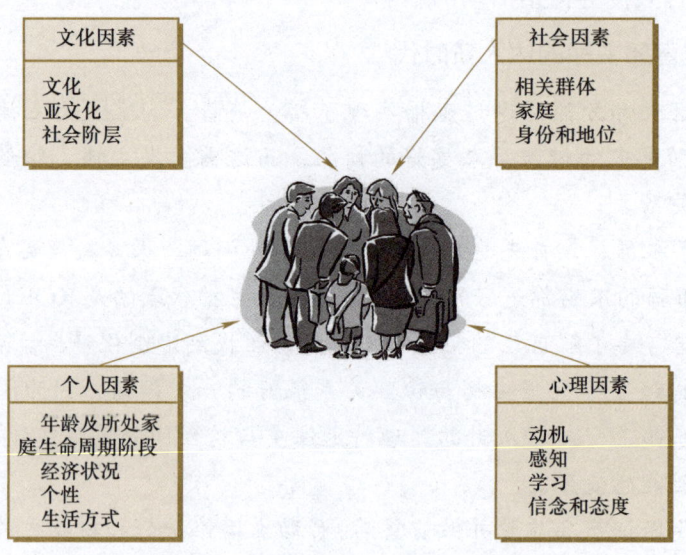

图2-4　影响消费者行为的主要因素

（1）文化因素。

1）文化（Culture）。文化指人类生活实践中建立起来的价值观念、道德、理想和其他有象征意义的综合体。文化是决定人类欲望和行为的基本因素，文化的差异引起消费行为的差异，表现在婚丧、服饰、饮食起居、建筑风格、节日、礼仪等物质和文化生活各个方面。

2）亚文化（Subculture）。在同一个国家大的文化背景下，还会存在着一些较小群体所具有的独特的文化，即亚文化或次文化，主要体现在民族、宗教、种族和地理等方面。例如，每个国家都存在不同的民族，不同民族具有各自独特的风俗习惯和文化传统；处在同一国家内不同地区的消费者也具有不同的风俗习惯和行为习惯。此外，还有因共同的兴趣爱好、生活经验等而形成的亚文化，如球迷、网迷等。

3）社会阶层（Social Class）。社会阶层指在一个社会中，各个群体的社会等级或社会地位,它通常与家庭背景、受教育程度、职业、收入等有关。通常同一阶层的成员具有类似的价值观、行为倾向。例如,工薪阶层常常会从实用性、舒适性、耐用性等角度去评价一件产品,而不是时尚或新潮。因此,针对特定社会阶层去进行产品的开发和设计往往是可行的。

(2)社会因素。

1)相关群体(Reference Group)。相关群体是指能直接或间接影响消费者态度或行为的人。按照对消费者的影响强度分类,相关群体可分为主要群体、次要群体和渴望群体。①主要群体是指那些与消费者经常接触且关系密切的人组成的群体,如家庭成员、亲戚朋友、邻居、同学和同事等。这类群体对消费者影响最大。②次要群体是指较为正式但日常接触较少的群体,如专业协会、同业协会和宗教组织成员等,其影响比主要群体要小。③渴望群体是指消费者所尊崇的那些人组成的群体,如明星、各界名人等。他们对消费者影响面大,影响程度有时比前两者更大。

相关群体对消费者购买行为的影响表现在以下几个方面:提供消费模式、坚定消费者购买信心、引起效仿的欲望、产生"一致化"压力等。营销人员要善于运用相关群体对消费者的影响作用,制定产品开发和营销策略。

实例 2-8 // 长租公寓——年轻大学生的栖居地

> "长租公寓",又名"白领公寓""单身合租公寓",是房地产市场一个新兴的行业,将业主房屋租赁过来,进行装修改造,配齐家具家电,以单间的形式出租给需要的人士。
>
> 该类租赁产品通常注重为租客提供舒适的公共空间。据相关调查,该类产品的主力消费者是中国 90/00 高学历青年消费群体,此类群体整体消费力强,渴望与同圈层分享有品质、便利、舒适的居住方式。长租公寓市场的出现,有利于改变目前房屋租赁市场产品单一、品质参差不齐、缺乏配套服务的局面,实现房屋租赁市场的消费需求升级。

2)家庭(Family)。家庭是社会的细胞,它对消费者个人的影响很大。在消费者购买决策的参与者中,家庭成员的影响作用是首位的。社会学家根据家庭权威中心点不同,把所有家庭分为四种类型:丈夫决策型、妻子决策型、协商决策型和自主决策型。在"男主外、女主内"的传统家庭,妻子是食品、日杂用品、服装的主要购买者,购买时一人说了算。只有贵重商品和服务由夫妻双方共同做出决策。营销工作者只有深入了解夫妻在各种商品或服务的购买中所起的不同作用,才能够准确定位营销策略的诉求点。

3)身份和地位。每个人在一生中会参加许多群体,如家庭、学校、公司、俱乐部及各类组织,个人的身份和地位反映了其在群体中的位置。例如,刘先生在家里是丈夫、父亲,在公司中是经理。不同身份和地位的消费者有不同的需求,营销者应意识到,商品和服务正在成为身份和地位的象征,应该注意商品和服务的价值取向,以此来吸引特定目标市场的顾客。

（3）个人因素。

1）年龄及所处的家庭生命周期阶段。随着年龄的增长，消费者对产品和服务的需求不断地发生变化，对食品、衣着、家具、娱乐、教育等方面的消费会有明显的年龄特征。

此外，处于家庭生命周期不同阶段的消费者，其需求和行为方面也有很大差异。

2）经济状况。个人的经济状况（如可支配收入、储蓄和借贷能力等）在很大程度上影响消费者对产品的选择。

营销人员虽然不能改变消费者的经济状况，但能够影响消费者对消费与储蓄的态度。企业可以通过价格的调整、产品设计的变化来吸引目标顾客，尤其要特别关注那些收入敏感型产品，使它的营销策略适应消费者个人收入、储蓄及存款利率的变化趋势。

3）个性。人的个性特征有许多类型，如外向或内向，自信或自卑，冒险或谨慎，独立或依赖，主动或被动，领导或追随，乐观或悲观等。直接与消费者个性相联系的购买风格有习惯型、理智型、经济型、冲动型、想象型、犹豫型。

①习惯型购买者常按照过去形成的爱好与兴趣进行购买，对新产品和新品牌不太容易接受；②理智型购买者善于思考，购买慎重、老练；③经济型购买者对价格反应敏感，缺乏自信与主见；④冲动型购买者易受环境影响，凭直觉选择产品，追求新产品，成交迅速；⑤想象型购买者善于联想，审美感强，对产品的包装、款式、颜色等比较重视；⑥犹豫型购买者无主见，无固定偏好，缺乏购买知识和经验，容易受营销人员及周围人群的影响。

4）生活方式。一个人的生活方式是其在生活环境中以其活动、兴趣和看法表现出来的生活模式。生活方式比社会阶层和个性更深刻、更全面地表示出一个人在态度、行为和心理需要方面的特点，营销人员应注意区分不同生活方式的群体，如节俭者、奢侈者、守旧者、革新者、高成就者及自我主义者等，在产品设计和广告宣传上应瞄准目标群体的特定生活方式。

实例 2-9 // 互联网家装用户消费行为在改变

2019年，齐家网联合腾讯家居等机构发布的《2019年互联网家装用户洞察白皮书》显示，老房翻新和局部装修的市场比例达到52%，首次超过新房装修，家装行业进入存量时代，用户的装修需求出现了一些新改变。

（1）城市分布上，老房及二手房翻新的用户以一二线城市居多，而新房装修用户以三四线城市为主。

（2）用户局部装修诉求方面，房间隔音、卧室／阳台翻新、厨房改造、卫生间改造、墙面刷漆是最常见的用户诉求。

（3）消费群体年龄整体呈现年轻化态势，90后成为家装行业的主要消费群体，其次是80后。

（4）消费行为上，用户在装修预算分配上更加看重设计、材料，80、90后更追求个性化，环保意识增强，对性价比的追求退居第二。

（5）消费群体对家居空间功能的需求方面，年轻人更注重品质生活，赋予阳台和厨房多重功能。例如，阳台可种植花草、健身等，而厨房则需满足聊天、聚餐的社交需求以及喝茶、看书的休闲需求。

（6）二孩时代，年轻父母在儿童房改造时更关注空间、收纳、环保以及颜色等因素。

随着生活水平的提高，人们对居家生活品质提出了更高的要求，家居空间被赋予了新的功能，呈现出消费者家装消费行为的新变化，因此，家装企业必须关注这些变化并及时做出策略调整。

（4）心理因素。

1）动机（Motive）。人的行为受动机支配，而动机是由需要引起的，当一个人的某种需要达到足够的强度时，就会成为动机，所以，动机就是足以迫使人们去寻求满足的需要。

消费者的购买动机又可以分为求实动机、求廉动机、求新动机、求美动机、求名动机等，企业可根据消费者的不同动机进行具体分析。

2）感知（Perception）。感知是指个人通过感官对外界信息加以选择、组织和理解，从而对事物产生了解的过程。在现实生活中，往往会有这种情况：某企业的商品在质量、性能上优于同类品牌，其知名度却不如其他品牌，企业虽然有不少的广告投入，但其传达的信息却容易被消费者曲解。因此，营销人员必须在如何让消费者了解有关信息并正确理解这些信息上下功夫，尤其是在广告的内容、形式和诉求点上要多动脑筋。

3）学习（Learning）。心理学家认为，消费者的购买行为不是先天具有的，而是受后天获得的经验的影响而形成的。由于获得经验而引起的个人行为的变化就是学习。"吃一堑，长一智"，说的就是这个道理。消费者学习的简要过程如图2-5所示。

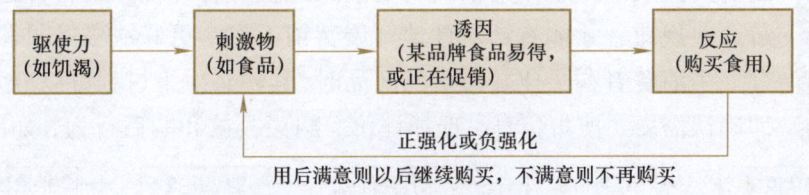

图2-5　消费者的学习过程

由于所有营销因素均可成为诱因，如商品的品种、价格、性能、品牌、包装、服务、分销渠道、广告、人员推销等，因此，企业要善于运用营销组合使消费者产生有利于本企业商品销售的正强化。

4）信念和态度（Belief and Attitude）。人们通过行动和学习会形成自己的信念和态度，信念和态度对人们的购买行为的影响是深远和持久的。例如，某些顾客认为"便宜无好货""国际品牌的商品货真价实"等。顾客的信念可能基于经验、知识或感情。

态度呈现为稳定一致的模式。例如，有的人对某种商品的态度是积极的、肯定的，有的则是反感的、抵触的。通常情况下，改变消费者的态度是很困难的，或需要付出较高的代价。当然，企业可以通过广告宣传、人员促销、公关等营销活动去影响和改变消费者的态度。

实例 2-10 // 来自多巴胺的快乐

多巴胺原本是一种化学物质，可以控制人体多种功能，包括运动活动、认知、情绪、正向增强行为、食物摄入和内分泌调节等。作为脑内极其重要的神经递质，多巴胺因其作用和特点被称为快乐物质。

时尚心理学家 Dawnn Karen 曾在其出版的作品《穿出最好的人生》中提出"多巴胺穿搭"理论，认为穿着高明度色彩搭配的衣服，可以刺激大脑分泌多巴胺，从而调动正面的情绪。

如今，这一快乐物质成为解锁当下流行趋势的流量新密码，不仅横扫时尚圈，还跨越到零售、餐饮、美妆等众多行业。从多巴胺穿搭到多巴胺茶点，从多巴胺彩妆到多巴胺周边。

多巴胺营销的核心是色彩冲击。多巴胺营销是指品牌给消费者带来观感上的冲击，利用色彩建立与消费者的沟通。

当下，中国的年轻一代已经成为市场消费的主力军，他们显现出极大的话语权与极强的消费力。通过消费表达情绪与自我个性化，成为这一代年轻群体的重要特征。多巴胺营销是品牌企业与这些消费主力军的一场双向奔赴和相互选择。

2023 年是消费复苏的一年，消费者们对多巴胺快乐的需求或许正是风雨后的那抹彩虹。

4. 消费者的购买决策过程

扫码观看：消费者购买决策过程

在分析了影响消费者行为的主要因素之后，还要了解消费者是怎样做出购买决策的。不同的消费者的购买过程有特殊性，也有普遍性，只有了解这些规律，才能有针对性地开展营销工作，更好地赢得顾客。

当消费者购买比较昂贵的产品时，其购买决策过程可以分为五个阶段，即确认需要、搜集信息、选择评价、购买决策和购后行为，如图 2-6 所示。

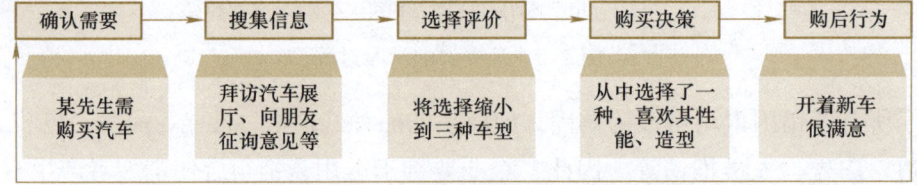

图 2-6 消费者的购买决策过程

【营销工具】AISAS 模型

AISAS 是移动互联网时代消费者购买决策过程分析模型。其代表的含义是：

Attention：引起关注。消费者可能通过公众号、朋友圈或其他社交媒体看到感兴趣的产品信息。

Interest：产生兴趣。如标题有吸引力，消费者会点击进入，进行了解。

Search：主动搜索。消费者可能会主动搜索进一步了解更多信息、他人评价等。

Action：采取行动。消费者购买下单。

Share：进行分享。消费者对使用体验满意，可能会拍照发圈或通过网络分享。

（1）确认需要。消费者购买决策过程都是从确认需要开始，需要可能是由内在刺激因素引起的，如干渴、饥饿而形成的驱使力；也可以是由外部刺激引起的，如广告、朋友的建议。营销人员应注意了解能使消费者对产品感兴趣的常见刺激因素，进而设计出对消费者更有吸引力的营销策略。

实例 2-11 // 茑屋书店——书与生活方式的连接

> 在日本，有一家名为"茑屋书店"的网红店，以"书"为媒介，从细节入手为读者提供差异化的服务。第一家茑屋书店诞生于 1983 年。30 多年间，茑屋书店在全世界开了 1 400 多家店，占据了日本 90% 的图书营业额，其母公司 CCC 旗下的"T-Card"积分卡活跃用户更是占到了日本人口总数的 50% 以上。
>
> 茑屋书店的成功基于对人们需要"生活提案"的预见，这是一家不是售卖书，而是售卖书中所表现的"生活提案"的书店。而茑屋书店在创立之初，由于日本老龄化极为严重，其初衷是定位为老年人服务的，针对目标消费者采取了特色化的经营模式：
>
> （1）为了吸引顾客来地段不好的地方，必须打造一座像美术馆一样的"标志性建筑"。
>
> （2）作为一家旨在为老年人服务的书店，最重要的还是老年人关心的问题，于是深挖"健康"主题，打造了日本最全的烹饪（医食同源）书籍卖场。
>
> （3）考虑到老年人比起活法更在意"死亡"的问题，书店还专门设置了宗教、哲学及讲述不同人活法的传记等类型书籍的专区。
>
> （4）为了让老年人的晚年生活能够过得更加快乐、充实，书店特意准备了关于旅行、住宅、汽车等方面的书籍。
>
> （5）老年顾客喜欢早起，所以将书店与咖啡厅的营业时间定为早晨 7 点。
>
> （6）老年人的孩子们多已结婚成家，为了减轻他们的孤单感，书店专门引入了带宠物医院的宠物店。
>
> （7）店内专门为老年女性开设了美容院。
>
> （8）为了方便老年顾客给儿孙买礼物，引入了国外环保玩具专卖店。
>
> （9）为了方便喜欢摄影的老年人，设置了相机专卖店。
>
> （10）考虑到随着年龄的增长，无法开车而乘坐出租车的老年顾客会越来越多，为了方便他们来时下车、去时乘车，专门设置了出租车专区。
>
> 从这些构思与策划中，不难看出茑屋书店事无巨细以顾客需求为核心的服务理念。

（2）搜集信息。确认需要后，消费者会开始搜集与产品有关的信息资料，其主要的信息来源有四个方面：

1）个人来源：家庭、亲戚、朋友和熟人等。
2）商业来源：广告、杂志、包装和推销员等。
3）公共来源：大众传媒、公众组织和政府宣传等。
4）经验来源：消费者以往对产品的使用或对企业的了解等。

一般来讲，来自商业来源的信息最多，其次是公共来源和个人来源，最后是经验来源。从信息的可信度来看，经验来源和个人来源应该是最高的，其次是公共来源，最后是商业来源。商业来源的信息在影响购买决策决定时起"告知"作用，而个人来源起"评价"作用。营销人员要弄清消费者信息来源以及何种信息来源对消费者购买行为产生决定性作用。

（3）选择评价。消费者如何从众多的品牌中做出自己的选择？多数情况下消费者的选择是基于理性的，其主要的依据是：

1）产品属性。消费者会密切注意与其需要有关的产品属性。例如照相机有拍摄清晰度、操作便利性、款式、价格等不同的属性。如果企业产品具有的属性正好符合消费者非常重视的一些属性，则自然会受到消费者的青睐。

2）品牌形象。即消费者对某些品牌的优劣程度的总体看法。

3）效用要求。即消费者对其重视的一种或几种属性的基本要求，这一种或几种属性的实际水平需达到或超过预定标准。

因此，营销人员应设法了解消费者对企业产品评价的主要依据，从而可以有针对性地改进产品设计或营销策略。

（4）购买决策。消费者经过对产品评估后就会形成一种购买意向，但能否实现购买，还取决于两个因素的作用，如图2-7所示。

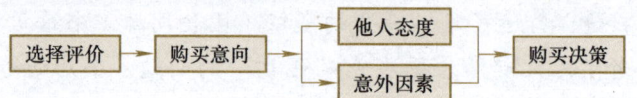

图2-7　购买意向和购买决策之间的影响因素

1）他人态度。他人的否定态度越强烈，他人与消费者关系越密切，他人对产品的专业水平越高，则对消费者的影响力越大。

2）意外因素。消费者购买意向以一些预期条件为基础，如预期的价格、质量、服务和收入等。如果这些预期条件受到意外因素影响而发生变化，那么消费者的购买意向也会随之改变。

（5）购后行为。消费者购买、使用产品后，会产生满意或不满意的感受，"满意的顾客是企业最好的广告"，因此，企业应注意采取有效措施来增加顾客的满意度。对此本书已在第一章中进行了阐述。

【课堂行动学习】购买行为分析

假如你现在需要换购一部手机，请用图示描绘出你的购买决策过程及主要的影响因素。在整个过程中，企业方的哪些营销举措对促成你的购买会有帮助？

实例2-12 // 洞察用户体验，提升经营效率

益普索（Ipsos）公司于1975年在法国巴黎创立，1999年7月1日在巴黎证券交易所上市，是目前市场研究顾问行业中唯一一家独立的由专业研究顾问人员管理的全球性的上市公司。

> 益普索中国总裁兼首席客户官周晓农在国际用户体验大会（UF大会）上发表了"数据洞察，体验创新"的主题演讲，分享了益普索客户体验反馈管理解决方案（Enterprise Feedback Management，EFM）的实践案例——友邦中国的客户反馈管理系统。
>
> 客户的体验反馈对企业发展有直接的影响。假如客户不满意马上要退房或退单，企业如果能马上给予反馈并解决问题，就能把不好的体验变成好的体验，进而帮助企业提升效率和业绩。益普索设计的EFM系统，一方面，可从用户侧获取客户反馈—进行数据分析—联系客户—有针对性地采取行动，解决客户的问题，挽回客户；另一方面，从企业侧进行问题挖掘和诊断—确定行动方案和优先级—更改优化业务流程—根据客户反馈进行改善。以此形成双闭环的管理模式，便于企业在服务管理上找到关键突破点，改善、提升服务品质及客户体验，从而保证业绩的持续上涨。

二、组织市场购买行为分析

组织市场（Organization Market）是指工商企业为从事生产销售等业务活动，以及政府部门和非营利组织为履行职责而购买产品和服务所构成的市场。简言之，组织市场是由各种组织机构形成的对企业产品和服务的需求总和。就卖主而言，消费市场是个人市场，组织市场则是法人市场。组织市场是企业目标市场的重要组成部分，是企业的重要营销对象，企业应该充分认识该市场的特点和购买行为。

（一）组织市场的分类和特点

1. 组织市场的分类

企业不仅将货物和服务出售给广大消费者，还会将大量的原材料、机器设备、办公用品及相应服务提供给企业、社会团体、政府机关等组织用户，这些用户即构成了组织市场。根据组织的不同特点可以将组织市场分三类，即生产者市场、中间商市场、机构与政府市场。

（1）生产者市场。又称产业市场或企业市场，指购买产品或服务用于制造其他产品或服务，以供销售或租赁或供给他人以获取利润的单位和个人。组成生产者市场的主要产业有：工业、农业、林业、渔业、采矿业、建筑业、运输业、通信业、公共事业、银行业、金融业和服务业等。

（2）中间商市场。又称转卖者市场，指购买产品或服务用于转售或出租给他人，以获取利润的单位和个人，包括批发商和零售商。

（3）机构与政府市场。指所有不以营利为目的、不从事营利性活动的组织，包括各级政府及所属机构、学校及各种非营利协会组织等。

2. 组织市场的主要特点

（1）购买者比较少。组织市场的购买者主要是企业、团体组织，其数量比消费者市场的购买主体——个人或家庭要少得多。如发电设备的购买者是各地极有限的发电厂，大型医疗设备的购买者是极少数的各大医院等。

（2）购买量大。购买者虽少，但购买者规模大，购买批量大。有时，一张订单金额就能达到数千万元甚至数亿元。

（3）供需双方关系稳定。供应方与需求方经常是伙伴关系，是利益的共同体。供应方需要长期稳定的销路，需求方也需要源源不断的货源。双方之间经常在产品的花色品种、技术质量、服务项目等方面进行沟通，达成一致的看法。

（4）地理位置相对集中。组织市场的购买者并不是均匀地分布于整个国家，而是集中在某些区域。由于各地资源、交通条件和历史原因，购买者往往集中在某些特定区域，以至于这些区域的业务用品购买量占据全国市场的很大比重。

（5）派生需求。又称为引申需求或衍生需求，组织市场的用户并非最终消费者，其对商品或服务的需求是从消费者对消费品的需求派生出来的。因此，业务用品需求随消费品需求变化而变化。如消费者对手机的需求引起手机制造商对手机配件或相关材料的需求。

（6）需求弹性小。组织市场对产品和服务的需求总量受价格变化的影响较小，组织市场的需求在短期内缺乏或无弹性。例如，在商品房需求总量不变的情况下，钢筋水泥的价格下降，房产公司未必大量购买，除非房产公司有大量的存放场所或大量的流动资金。相反，钢筋水泥的价格上升，房产公司未必减少购买，除非找到了其他更好的替代品。

（7）需求波动较大。若消费者对某种消费品的需求增加某一百分比，生产厂家的投资数量会以更大的百分比增加来满足所增加的需求。西方经济学者称之为加速原理。

（8）专家购买。组织市场采购的设备等用品技术性强、价格昂贵，购买者一般要雇佣经过专门训练的行家里手负责采购工作。供应商应当提供产品或服务的详细技术资料和特殊服务，突出本产品的优势。

（9）参与购买的人多。影响组织市场购买的人比消费者市场要多，大多数组织设有专门的采购部门，其他部门的人也直接或间接地参与决策过程，共同形成"采购中心"，重要的决策由技术专家和高层领导共同做出。供应商应当选派既懂技术又有较强交际能力的销售人员与买方打交道。

（二）组织市场的购买类型及购买角色

1. 组织市场的购买类型

（1）直接重购。直接重购是指组织的采购部门依据以往的订货目录及对产品的基本要求继续向原供应商购买产品。

这种购买行为是惯例化的，是最简单的购买类型。所购买的产品大多是原材料、零配件以及劳保用品等，采购部门往往选择比较满意的供应商作为自己的采购对象，而淘汰那些不满意的供应商。因此，被列入直接采购名单的供应商应尽力保证产品的质量、数量及供货的及时性等。

（2）修正重购。修正重购是指买主希望改变原来所购买产品的规格、价格或其他交易条件的采购。

组织用户会与原供应商就供货协议重新进行协商，签订新的协议，或要更换供应商，因而需要买卖双方投入较直接重购更多的时间和精力。这种情况给原供应商造成威胁，也给其他供应商提供了机会。

（3）新购。新购是指企业第一次采购某种产品或服务。

新购是最复杂的购买类型，参与购买的人多，购买决策过程复杂，涉及的资金规模大，风险也大。因此在新购之前，企业通常要充分搜集市场信息。此外，新购产品大多是不常买的商品，如大型生产设备、医疗设备、办公大楼及办公系统等。对供应商来讲，组织用户的新购给他们提供了机会与挑战，供应商应派专门推销小组主动与需新购的组织联系，提供产品的详细资料，帮助顾客解决疑难，说服其购买自己的产品。

2. 组织市场中的购买角色

组织购买通常由组织的"采购中心"负责进行决策和实施，而"采购中心"里又可以区分出以下六种角色：

（1）使用者。指组织中直接使用所采购产品的人员。这些人员一般会提出购买建议，协助确定产品规格、性能等。

（2）影响者。指组织内部或外部对采购决策产生直接或间接影响的人员。他们会影响供应商的选择及对产品规格、性能、购买条件等的确定。

（3）决策者。指有权对买与不买，买的数量、规格、质量及供应商做出决策的人员。这些人可以是企业内处在不同层次的人，供应商应该弄清采购组织中谁是对决策起关键作用的人。

（4）批准人。指有权批准决策者或购买者所提出的购买方案的人员。

（5）采购者。指按采购方案实行具体采购行动的人。采购者在采购行动中有时具有较大的灵活性，因此，供应商应处理好与采购者的关系。

（6）信息控制者。指组织内部或外部能够控制信息流向采购中心成员的人员。例如，技术人员或采购代理人可以拒绝或终止某些供应商或产品的信息，接待员、电话接线员、秘书、门卫可能阻止推销人员与决策者及使用者接触等。

作为供应方企业的营销人员应注意提供不同内容的促销信息，以满足"采购中心"不同角色的要求。此外还必须了解谁在购买决策中最有影响力，谁是关键的决策人，只有做好关键角色的工作，才可能促成产品的销售。当然，不同的购买类型下，购买决策的参与者也不同。在直接重购时，起决定作用的是采购部门的负责人；在新购时，往往是企业的高层领导和技术专家起决定作用。因此在买方新购的情况下，供应商应把产品的信息传递给企业的高层领导和技术人员。

（三）影响组织购买的主要因素

组织用户在做出购买决策时会受到许多因素的影响，归结起来主要有环境、组织、人际和个人四大因素，如图 2-8 所示。作为供应商，了解这些因素并恰当地运用，有助于顺利开展自己的销售工作。

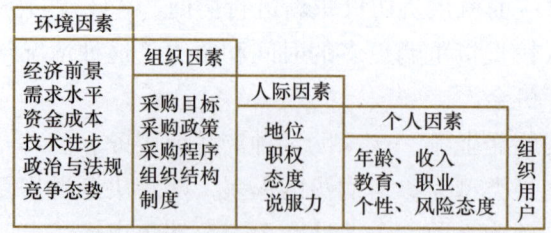

图 2-8　影响组织用户购买的主要因素

1. 环境因素

企业无法控制的外部环境因素包括国家的经济前景、市场需求水平、技术条件、竞争态势、政治法规等。例如，国家经济发展迅速，市场需求旺盛，技术进步快，融资成本低，政府大力扶持，市场竞争有序，企业就会增加投资，使得原材料及相关设备采购量增大。在这种环境下，供应商在刺激生产者市场需求总量上可大有作为。

2. 组织因素

这是指组织用户自身因素。每个组织都有自己特定的采购目标、采购政策、采购程序、组织结构和制度。作为供应方的营销人员要尽最大的努力掌握相关的信息。例如，要弄清楚组织用户的经营目标是什么，它们需要什么产品，数量有多大，它们的采购程序是什么，哪些人参与决策，起关键作用的是哪些人，它们对采购人员有哪些政策与制度的限制。供应商只有弄清上述的问题，才能少走弯路。

3. 人际因素

参与购买过程的各个角色在采购中的地位、职权、态度、说服力以及相互之间的关系各不相同。这种人际关系也会影响其购买行为。

4. 个人因素

"采购中心"中关键人物的年龄、受教育的程度、个人偏好、性格、对待风险的态度等因素对购买决策的影响也是至关重要的。供应商应选派适当的人与采购方相关人员打交道。俗话说"话不投机半句多"，供应商在谈判过程中摸清对方的个人特征是相当重要的。

（四）组织购买的决策过程

比照消费者市场的购买决策过程，可将组织市场的购买划分为类似的五个步骤，如图 2-9 所示。在直接重购和修正重购时可能会跳过某些阶段，而在新购时则会经历每个阶段。但在实际中，组织的购买决策过程要比消费者市场的购买复杂得多。供应企业应针对各阶段的具体情况，有针对性地展开营销工作。

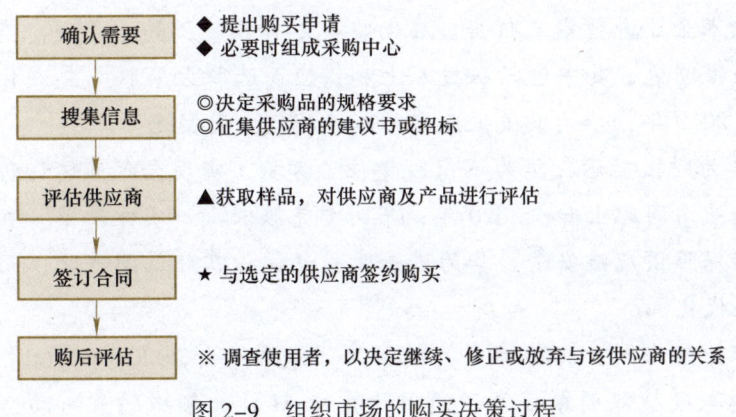

图 2-9 组织市场的购买决策过程

1. 确认需要

组织用户需要的产生，可由内在刺激和外在刺激引起。例如，为了提高管理效率，降低生产成本，企业认识到需要购买电脑及相关软件，这就是内在刺激；而企业还可能会受到广告、商品展销会或推销员的影响，这就是外在刺激。

在确定需求品种及其规格、数量的问题上，标准化产品较容易确定，而非标准化产品则要由采购员、工程师、使用者以至高层管理人员共同协商确定。供应方的营销人员在这个阶段应积极配合采购单位的人员确定所需产品的特性，帮助买方确定需要，促成交易。

2. 搜集信息

同类产品的供应商很多，企业的采购人员通常要按照具体的采购要求寻找最佳的供应商。获取供应商的信息来源很多，按其重要性大致可以排列为：①内部信息，如采购档案、部门信息和采购指南、推销员的电话访问和亲自访问；②外部信息，如卖方的产品质量调查、其他公司的采购信息、新闻报道、广告、产品目录、电话簿、商品展览等。对于复杂和花费大的项目，采购工作会非常慎重，为了更充分地了解产品及供应商的有关情况，买方往往会要求每一位潜在供应商提出详细的书面建议。

供应企业应注意通过推销人员、广告、企业名录等途径，传播产品及企业信息，并在市场上建立良好的声誉。此外，营销工作人员要擅长写建议和报告，而这些建议不仅仅是技术文件，还应当是营销文件，以尽可能地吸引采购人员或需要采购的企业。

3. 评估供应商

评估的内容包括供应商的信誉、品牌形象、服务态度、交货能力、高层领导的素质，以及产品的质量、性能、技术、价格等。组织用户通常会同时选择两家或更多的供应商，保持几条供应渠道，这样做的好处是保证有充足的货源，又会使几家供应商互相竞争，使自己处于有利的地位。作为供应商，要及时了解竞争对手的动向，采取适当的应对措施。

实例 2-13 // 华为供应链迎国产替代良机

2018 年起，中美贸易风波剑指"中国制造 2025"的重点领域，美方更是对华为等中国高新技术企业进行定点打击。在面临美方加强施压的困局下，华为采取多种方式避免供应链断裂，其中包括从技术上和供应商选取上采取"去A化"举措以保证供货安全。2019年，华为的关键元器件国产替代全面提速。

2019年华为财报显示，华为不仅经受住了考验，实现全年业绩逆势增长，还带动部分供应商业绩同比上升。2020年，华为要克服长期"实体清单"和新冠疫情的双重影响，为保障供应链安全，华为进一步推动核心零部件国产化，而相关供应商也迎来国产替代良机。

以鲲鹏产业链为例，2020年3月的华为开发者大会2020（Cloud）召开，围绕"鲲鹏+昇腾"硬核双引擎分享了通用计算和AI计算领域的最新动态，宣布沃土计划2.0投入2亿美元，并发布基于鲲鹏的研究计划等。华为鲲鹏产业将成为国内计算机市场发展重要推动力，中国软件、神州数码、用友网络等供应商或可随之获益。

其他领域，如半导体、5G手机、5G基站、IDC、芯片产业链的相关供应商，也都会在华为的带动下加速国产替代步伐。

4. 签订合同

选择好供应商后，组织用户根据所购产品的技术说明书、需要量、交货时间与地点、退货条件、担保书、售后服务等内容与供应商签订最后的订货合同。双方一般都愿意建立长期稳定的合作伙伴关系，实现互惠互利。

5. 购后评估

购买以后，组织用户也会像个人消费者一样，评估产品和供应商是否达到了自己预想的要求，如调查使用者对产品及安装、送货、维修等服务的满意度。评估的结果可能导致继续购买、修正购买或中止供货关系。因此，供应商必须深入了解、关注采购者和使用者对产品或服务的评价及反馈，提高用户的满意度，维持和发展良好的合作关系。

第三节　竞争分析

引导案例2-3　格力举报奥克斯

近年来，空调厂商之间的竞争愈加白热化。2019年6月10日，格力公司实名举报"奥克斯生产销售的8个型号的空调产品存在能效比和制冷消耗功率检测不合格问题"。当日晚间，奥克斯回应称，正当"6·18"空调销售旺季来临之际，格力采用诋毁手段，属于明显的不正当竞争行为，对于格力的不实举报，公司已向公安机关报案。随后，格力回应："用事实说话！"在节能减排环保政策落地方面监管趋严的情况下，格力此番实名举报有据可凭，即国家多部门联合下发的《关于加强能效水效标识监督检查工作的通知》。当日晚间，国家市场监督管理总局在官方微博回应，表示高度关注此事并通知相关部门调查核实。

业内人士分析认为，此次格力举报奥克斯有多重原因。其一，两者恩怨由来已久，格力与奥克斯多次正面交锋。据不完全统计，2016～2019年，两者就"侵害实用新型专利权"诉讼维权10余次。其二，奥克斯等二线空调品牌线上渠道发展很快，对格力一线品牌形成冲击。奥维云网《2018年空调行业年度报告》显示，2018年格力空调占有率为22.1%，而奥克斯空调增至26%。其三，两者之间的人才拉锯战旷日持久。

从舆论反应看，格力举报事件对市场上的其他竞争者产生震慑效应和连锁反应。据中新社报道，空调实际能源效率达不到标注等级，涉嫌虚假宣传误导消费者，甚至对同行构成不正当竞争。《人民日报》官微曾评论：商场如战场，在不见硝烟的战斗中仍须守住底线。孰是孰非，最终当交由权威机构认定，交由法律裁决，交由消费者评判。

一、企业竞争者的类型

企业参与市场竞争，不仅要了解谁是自己的顾客，还要弄清谁是自己的竞争对手。从表面上看，识别竞争者是一项非常简单的工作，但是，由于需求的复杂性、层次性、易变性，技术的快速发展和演进，产业的发展，市场竞争中的企业面临复杂的竞争形势，一个企业可能会被新出现的竞争对手打败，或者由于新技术的出现和需求的变化而被淘汰。企业必须密切关注竞争环境的变化，了解自己的竞争地位及彼此的优劣势，只有知己知彼，方能百战不殆。

我们可以从不同的角度来划分竞争者的类型：

1. 从行业的角度来看

从行业的角度来看，企业的竞争者有：

（1）现有厂商。指本行业内现有的与企业生产同样产品的其他厂家，这些厂家是企业的直接竞争者。

（2）潜在加入者。当某一行业前景乐观、有利可图时，会引来新的竞争企业，使该行业增加新的生产能力，并要求重新瓜分市场份额和主要资源。另外，某些多元化经营的大型企业还经常利用其资源优势从一个行业侵入另一个行业。新企业的加入可能导致市场上同类产品价格下降，利润减少。

（3）替代品厂商。与某一产品具有相同功能、能满足同一需求的不同性质的其他产品，属于替代品。随着时间流逝和科学技术的发展，替代品会越来越多，某一行业的所有企业都将面临与生产替代品的其他企业进行竞争。

实例2-14 // 美团投资食材配送

> 2020年3月9日，食材配送企业——望家欢农产品集团宣布完成6亿元的B轮融资，该轮投资由美团点评战略领投。这轮融资是我国团餐供应链行业近年来最大的单笔融资。作为本地生活服务平台型公司，餐饮供应链领域一直是美团的重点布局方向。近年来，美团先后自建供应链品牌快驴、美团买菜业务，此次美团又领投

食材供应链平台望家欢，意味着美团对于食材配送 B2B 领域的扩张。

美团外卖目前仍是一般意义上的消费互联网服务商，以撮合交易和配送服务等创造"短链条"价值。而互联网化及数字化餐饮产业从产地优化、食材采购到储运、末端配送等环节的餐饮供应链还蕴藏着更大的商机。美团投资望家欢既是做餐饮生态圈上的协同攻防，也是以资本纽带补餐饮供应链的上游短板。

2. 从市场方面来看

从市场方面来看，企业的竞争者有：

（1）品牌竞争者。企业把同一行业中以相似的价格向相同的顾客提供类似产品或服务的其他企业称为品牌竞争者。如家用空调市场中，格力空调、海尔空调、三菱空调等厂家之间的关系。

品牌竞争者之间的产品相互替代性较高，因而竞争非常激烈，各企业均以培养顾客品牌忠诚度作为争夺顾客的重要手段。

（2）行业竞争者。企业把提供同种或同类产品，但规格、型号、款式不同的企业称为行业竞争者。所有同行业的企业之间均存在彼此争夺市场的竞争关系。如生产家用空调与生产中央空调的厂家、生产高档汽车与生产中档汽车的厂家之间的关系。

（3）需要竞争者。提供不同种类的产品，但满足和实现消费者同种需要的企业称为需要竞争者。如航空公司、高铁客运都可以满足消费者外出旅行的需要，彼此相互竞争客源。

（4）消费竞争者。提供不同产品，满足消费者的不同愿望，但目标消费者相同的企业称为消费竞争者。如很多消费者收入水平提高后，可以把钱用于旅游，也可用于购买汽车，或购置房产，因而这些企业间存在相互争夺消费者购买力的竞争关系，消费支出结构的变化对企业间的竞争有很大影响。

实例 2-15 // 数字经济时代下的新赛道

信息时代，数据正在成为极其重要的新生产要素。数字经济成为重组全球要素资源、重塑全球经济结构、改变全球竞争格局的关键力量。以上海为例，上海作为国家大数据综合示范区，2022 年上海市数据核心企业突破 1 200 家，核心产业规模近 3 400 亿元。当前，我国数字经济发展进入新阶段，数据产业迎来前所未有的发展机遇。

大数据行业包括大数据基础设施、大数据平台、大数据应用和大数据服务四个子行业，其中大数据基础设施主要涉及数据采集、存储、传输、计算等硬件设备和软件系统，大数据平台主要涉及数据管理、分析、挖掘、可视化等软件工具和平台，大数据应用主要涉及数据产品、解决方案和场景，大数据服务主要涉及数据咨询、培训、运维和安全等服务。

从行业分布来看，据尚普咨询统计资料显示，2022 年中国大数据产业市场规模达到 8000 亿元，其中大数据基础设施占比约为 30%，大数据平台占比约为 25%，大数据应用占比约为 35%，大数据服务占比约为 10%。

从竞争格局来看，大数据基础设施和平台的市场集中度较高，主要由华为、阿里云、腾讯云、百度云等头部企业占据，大数据应用和服务的市场分散度较高，主要由各个行业和领域的专业化企业提供，如同盾科技、神州数码、易观、数美等。

从应用领域来看，大数据分析产品及服务已经从最早的为电信领域客户提供经营分析、为银行领域客户提供风控管理等辅助性经营决策，发展到目前的为金融、电信、政府、互联网、工业、健康医疗、电力等多个行业领域客户提供预测性分析、自主与持续性分析等，以实现企业决策与行动最优化。

从区域分布来看，根据企查猫数据，截至 2022 年 10 月 26 日，全国大数据产业中"存续"及"在业"的企业多集中分布在华南和华东沿海地区。其中，广东省的大数据企业最多。

从行业上下游竞争格局来看，大数据行业的上游为基础支撑设施生产企业，包括硬件与软件设备，上游供应商的产品标准化程度较高，议价能力相对较低。下游消费市场主要是各应用领域终端客户，市场需求较大，同时未来市场需求增速较快，下游客户的议价能力较低。此外，大数据产业的中上游即硬件与软件等基础支撑的核心技术要求相对较高，但大数据行业的产品、服务与应用市场都极为广泛，各种技术的更新迭代较快，因此行业新进入者威胁相对较高。

3. 从企业所处的竞争地位来看

从企业所处的竞争地位来看，竞争者的类型有：

（1）市场领导者。指在某一行业的产品市场上占有最大市场份额的企业。如宝洁公司是日化用品市场的领导者，可口可乐公司是软饮料市场的领导者等。市场领导者通常在产品开发、价格变动、分销渠道、促销力量等方面处于主宰地位。市场领导者的地位是在竞争中形成的，但不是固定不变的。

（2）市场挑战者。指在行业中处于次要地位（第二、三甚至更低地位）的企业。如高露洁公司是日化用品市场的挑战者，百事可乐公司是软饮料市场的挑战者等。市场挑战者往往试图通过主动竞争扩大市场份额，提高市场地位。

（3）市场追随者。指在行业中居于次要地位，并安于次要地位，在战略上追随市场领导者的企业。在现实市场中存在大量的追随者，其最主要特点是"跟随"：在技术方面，不做新技术的开拓者和率先使用者，而是做学习者和改进者；在营销方面，不做市场培育的开路者，而是搭便车，以减少风险和降低成本。市场追随者通过观察、学习、借鉴、模仿市场领导者的行为，不断提高自身技能，不断发展壮大。

（4）市场补缺者。多是行业中相对较弱小的一些中、小企业，它们专注于市场上被大企业忽略的某些细小部分，在这些小市场上通过专业化经营来获取最大限度的收益，在大企业的夹缝中求得生存和发展。市场补缺者通过生产和提供某种具有特色的产品和服务，赢得发展的空间，甚至可能发展成为"小市场中的巨人"。

综上所述，企业应从不同的角度，识别自己的竞争对手，关注竞争形势的变化，以更好地适应和赢得竞争。

【营销工具】竞争对手分析数据库

企业需要对大量收集到的竞争对手资料建立完善的竞争对手分析数据库，以便充分、及时地运用。

数据库的数据包括：竞争对手或潜在竞争对手的名称、竞争对手经营场所的数量规模及具体位置；竞争对手企业组织结构及人员的具体情况；产品和服务范围、价格、质量等情况；按顾客和地区细分的市场情况；重要客户以及供应商的情况；生产经营及战略发展策略等。

二、企业的基本竞争战略

竞争战略是指在正确界定与分析竞争对手和竞争形势后，企业计划在一段较长时期内采用的主要竞争手段。也可以说，竞争战略就是确立企业竞争优势的谋划。

美国著名的战略学家迈克尔·波特（Michael E. Porter）在其1980年出版的《竞争战略》一书中指出，企业要获得竞争优势，一般有两条道路：一是在行业中成为成本最低的生产商，二是在企业的产品和服务上形成与众不同的经营特色。进而提出了可供企业选择的三种基本竞争战略：总成本领先战略、差异化战略、目标集聚战略。

1. 总成本领先战略（Overall Cost Leadership）

总成本领先战略是指企业以低成本作为主要的竞争手段，企图使自己在成本方面比同行业的其他企业占有优势地位。为了实现低成本，企业应发挥规模经济的作用，使生产规模扩大、产量增加，从而降低单位产品的固定成本。此外还要争取做到：以较低的价格取得生产所需的原材料和劳动力；使用先进的机械设备，增加产量，提高设备利用率、劳动生产率、产品合格率；强化管理，最大限度地降低和控制成本与管理费用，使企业的总成本低于竞争对手，以创造和赢得竞争优势。

总成本领先可以从以下几个方面给企业带来竞争优势：

（1）可以获得高于产业平均利润的利润。

（2）有较大的降价空间，可有效地实施价格竞争，提高企业的价格竞争能力。

（3）可以以较低的价格销售产品，有利于扩大销售，提高市场占有率。

（4）可以以较低的价格限制潜在竞争者的加入。

美国福特汽车、我国的格兰仕微波炉等企业都曾因成功地实施此战略而赢得竞争优势，取得巨大成功。但是，当同行业企业都采取各种措施使成本最小化达到或接近极限时，这一战略就会失去实用价值。

实例 2-16 // 开市客的制胜策略

开市客（Costco）是美国最大的连锁会员制仓储量贩店，是会员制仓储批发俱乐部的创始者。2019年，中国大陆的首家门店于上海闵行区正式开业，开业当天被消费者挤爆。

开市客以低价向会员提供高品质的品牌商品而知名，其百货商品价格低于市场价的30%～60%，食品类则能低10%～20%。

开市客在选品上，只选择市场上最受欢迎的品牌商品，减少库存单元。较少的库存单元意味着较少的商品重复和较少的品种。这样货架空间使用效率高，周转更快，存货搬运成本更低，同时减少了挑选时间，简化了购买。开市客的库存周转率是每年15次，大大超过了对手。

任何在开市客卖场所购买的商品，除附有原制造厂商的保证书外，还享有开市客全额退款的保证。

另一方面是大包装，大包装降低了单位服务成本，节省了劳动和管理费用。

开市客的毛利率从成立之初就一直维持在12%～13%，并且该公司有一个很严格的规定：所有商品的毛利率不得超过14%，一旦超过这个数字便需要向CEO汇报，需要经过董事会的批准。

所有商品以原运送栈板的方式进货并陈列于简单的卖场环境；卖场采用自助式，并使用纸箱而非塑胶袋包装商品；微量的广告文宣，以此降低经营及营销推广成本。

2. 差异化战略（Differentiation）

差异化战略又称标新立异战略，就是使企业提供的产品或服务标新立异，有别于竞争者而具有鲜明的个性或特色，以创造和提升企业竞争优势的战略。

差异化可以通过许多方面来体现，如产品性能、质量、外观、品牌形象、技术、客户服务、经销网络等，企业只要在其中某一方面或某几个方面与竞争者有所不同，并对潜在顾客具有较大的吸引力，就能取得优势地位。例如，某酒店企业将自身打造为女性主题的中端连锁酒店。

成功地实施差异化战略可带来的竞争优势有：

（1）减少企业与竞争对手的正面冲突，取得某一领域的竞争优势。

（2）有利于扩大企业和品牌的知名度，强化顾客的品牌偏好和忠诚度。

（3）能有效地将顾客的注意力吸引到企业鲜明的个性和特色上，降低顾客对价格的敏感性，从而有利于企业抵御价格竞争的冲击，增加企业利润。

（4）具有特色的产品还能有效地防止替代品的威胁。

但实施这种战略可能以付出较高的成本为代价，当较多的顾客没有能力或不愿意为差异化的产品支付高价格时，企业的市场占有率很难提高；此外，企业在某些方面的经营特色也可能被其他企业打破。因此，企业采用这一战略时需要有不断创新的精神。

3. 目标集聚战略（Focus）

目标集聚战略是企业将经营重点集中在某一特定的顾客群体、某产品系列或某一特定的地区市场上，力争在局部市场取得竞争优势的竞争战略。

由于集中精力于局部市场，需要的投资较少，因此这一战略多为中小型企业所采用。此外，目标集聚战略一方面能满足某些消费者群体的特殊需要，具有与差异化战略相同的优势，另一方面因可以在较窄的领域里以较低的成本进行经营，又兼有与低成本战略相同的优势。

三、企业市场竞争策略

所谓竞争策略是指企业依据自己在行业中所处的地位，为实现竞争战略和适应竞争形势而采用的各种具体行动方式。

1. 不同地位企业的竞争策略

市场上处于不同地位的企业所采取的竞争策略及具体措施各不相同，如表2-1所示。

表2-1 不同地位企业的竞争策略

企业类型	竞争策略	具体措施
市场领导者	1. 扩大市场需求量，以获取更多的收益	(1) 吸引新的使用者 (2) 开发新用途 (3) 提高使用率
	2. 维护现有市场占有率，以抵御挑战者的争夺	(1) 创新，在产品、技术、服务等方面不断创新，以保持领导者的地位 (2) 防御，保持原有产品或强势产品的市场占有率，不给主要竞争者留下可乘之机 (3) 正面对抗，对竞争者的挑战及时做出反应
	3. 扩大现有市场份额，但要考虑成本效益	(1) 增加新产品 (2) 提高产品质量 (3) 增加开拓市场的费用
市场挑战者	攻击市场领导者、攻击同类型但表现欠佳的企业、攻击比自己弱小的企业，以期扩展市场份额，取代领导者	(1) 正面攻击，进攻竞争对手的强项 (2) 侧翼攻击，进攻对手的弱项（如相对薄弱的地区、细分市场） (3) 包围进攻，全面攻击对手的市场 (4) 迂回进攻，避开竞争者的现有领域，发展多样化的不相关产品，或开发新市场，或研究新技术代替现有产品 (5) 游击进攻，以小规模、间断性的攻击骚扰对手，以找寻永久的立足点，最适合小企业
市场追随者	1. 紧密跟随	尽可能地在各个细分市场及营销策略方面模仿领导者
	2. 距离跟随	仅在主要市场和主要营销策略方面追随领导者
	3. 选择跟随	根据自己的情况，在某些方面紧跟领导者，以明显地获取好处，而在某些方面又自行其是
市场补缺者	专业化营销	(1) 用户专业化，如航空食品公司 (2) 产品特色专业化，如动漫商店 (3) 客户订单专业化，按订单为客户定制产品 (4) 地理区域专业化

2. 合作竞争新思维

所谓合作竞争，就是使拥有不同优势的企业在竞争的同时也注重彼此之间的合作，通过优势互补，共同创造一块更大的蛋糕，营造更持久有力的竞争优势，同时实现"双赢"或"群赢"。当然，从竞争到合作，同样是优胜劣汰的过程，因为谁能在竞争中通过最佳方式获得最佳合作伙伴，从而最大限度地增强自己的竞争力，谁才是市场最后的胜利者。

传统意义上的竞争，往往是争抢同一块蛋糕，这种你死我活的输赢之争，不仅使企业外部竞争环境恶化，而且使企业错失许多良机。如今在网络经济时代，经济一体化的发展和全球竞争的加剧使得企业很难仅靠自身的力量抗击来自全球范围内规模、实力不等的竞争者。同时，随着现代社会科技飞速发展，信息传播加快，产品的生命周期不断缩短，顾客的需求日趋个性化、多样化，企业也很难仅依靠自身的力量来维持长久的竞争优势。因而必须与其他企业紧密合作，使不同企业间的资本、人才、技术以及信息资源得以有效、灵活地组合，以充分利用市场机会，通过双赢策略在合作竞争中创造更大的利润空间。

20世纪90年代以来，许多曾是"冤家对头"的企业都开始摒弃前嫌、携手合作，通过两个或更多相互独立的企业间在资源或项目上的合作，达到增强市场竞争能力的目的。随着信息技术的迅猛发展，企业间的这种合作关系越来越引人注目，如IBM在1999年，先与DELL公司达成了价值160亿美元的巨额交易，后又与网络存储设备制造商EMC公司签订了30亿美元的合作协议，并与亚洲最大的电脑公司ACER集团签订了一项为期7年、总金额达80亿美元的战略联盟协议，其主要内容是合作伙伴之间在技术、产品方面相互"取长补短"，以提高各自的竞争力。

可以说，时代的发展已使单枪匹马的孤胆英雄时代成为了历史，竞争已不再是单个企业之间的较量，以合作竞争取代个体对抗将是时代发展的重要趋势。

实例 2-17 // 拼多多与国美"联姻"

> 合作共赢已经成为当今社会经济发展的主旋律，2020年，曾经的家电零售霸主"国美"和互联网新贵"拼多多"携手合作引起关注。
>
> 国美面临亏损局面，急需资金注入；拼多多则亟待补充平台品类不全的短板，特别是补充家电品类，以及在物流、供应链上的短板。双方通过股权合作达到优势互补，各取所需。双方除了在资本层面的操作，还在多领域达成战略合作。国美零售将全量商品上架拼多多，品牌大家电接入拼多多"百亿补贴"计划。与此同时，国美旗下的安迅物流等服务平台也会为拼多多提供覆盖全国的中大件物流、仓储、交付以及家电综合服务解决方案。

世界范围内企业间合作竞争的运作模式多种多样，最主要的有以下几种：

（1）同行业企业间的联合。20世纪70年代，欧洲四家飞机制造公司为了与雄踞世界之首的美国波音、麦道两大飞机制造公司相抗衡，由原先的彼此间竞争走向联合组建欧洲空中客车公司，在德国生产机身，英国生产机翼，西班牙生产尾翼，最后在法国组装，把欧洲各国飞机制造业务的优势统一整合起来，形成了一股强大的攻势。至20世纪90年代初期，其规模已超过美国麦道公司，成为紧随波音的世界第二大飞机制造商，动摇了美国飞机制造业的世界霸主地位。为了维护美国飞机制造业的霸主地位，美国的波音、麦道两大公司又于1997年实现了联合合并，以对付欧洲空中客车公司。

（2）合作生产。合作生产是指合作企业间根据优势互补、共同发展的原则，相互利用对方的优势资源共同组织生产经营活动，以扩大规模、增加收入、提高效益。例如，企业通过委托加工的方式可以实现产地销售，减少了运费，进一步降低了成本，从而提高竞争力。

（3）与上、下游企业合作。在双赢思维模式下，企业可以与下游的分销商、经销商，或上游的供应商紧密合作，结成命运共同体。由于分销商贴近而且控制着消费终端市场，分销商的积极合作与努力，不仅可以为企业开拓广阔的市场，而且还可以帮助企业实现市场（顾客）零距离的愿望；他们会积极地宣传、推销合作伙伴的产品，及时地做好售后服务工作，主动收集市场需求信息和用户反馈意见，以便合作伙伴能快速、及时地抓住商机。例如，宝洁公司曾投资1亿元人民币用于分销商计算机系统建设和车辆购置，以使分销商管理和覆盖方式实现初级现代化。除此之外，还建立了多部门工作组向分销商提供有关财务、人事、法律、信息技术、储运等方面的专业指导，以全面提高分销商的管理水平和运作效率，从而提高分销商的竞争力。

企业与供应方紧密合作，不仅可以使企业的供应链关系得以稳定，而且还可以为企业节省大量的市场交易成本（采购成本）和管理、协调成本。更为重要的是，达成战略性共识和协作的合作伙伴还可以一同考虑如何缩短生产周期、降低生产成本和改进产品质量等问题，并齐心协力地去设法加以解决。

（4）虚拟经营。虚拟经营是指企业在组织上突破有形的界限，虽有生产、行销、设计、人事、财务等功能，但企业内部没有完整地执行这些功能的组织。就是说，企业在有限的资源下，为取得竞争中的最大优势，仅保留企业中最关键的功能，而将其他的功能虚拟化——通过各种方式借助外力进行整合弥补，其目的是在竞争中最大效率地利用企业有限的资源。

虚拟经营在国外早已十分普遍，例如耐克、锐步运动鞋根本就没有自己的工厂，其产品却畅销全球；菲利浦（电器）及一些服装生产商也在相当程度上采取这种方式，它们创造了品牌，企业却不拥有生产线。这些企业将其生产部分虚拟化，自己则专注于设计、行销的规划，将设计好的样品和图样交给劳动力成本较低的新兴国家的签约厂商，最后验收产品，贴上自己的商标。凭借此做法，使得企业不同产品的生产调整成本很低，可以很快地反映市场上的变化，从而创造出高弹性的竞争优势。

（5）策略联盟。策略联盟是指几家公司拥有不同的关键资源，而彼此的市场有某种程度的区隔，为了彼此的利益进行策略联盟，可以交换彼此的资源，以创造竞争优势。具体的做法有技术策略联盟、销售联盟、研究与开发（R&D）联盟等。

多年来，中国知名家电企业海尔成功实施品牌的国际化战略，通过与日本、意大利、美国等多个国家的高端家电企业的合作，进一步拓宽了其在家电领域的国际市场。

【课堂行动学习】零食店竞争分析

调查你所在学校校园内及校园外零食店的经营情况，分析总结他们是如何展开竞争的。假如你有机会在校园内经营零食店，谈谈你的竞争策略。

第四节　SWOT分析及应用

引导案例2-4　特斯拉SWOT分析

特斯拉是世界上最知名的电动汽车生产商之一，始创于2003年。下面我们通过对该公司的SWOT分析来了解这家电动汽车生产企业（见表2-2）。

表 2-2　特斯拉 SWOT 分析

内因	优势（S）	（1）品牌知名度高 （2）客户认同度高：特斯拉首席执行官埃隆·马斯克以创新精神赢得了大量忠诚的消费者 （3）电池优势：公司在电池续航里程、电池生产和充电经验方面均处于竞争前列 （4）自动驾驶技术经验丰富：特斯拉的自动驾驶功能投入使用多年 （5）充电服务卓越：特斯拉有超级充电站网络，这使得特斯拉的车主可以在路上以非常快的速度免费充电
	劣势（W）	（1）资金问题：特斯拉公司从成立以来还没有盈利，公司股价面临巨大压力 （2）规模问题：特斯拉并非传统的大众市场汽车生产商，其自动化生产线一年内未能达到每周生产5 000辆汽车的目标，要从高档跑车生产商转型为大众市场公司存在困难
外因	机会（O）	（1）顺应发展趋势：电动汽车市场是交通运输的未来，越来越多的消费者认同并选择购买电动汽车 （2）竞争压力小：暂时没有企业准备在电动汽车市场展开全面竞争
	威胁（T）	（1）转型时间仍未可知：转型到电动汽车时代的时间长短对于特斯拉至关重要，这可能让特斯拉失去先发优势 （2）传统生产商的进入：像宝马、大众、戴姆勒等公司无疑会进入这个市场 （3）政策面临变数：各国对电动汽车实行的税收优惠政策不尽相同，当前许多国家会对电动汽车进行补贴，但这些政策存在不确定性

营销环境的不断发展和变化给企业经营带来了极大的不确定性，但企业只有对环境变化做出积极的反应才能够求得自身的生存和发展，因此，环境分析是企业制定经营战略和营销策略的先决条件。

企业进行环境分析时，一种简便易行的方法就是SWOT分析法。SWOT所代表的含义是Strengths（优势）、Weaknesses（劣势）、Opportunities（机会）、Threats（威胁）。所谓SWOT分析法就是将企业面临的外部机会、威胁以及自身的优势、劣势等各方面因素相结合而进行的综合分析，其中，优势和劣势的分析主要是着眼于企业自身的实力及其与竞争对手的比较，而机会和威胁的分析将注意力放在外部环境变化对企业的可能影响上面。SWOT分析法是营销环境分析的常用方法，其基本的分析思路和内容如下：

一、辨析外部环境机会和威胁

环境机会，具体来讲就是企业从宏观环境和微观环境中可能获得的重大的有利形势，如市场的较快增长、出现较多的新增顾客、竞争对手出现重大决策失误、与供应商关系改善等；而环境威胁，则是指环境中存在重大不利因素，构成对企业经营发展的约束和障碍。

各种宏观、微观环境因素的变化对不同的企业所产生的影响是不同的。同一个环境因素的变化对某些企业可能是机会，而对另外一些企业则可能是灾难。在进行环境分析时，应具体问题具体分析，深入比较分析各种机会和威胁，分析其成为现实的可能性大小及对企业的影响程度，从而找出那些对本企业影响最重要的环境机会和威胁，并按轻重缓急或影响程度等排序（通常要将那些对组织发展有直接、重要、迫切、长远影响的因素排在前面，优先考虑）。

二、分析企业内部优劣势

企业的优势和劣势，通常是指消费者眼中一个企业或它的产品胜于或劣于其竞争对手的因素，如产品的质量、可靠性、适用性、风格和形象、价格的竞争性、渠道的便利性、服务的及时性以及态度上的热情程度等。

决定企业竞争优劣势的内部因素主要涉及企业的生产、技术、资金、人员、营销、管理等方面，具体可从生产成本、设备状况、产品的竞争地位、员工素质、研发能力、财务状况、营销能力、组织管理能力等方面进行分析。需要特别注意的是，衡量一个企业是否具有竞争优势，只能站在现有潜在用户的角度上，而不是站在企业的角度上。

企业SWOT分析的内外因素如表2-3所示。

表2-3 企业SWOT分析的内外因素

	潜在外部威胁（T）	潜在外部机会（O）
外部环境	市场增长较慢 竞争压力增大 不利的政府政策 新的竞争者进入行业 替代产品销售额正在逐步上升 用户讨价还价的能力增强 用户需要与爱好逐步转变 通货膨胀递增 其他	纵向一体化 市场增长迅速 可以增加互补产品 能争取到新的用户群 有进入新市场或扩宽市场面的可能 有能力进入更好的企业集团 在同行业中竞争业绩优良 扩展产品线以满足用户需要 其他
	潜在内部优势（S）	潜在内部劣势（W）
内部条件	产权技术 成本优势 竞争优势 特殊能力 产品创新 具有规模经济 良好的财务资源 高素质的管理人员 公认的行业领先者 买主的良好印象 适应力强的经营战略 其他	设备老化 战略方向不明 产品线范围太窄 技术开发滞后 营销水平低于同行业其他企业 管理不善 战略实施的历史记录不佳 不明原因导致的利润率下降 资金拮据 相对于竞争对手的高成本 其他

三、制定应对策略

在对企业内外部环境因素进行全面分析和评价的基础上，就可以进一步运用系统分析和综合分析的方法，制定企业的经营策略，以便更好地促进企业的发展，如表2-4所示。

表2-4 SWOT分析对策表

分析因素		外部环境分析	
		机会（O）	威胁（T）
内部优劣势分析	优势（S）	S.O.对策	S.T.对策
	劣势（W）	W.O.对策	W.T.对策

制定企业应对策略的基本思路是：发挥优势因素，克服劣势因素，利用机会因素，化解威胁因素；考虑过去，立足当前，着眼未来。具体有以下四类对策可供选择：

（1）防御型战略（W.T.对策）。该战略着重考虑劣势因素和威胁因素，目的是努力使这些因素都趋于最小。W.T.对策就是改进内部弱点和避免外部威胁的战略。如一个质量差（内在劣势）、供应渠道不可靠（外在威胁）的企业应该采取 W.T. 对策，强化企业管理，提高产品质量，稳定供应渠道，或走联合、合并之路以谋生存和发展。

（2）扭转型战略（W.O. 对策）。该战略着重考虑劣势因素和机会因素，目的是努力使劣势趋于最小，使机会趋于最大。W.O. 对策就是利用外部机会来改进内部弱点的战略。如一个面对计算机服务需求增长（外在机会），却十分缺乏技术专家（内在劣势）的企业，则应该采用 W.O. 对策，培养、聘用技术专家，或购入一个高技术的计算机公司。

（3）多种经营战略（S.T. 对策）。该战略着重考虑优势因素和威胁因素，目的是努力使优势因素趋于最大，使威胁因素趋于最小。S.T. 对策就是利用企业的优势去避免或减轻外部威胁的打击的战略。如一个企业的销售渠道很多（内在优势），但是由于各种限制又无法经营其他商品（外在威胁），则应该采取 S.T. 对策，走集中型、多样化的道路。

（4）增长型战略（S.O. 对策）。该战略着重考虑优势因素和机会因素，目的在于努力使这两种因素都趋于最大。S.O. 对策就是依靠内部优势去抓住外部机会的战略。如一个资源雄厚（内在优势）的企业发现农村市场未曾饱和（外在机会），则应该采取 S.O. 对策，积极地开拓这一市场。

▶ **营销伦理小贴士** 从《孙子兵法》学商战智慧

据海外媒体报导，美国哈佛大学商学院从很早开始就一直在教授《孙子兵法》（译名《The Art of War》）。1996 年，哈佛大学 57 位学者将《孙子兵法》评选为世界 4 000 年 10 部影响最大的著作之一。哈佛大学建议读的 100 本书，其中就有《孙子兵法》。

该学院将《孙子兵法》融入 MBA 的战略课程中，要求学生研读。此外，商学院每年还为大约 5 000 名来自企业的高级管理人员提供在职培训，《孙子兵法》也是必读教材。

现代商战中，《孙子兵法》的作战思想对商战制胜也有着极大的启示，也是我国很多企业经营者推崇的典籍。下面选摘几条：

1．知彼知己，百战不殆；不知彼知己，一胜一负；不知彼不知己，每战必殆。

——《孙子兵法谋攻篇》

了解对手，也了解自己，则百战百胜；只了解己，不了解对手，则胜算概率是 50%。既不了解自己，也不了解敌人，则胜率为零。

2．胜兵先胜而后求战，败兵先战而后求胜。　　　　——《孙子兵法军形篇》

善于用兵打仗的人，都让自己先处于不败之地，不放过任何可能会导致自己失败的漏洞，最后再取得胜利。所以打胜仗的一方，都是先做到立于不败之地之后，再去和敌人交战，那种莽撞发动进攻的军队往往更容易打败仗。

3．将者，智、信、仁、勇、严也。　　　　　　　　——《孙子兵法始计篇》

优秀的将领，必须具备智、信、仁、勇、严这五个方面的综合素质，也被后人称为"为将五德"，也成为现代企业招聘优秀人才的标准。

智，有智慧；信，诚信、威信、有信念；仁，关爱下属；勇，勇敢；严，不仅要严于律人，更要严于律己。

4. 途有所不由，军有所不击，城有所不攻，地有所不争。——《孙子兵法·九变篇》

因为古代交通、通信落后，将帅不可能随时掌握战场上瞬息万变的情况，想要获得胜利，就要以变应变，随着战局的变化灵活取舍：有的道路不要通行，有的敌军不要攻打，有的城池不要攻取，有的地方不要争夺。

5. 攻而必胜者，攻其所不守也。 ——《孙子兵法·虚实篇》

进攻就应该趁虚而入，出敌不意，攻其不备。

6. 能而示之不能，用而示之不用，近而示之远，远而示之近。——《孙子兵法·始计篇》

善于迷惑敌人，有兵不厌诈的意思。战阵之间，必须施以伪装，使敌人产生错觉，做出错误判断，再趁机对敌方进行袭击。

本章小结

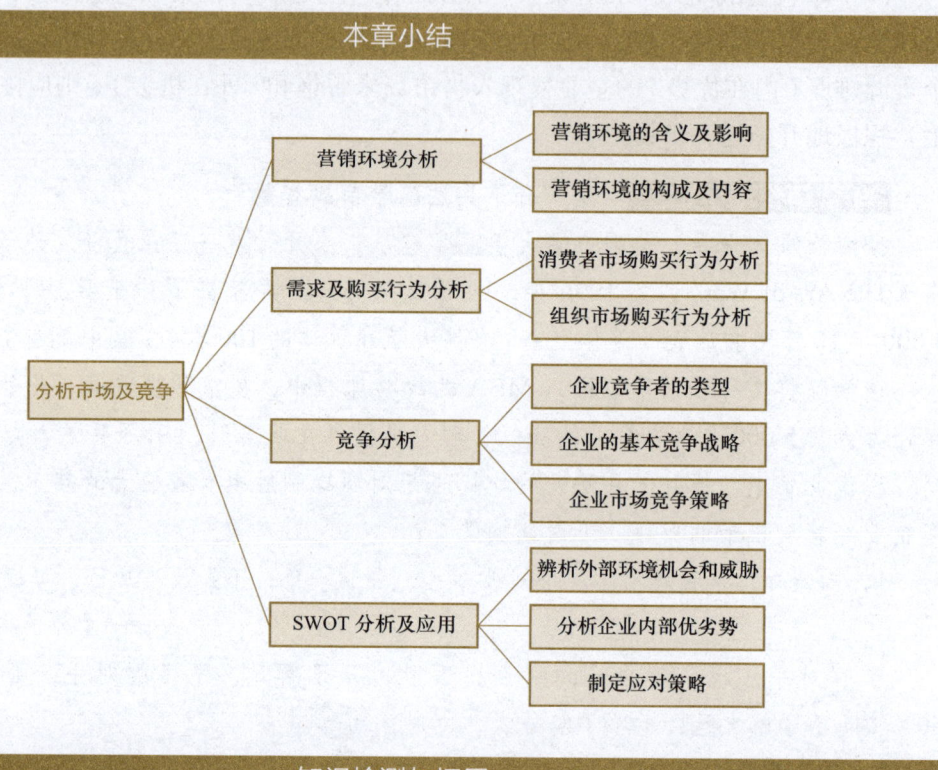

知识检测与拓展

1. 构成市场营销环境的因素有哪些？宏观环境因素与微观环境因素有何区别？
2. 营销环境对企业有何影响？请联系当前技术环境的发展予以说明。
3. 分析消费者行为对企业营销的作用。
4. 以自己的一次购买经历分析消费者购买决策的主要步骤。
5. 企业的竞争者有哪些？如何进行分类？
6. 基本的竞争战略有哪些？各有何优缺点？
7. 合作竞争对中小企业有何意义？能否列举成功的事例？

实训项目

【实训任务】

试以某一具体企业为例,运用环境分析、需求分析及竞争分析的相关理论,对其进行 SWOT 分析,并提出竞争战略及营销策略方面的建议。

【操作要求】

1. 以小组为工作团队。
2. 在调研分析的基础上,做出该企业的 SWOT 分析表。
3. 要抓住主要问题,商讨提出改进对策。
4. 对策科学合理,具有可行性。

案例分析

海尔的 IOT(物联网)转型大计

5G、AI、物联网浪潮的大势所趋下,下一个入口级产品成为兵家必争之地。海尔预见智能家庭将是连接万物的中心,提出全面挺进物联网(The Internet of Things, IOT)转型大计。

以"海尔衣联网"为例,衣联网以洗衣机为媒介,牵头并联服装家纺企业、洗涤剂厂商、物联网技术提供商等多个行业,建成开放的衣联网生态,将洗衣机、智能衣柜、试衣镜等产品有机组合为成套产品,为用户提供"洗、护、存、搭、购"全生命周期的智慧解决方案。这样的衣联网生态模式,解决了中高端家纺用户和商家所面临的缺乏全生命周期的智慧家庭洗护体验及服装家纺智能制造方面的困扰。海尔衣联网已吸引 4 850 家品牌资源,复制 586 家品牌生态触点,覆盖 800 多万生态用户。

而衣联网仅仅是海尔物联网生态转型实践中的一个案例,海尔所创建的卡奥斯(COSMOPlat)工业互联网平台孕育了包括食联网、建陶、房车在内的 15 类行业生态子平台,为全球用户提供衣、食、住、行、康、养、医、教等全方位的美好生活体验。

案例思考题:

1. 案例中涉及的企业面临哪些环境因素的影响?
2. 案例中的企业是如何实施"以顾客为中心"的?
3. 企业所采取的竞争策略有哪些?

Chapter 3

第三章

市场调查

学习与能力目标

◎ 了解市场调查的概念及市场调查在营销决策中的作用,并能说出市场调查的基本流程和列举三种以上市场调查的类型。

◎ 熟悉市场调查的基本方法,并至少能用三种调查方法开展简单的市场调查。

◎ 熟悉调查问卷的设计要领和调查报告的撰写技巧,能在借助参考资料的基础上设计出调查问卷。

◎ 了解调查报告的结构和撰写方法,能读懂大部分调查报告和根据调查数据完成简单的调查报告。

第三章
学习导引

在市场经济时代,供过于求是比较普遍的现象。企业为了生存和发展,必须生产出适销对路的产品。要做到这一点,企业从产品创意到销售各个环节都必须开展市场调查工作,具体包括系统地收集、分析和评价各类市场信息和做出准确的市场研判。因此,市场调查是现代企业参与竞争、赢得竞争的重要手段,是实现企业营销目标和营销效益的前提和保证。

第一节 市场调查的类型及实施步骤

引导案例 3-1 "尿布与啤酒"故事背后的玄机

在 1998 年的《哈佛商业评论》上记载了这样一个有趣的案例或许可以解释为什么市场调查如此之重要。

20 世纪 90 年代,沃尔玛在对销售数据进行分析时,发现了一个令人难以理解的现象:"啤酒"与"尿布"两件看上去毫无关系的商品,却经常出现在同一个购物单中。难道喝酒也要从娃娃抓起?沃尔玛管理层百思不得其解,于是派出数据分析师对这一诡异的消费现象进行调查。在分析了大量销售数据后,分析师发现了一件令人哭笑不得的事情。

扫码观看:
从大数据
看精准营销

原来是太太们常叮嘱她们的丈夫下班后为小孩买尿布,买完尿布后,30%~40%的爸爸们又随手拿了啤酒,如果超市只有尿布或只有啤酒,他们会换到同时有尿布和啤酒的超市去购买,因此造成了"尿布"和"啤酒"经常出现在同一购物单里的现象。发现这个现象后,沃尔玛对货品的摆放顺序做了一点小小的改动——将啤酒和尿布摆在一起。

仅仅是这一小小的变动,使得沃尔玛当年销售额大幅提升。

在这个故事中,决策者一改以往拍脑袋做决策的方式,依靠对内部的销售数据分析做出了正确的商业决策,这就是典型的市场调查和数据分析思维。

其实不单是"尿布与啤酒"的故事,呈现在我们眼前所有精彩的商业案例,如果追溯其论点的来源,都脱离不了市场调查与调查数据的支撑。

20 世纪 80 年代,国际调查巨头如美国的 AC 尼尔森、盖洛普等全球性调研公司均在中国设立了分支机构。国内如零点调查等本土市场调查公司也迅速崛起,成为市场调查的一股重要力量。如今在 IT、汽车、酒、化妆品、快消品等各个行业中大大小小的企业每年都会花费数十万、数百万元进行市场调查。

一、市场调查的含义及作用

【课堂行动学习】国内企业是否重视市场调查?

根据你的经历,你认为国内企业是否重视市场调查?请举出你身边发生的例子。

1. 市场调查的含义

市场调查是指企业针对特定的营销问题而对有关市场信息进行系统的收集、整理、分析和判断的活动，其目的是为营销决策提供依据和参考。理解市场调查有三个要点：

（1）市场调查是一个工具，其目的是为企业的营销决策提供依据和支撑。企业的营销决策面非常广，包括产品决策、价格决策、渠道决策和促销决策等。因此，开展调查绝不能漫无目的。

（2）市场调查是系统地收集、整理、分析和判断信息，而不是随意、片面地获取信息和处理信息。市场调查要做到的是掌握真实的市场状况，必须采用科学的方法，执行严谨的流程，以获得全面而准确的信息。否则，市场调查的结果可能会误导企业营销决策，给企业经营造成灾难性的后果。

（3）市场调查一般是针对特定的营销问题而开展的。因此，开展调查前一定要准确地把握营销所面对的具体问题是什么，然后围绕需要解决的问题来设计调查方案，执行调查，并最终提供调查报告供企业决策层参考。

2. 市场调查的作用

菲利普·科特勒教授曾经说过："真正的市场营销人员所采取的第一个步骤，总是要进行市场调查。"一般说来，市场调查是各项营销活动的先行环节，并贯穿于企业整个营销过程之中，它是企业市场营销管理的重要工具。具体来说，市场调查的作用主要体现在以下几个方面：

（1）发现市场新机会。通过市场调查发现新需求和新机会，从而帮助企业开发新产品。

（2）检讨自身不足。通过市场调查可以发现企业现有产品的不足及经营中的缺点，有利于企业及时加以纠正，使企业在竞争中立于不败之地。

（3）掌握竞争对手动态。通过市场调查还可以及时掌握竞争对手的动态，掌握企业产品在市场上所占份额大小，针对竞争对手的策略，对自己的工作进行调整和改进。只有知己知彼，才能百战不殆。

（4）洞察市场环境变化。通过市场调查，可以了解整个经济环境对企业发展的影响，了解国家的政策法规变化，预测未来市场可能发生的变化，从而有利于抓住一些新的发展机会，并针对可能发生的不利情况及时地采取应变措施，减少企业的损失。

进入21世纪后，由于经济全球化及知识经济的发展，企业营销的空间急剧扩大，顾客需求的变化加快，企业间的竞争也日益激烈，种种原因必然使得市场调查在企业营销中的地位越来越高。

二、市场调查的类型

影响企业营销的因素有很多，所以市场调查的内容也非常广泛。凡是直接或间接影响企业营销活动，与企业营销决策有关的因素都可能被纳入调查的范围。总体来看，以下类型的市场调查应用较多：

1. 宏观环境调查

企业是社会经济的细胞,是整个国民经济有机整体的组成部分。社会对企业产品品种、规格、质量和数量等各方面的要求,是受整个社会总需求制约的;而社会总需求的动态与国家的宏观环境直接相关。因此,任何企业的经营管理都必须适应国家经济形势的发展,必须遵守政府的方针、政策和法令。

对宏观环境因素的调研,包括对经济环境、自然环境、人口环境、政治法律环境、技术环境、社会文化环境等宏观环境变化对企业的影响进行调研,从而跟踪最新的环境发展动态,寻找企业新的发展机会,同时可以及早发现可能出现的威胁,做好应变的准备。

2. 消费需求调查

消费需求是企业存在的理由。因此,企业普遍非常重视消费需求的调查。具体说来,某种产品的市场需求是指在特定的地理区域、特定的时间、特定的营销环境中,顾客愿意购买的总量,包括现实的需求量和潜在的需求量。因此,市场需求调查的具体内容包括:①消费者个人特征;②消费者购买目的;③消费者购买行为特征(频次、渠道、产品);④消费者对企业的认知和认同(企业品牌、价值观、广告)等。

消费者需求调查既可以在产品设计阶段开展,也可以在产品入市后开展。

3. 消费者满意度调查

消费者满意度调查又称顾客满意度调查,大企业一般会每年定期实施。消费者满意度调查是用来测量一家企业或一个行业在满足或超过顾客购买产品的期望方面所达到的程度。消费者满意度高,就可能形成较好的忠诚度,继续购买企业的产品并把产品推荐给自己的亲朋好友。

企业进行消费者满意度调查,不仅仅为了得到一个综合统计指数,更是要通过该项调查活动发现影响顾客满意度的关键性因素,以在提高消费者满意度的过程中能对症下药,从而实施有效的顾客满意度提升策略。

4. 竞争状况调查

任何企业均处在市场竞争之中。要想赢得市场,必须重视对市场竞争状况的调查及采取合理的应对策略。

竞争状况调查包括对竞争对手的数量、名称、经济实力、生产能力、产品特点、市场分布、销售策略、市场占有率以及其竞争发展战略等方面的调查。

日韩企业的竞争观念十分强烈,因而开展竞争对手调查、获取情报的观念也十分强烈。其具体获得竞争状况的渠道包括:①通过参加各种会议搜集;②从竞争对手挖走关键人物来搜集情报;③通过咨询人员间接访问竞争对手;④通过设计顾问进行搜集;

⑤询问竞争对手的前职员；⑥与竞争对手的基本客户、上下游合作方交谈；⑦分析竞争对手发布的招聘广告；⑧以假身份参观工厂等。

实例 3-1 // 大数据与用户画像

当下的年轻人将大量时间花费在移动互联网与智能手机上。平均每个人每天使用智能手机的时间基本超过 3 小时，浏览手机已经成为工作和睡觉之外的第三大生活习惯，移动 APP 也成为各大领域各大企业的用户入口、消费入口和数据入口。

在过去的一段时间中，从阿里飞猪、携程、滴滴等一系列"大数据杀熟"的行为，到腾讯系微信被指根据文字聊天精准推送广告，美团、饿了么的"偷听门"风波，再到"微信被指监控用户聊天记录"上微博热搜。

其中，根据数据对用户进行画像成为大数据应用的根基。所谓用户画像，就是抽象出一个用户的信息全貌，精准快速地分析用户行为习惯、消费习惯等信息，为用户打上"标签"，而这样的标签通常是具体且精炼的特征标识，如年龄、性别、地域、用户偏好等，最后将用户的所有标签综合来看，就可以勾勒出该用户的立体"画像"。

例如：李某，男，32 岁，北京人，已婚，有孩子，收入 1 万元以上，团购达人，喜欢红酒和手表。

这样一串描述即为用户画像的典型案例。如果用一句话来描述，即"用户信息标签化"。

"打上标签之后"就可以做出分类统计：喜欢红酒的用户有多少？喜欢红酒的人群中，男、女比例是多少？

同时也可以做数据挖掘工作，如利用关联规则计算：喜欢红酒的人通常喜欢什么手表品牌？利用聚类算法分析：喜欢红酒的人年龄分布情况如何？

完成对用户画像分析后，就可以为用户画像的标签建模，从原始数据进行统计分析，得到事实标签，再进行建模分析，得到模型标签，再进行模型预测，得到预测标签。于是搜索引擎、推荐引擎、广告投放等各种应用领域，都能精准地掌握用户的喜好。

某知名社交软件的广告平台也解释道，用户使用软件的一切行为，比如消费记录、打车频率、手机理财习惯、是否有房贷车贷、发过多少红包，都可以成为标签被记录下来，成为大数据算法的一部分，在用户画像完成之后，广告投送方可以自由的组合目标受众的特征标签，最后选定广告位和投放时间，当符合广告主需求的用户出现时，通过算法让用户看到后"最想买"的那个广告，就会自动弹出。

扫码观看：
如何开展一场
市场调查

三、市场调查的主要步骤

市场调查是一项复杂而艰巨的工作，严密的调查程序可以帮助调查人员提高工作效率，完成调查任务。市场调查的过程可简单地归结为三个阶段，如图 3-1 所示。

（一）前期准备阶段

市场调查的目的是通过搜集与分析有关信息资料后研判企业的市场营销工作存在哪些问题，并提出相应的解决措施。因此，在正式启动调查之前必须先明确调查需要解决什么问题。例如，某企业一直畅销的某款产品的销售量最近几个月来连续明显下降，导致销量下降的原因可能是经济环境不景气，也可能是同行新推出的产品很有竞争力，还可能是消费者对企业产品的质量或者服务不满意。

此阶段的具体工作包括初步情况分析和明确调查主题。

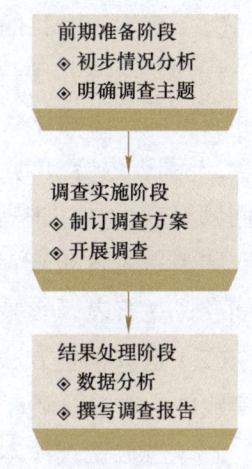

图 3-1 市场调查的主要步骤

1. 初步情况分析

调研人员首先应搜集企业内外部的有关资料，进行初步分析，探索问题之所在，发现和了解各影响因素之间的相互联系。上例中调查人员根据初步情况分析认为，企业近几个月来产品销售量连续大幅度下降的原因是广告支出减少、顾客对产品的认知度不够。但这种认识是否正确，还有待进一步分析。

这个步骤的资料搜集不必过于详细，只需重点搜集对所要分析研究的问题有参考价值的资料即可。

2. 明确调查主题

接下来调研人员可以找企业内部有关人员进行座谈，并向精通此问题的人员（如各类中间商和专家）以及一些有代表性的用户征求意见，听取他们对这个问题的看法和评价。

经过初步情况分析，调研人员便要明确此次调查的主题，并相对缩小调查范围。

在调查准备阶段，如果可以找出问题以及产生问题的原因，提出改进措施，那么就可以省略以后的几个步骤，节省时间和费用。但大部分营销问题不可能在调查准备阶段就得到解决，尚须进行更深入的调查。

（二）调查实施阶段

调查实施阶段分为两个步骤：制订调查方案和开展调查。

1. 制订调查方案

市场调查是一项严谨的工作，因此，必须在开展前制订一个比较详细的调查方案。

所谓市场调查方案，就是对整个调查实施前的筹划，是市场调查工作的指引。方案包括调查目的和调查内容、调查方法、调查样本、调查时间、调查人员、调查经费等核心内容。

（1）确定调查目的和调查内容。

1）调查目的。调查目的是指本次调查活动所要达到的预期结果，即为什么进行调查和通过调查达到什么目标、发挥什么作用、解决什么问题。

2）调查内容。为了达到调查目的，需要梳理调查的主要内容。调查内容一般用多个问题呈现，如"消费者个性特征是什么""调查者选择我们的产品的主要动机是什么""消费者评价产品好坏的主要标准有哪些"。最终承载调查内容的是调查表、调查问卷、观察表、实验记录表等。

（2）选取调查方法。在长期的市场调查过程中，形成了多种行之有效的调查方法。在实践中，需根据调查的主题、经费、进度等决定选取何种调查方法（具体见第二节）。

（3）选取调查样本。调查对象情况千差万别，根据调查对象的特点（数量、空间分布等），样本的选取方式可分为普查、典型调查和抽样调查，其中抽样调查是运用最广泛的调查方法。

1）全面普查。普查是对调查对象总体中的所有单位进行的全面调查。这种调查方式的优点是可以取得调查总体全面的原始资料和可靠数据，全面反映客观事物；不足之处是工作量大，时间长，费用高。例如，国家每10年开展一次人口普查，每5年开展一次经济普查，这两项调查都属于典型的全面普查。在一般市场调查中，普查方式比较适用于研究对象数量较少的调查。

2）典型调查。典型调查是对调查对象中具有代表性的个别单位进行的专门调查，其目的是以典型样本的指标推断总体的指标。这种调查方式的特点是：调查对象少，可对调查单位进行细致透彻的调查，从而取得调查单位的详尽资料。使用这种调查方式的关键是选择好典型，即被调查单位应具有代表性。

3）抽样调查。抽样调查是在调查对象中抽取一定数量的单位，即样本，根据对样本观察的结果推算总体情况的一种调查方式，抽样调查方式是非全面调查方式中应用最广泛的一种，市场调研大多采用这种方式。具体抽样方法包括随机抽样和非随机抽样。

（4）安排调查时间。根据调查的规模、难度等，合理地安排调查的进度，保证在合理时间内完成整个调查。

（5）安排调查人员。调查过程涉及一线调查人员、调查督导、调查管理人员等，需要提前确定每一项工作对应的人员。在比较正式的调查中，都会安排多名调查督导。所谓调查督导，就是对一线调查人员的工作进行监督和指导的工作人员。

（6）安排调查经费。开展调查是有成本的，需要提前计划好经费。调查经费预算包括调查人员的劳务费、交通费，支付给调查对象的报酬或者购买礼品的费用，调查过程中各种书面材料的费用（如打印问卷、复印文件），调查场所的租赁费用（如焦点小组访谈会议室租用）等。

2. 开展调查

开展调查即指调查人员按调查方案所确定的调查目的、调查对象、调查内容、调查方法等开展工作,收集相关信息。这一阶段调查工作的好坏,直接影响调查结果的准确性。为保障调查的效果,应该对调查人员进行充分的培训,提高调查人员的专业能力和职业素养。

(三)结果处理阶段

这一阶段的工作包括整理分析资料和提交调研报告。

通过多种方法获得的信息一般比较杂乱,必须经过整理分析才能有效使用。整理分析资料时,首先要检查资料是否齐全和真实。对资料进行编辑整理,去粗取精,找出错误,剔除前后矛盾处,保证资料的系统、完整和真实可靠。然后,对资料进行分类、列表、编号,以便归档、查找、使用;并运用统计软件或者统计模型对数字化的信息进行处理,充分发掘现有数据,得出调查结论,提出改进建议或措施。

市场调查的最后一项工作是撰写和提交调查报告。调查报告是对调查成果的总结和调查结论的说明,报告应紧扣调查主题,简明扼要,突出重点,讲求实用。

提交报告后,调查人员还应追踪了解报告是否被采用,采纳的程度和实际效果如何,以便总结调查工作的经验教训,进一步提高市场调研水平。

第二节 市场调查的基本方法

引导案例 3-2 雪佛龙公司的垃圾研究

美国的大型超级商场雪佛龙公司聘请美国亚利桑那大学人类学系的威廉·雷兹教授对垃圾进行消费者研究,目的是更好地掌握居民食品消费行为特征。

威廉·雷兹教授和他的助手在每次指定社区的垃圾堆中随机挑选数袋垃圾,然后把垃圾的内容依照其原产品的名称、重量、数量、包装形式等予以分类。如此反复地进行了近一年的收集垃圾的研究分析。

雷兹教授说:"垃圾袋绝不会说谎和弄虚作假,什么样的人就丢什么样的垃圾。查看人们所丢弃的垃圾,是一种更有效的市场调查方法。"他通过对当地垃圾的研究,获得了有关食品消费情况的信息,并得出了如下结论:

(1)劳工阶层所喝的进口啤酒比收入高的阶层多,并知道所喝啤酒中各牌子的比率。

(2)中产阶层比其他阶层消费的食物更多,因为双职工都要上班,以致没有时间处理剩余的食物。依照垃圾的分类重量计算,所浪费的食物中,有15%是还可以吃的好食品。

(3)通过垃圾内容的分析,了解到人们消耗各种食物的情况,得知减肥清凉饮料与压榨的桔子汁属高收入阶层人士的喜好消费品。

雪佛龙公司根据调查结果进行了营销推广,提高了营销的针对性。

市场调查是一个收集、整理、加工和处理信息的系统工程，而所采用的调查方法是否得当，直接影响调查结果的质量，是调查成败的关键。

市场调查的方法可分为两类：一手资料调查法和二手资料调查法（又称案头调查法或者文案调查法）。一手资料（Primary Data）法是指研究人员针对当前的调查问题而直接从目标群体处收集信息；二手资料（Secondary Data）法则是指收集整理他人已调查的资料。两种调查方法的优缺点比较如表3-1所示。

表3-1 一手资料调查与二手资料调查优缺点比较

调查方式	优点	缺点
一手资料调查	针对性强，准确性高，时效性高	时间长，成本费用高，对调查人员的能力要求高
二手资料调查	方法简便、快捷，节省时间，调查成本低	资料适用性不强，可能与调查目的有差距；资料的真实性和可靠性需进一步审查和评估，存在有错误的可能性，要注意资料的来源

从表3-1的对比可以看出，二手资料的调查较为简便易行，因此实际工作中，调查人员常从二手资料的调查入手。当然，仅有二手资料常常是不够充分的，还需要在二手资料的基础上搜集一手资料进行补充，以取得更为详尽、切实的市场信息。

一、二手资料的来源

二手资料的来源包括企业内部资料和外部资料。内部资料是企业内部的各种统计表、报告、用户来函、订货单、客户投诉记录等，包括产量、销量、利润、成本、库存、工资、运费、财务报告、广告、产品设计及技术资料等信息。这些资料可由企业内部各部门人员提供。

企业外部资料的来源主要有：

（1）政府部门的定期出版物。如各种统计年鉴、统计报告、调查报告等。

（2）各类报纸和专业刊物。

（3）各行业协会的报告和定期出版物。

（4）专业的市场调研工作或者咨询公司的研究报告。

（5）互联网。可以通过搜索引擎，也可直接登录政府机构的网站、专业网站等搜集相关资料。比较专业的二手资料网站如中国知网（https://www.cnki.net）等。

这些资料一般也比较容易取得，搜集的方法包括检索、直接查阅、索取、交换、购买、咨询该领域的专家，以及通过情报网搜集等。

一些二手资料可以免费获得，另一些二手资料则需要付费购买。

二、一手资料的搜集方法

搜集一手资料又称为现场调查，具体可分为询问法、观察法、实验法。

1. 询问法（Survey Research）

询问法也称访谈法，是指调查人员用提问的方式向被调查人员了解情况、搜集信息资料的方法。具体的做法有：

（1）深度访谈法。深度访谈法又称深层访谈法，是一种无结构的、直接的、个人的访问。在访问过程中，一个掌握高级技巧的调查员（可以有记录员在旁边）深入地访谈一个被调查者，以揭示对某一问题的潜在动机、信念、态度和感情。

深度访谈法适合于了解复杂、抽象的问题。这类问题往往不是三言两语可以说清楚的，只有通过自由交谈，对所关心的主题深入探讨，才能从中概括出所要了解的信息。

（2）焦点小组访谈法。焦点小组访谈法又称小组座谈法，即采用小型座谈会的形式，挑选一组具有同质性的消费者或客户，由一个经过训练的主持人以一种无结构、自然的形式围绕特定主题进行讨论交流，从而获得对有关问题的深入了解。焦点小组最重要的特点是访谈由多人参与，通过相互启发、鼓励产生更多想法和建议。

（3）问卷访谈法。调查人员事先设计好调查问卷，然后分发给被调查者，根据被调查者的书面回答来搜集所需资料的方法。具体方式有：邮寄（纸质或电子问卷）给被调查者，被调查者填妥后寄回；当面交给调查者；被调查者在计算机中读出问题、做出答案；或直接进行在线调查。

这种方式的最大优点是被调查人员有较多的时间思考问题，避免受调查人员倾向性意见的影响；另外可适当扩大调查区域，增加调查对象，减少人力。但这种方法的不足之处是调查表的回收时间长，回收率低。

2. 观察法（Observational Research）

观察法是指调查人员直接到调查现场观察和记录被调查者的言行从而取得一手资料的方法，也可利用照相机、摄影机、录音机等进行拍摄和录音。

由于调查者与被调查者不发生直接对话，甚至被调查者并不知道自己正在被调查，被调查者的言行完全在一种自然状态下表现出来，因此这种方法的最大优点是可以客观地搜集、记录被调查者的现场情况，调查的结果较真实可靠。不足之处是这种方法观察的是表面现象，无法了解被调查者的内心活动，有许多资料仅靠观察无法获得，如消费心理、购买动机、收入情况等。所以，这种方法要与其他方法结合使用，以获得更详细的必需资料。

3. 实验法（Experiment Survey）

实验法是指在既定条件下，通过实验对比，对市场现象中某些变量之间的因果关系及其发展变化过程加以判断分析的一种调查方法。调研人员可以选择某一特定市场，控制一个或数个营销自变量（如产品价格、广告投入等），研究营销因变量（如销量、满意度等）会发生什么变化，从而找到两者之间的因果关系。

实验法与观察法的主要差别在于：观察法中被调查者处于自然状态下，而实验法中的被调查者处于设计出的某种环境下。

实例 3-2 // 可口可乐新配方上市前的市场调查

20世纪80年代，可口可乐在饮料市场的领导者地位受到了挑战，其在市场上的增长速度从每年13%下降到只有2%。与此同时，竞争对手百事可乐来势汹汹，其推出的"百事新一代"系列广告，将促销的锋芒直指饮料市场最大的消费群体——年轻人。

可口可乐公司深入分析市场占有率下降的原因，图表和数据表明，口味是可口可乐销售止步的唯一实际原因。可口可乐公司还进行了口味调研，每次实验结果都显示百事可乐的口味胜过可口可乐。

口味测试报告使得可口可乐公司的决策层和管理层都相信，消费者的口味在这许多年里发生了变化，他们更喜欢百事可乐的甜味，不喜欢可口可乐的爽味。于是，修改可口可乐秘方的"堪萨斯项目"于1983年开始启动。

1984年上半年，可口可乐公司先组织了问卷调查，结果显示，有11%的人忠于可口可乐的原配方。不过，可口可乐公司估计，其中将有大约一半的人会渐渐淡忘老可口可乐，而只有5%的消费者可能会忠心到底。在其举行的与消费者的座谈中，几乎没有人对其他品牌的食品或饮料变更口味表示不满。

1984年7月，可口可乐公司在全国范围内13个城市开始了历时18个月的品尝实验，有19万多名消费者品尝了这种新配方，为此可口可乐公司耗资400万美元，这是公司历史上最昂贵的一次大规模产品调查研究。

在不看商标的试验中，结果表现出绝对的倾向性。而当消费者们被告知他们品尝的一种是现有的可口可乐，一种是新的配方，消费者的倾向性则更为明显，差异变得更具说服力。平均起来，消费者们对新、老可口可乐的选择比例是61:39，差距为22个百分点。

根据以上调查，可口可乐大胆推出新配方，但最后却以失败告终。

三、调查问卷的设计

【课堂行动学习】设计调查问卷

某运动饮料（自选）公司，拟在本校开展一次问卷调查，重点了解大学生的运动饮料消费行为和心理特征，及该饮料在大学生中的品牌形象，请分组讨论，设计一份较详细的调查问卷。

询问法调查中的问卷访谈法是应用最为广泛的一种调查方法，在问卷调查过程中，调查问卷的设计非常重要。调查问卷又称调查表或询问表，是调查者事先根据调查目的所设计的，由一系列问题、说明以及备选答案组成的文档。调查问卷形式比较多样，包括问题式、表格式和卡片式三种主要形式。

调查问卷的功能主要是全面记录和反映被调查者回答的事实，提供较为真实的情报，以达到调查的目的。统一的调查问卷还便于调查资料的统计和整理。

调查问卷的设计是大部分市场调查的重要环节，它直接关系到调研目标的实现。

（一）设计调查问卷的工作步骤

设计调查问卷时，调查人员不能闭门造车、主观臆断。一般要经过以下几个步骤：

（1）前期准备阶段。明确调查主题，然后根据主题对典型的被调查者进行定性访谈（深度访谈、焦点小组访谈等），收集消费者比较关注的问题。

（2）初步设计阶段。选择问卷形式，设计调查问题，拟订填写说明，形成调查问卷的初稿。

（3）试做与修改阶段。通过小样本预测试，检查初步设计的问卷中可能存在的问题并修改调整，如问题设计是否易于理解、逻辑跳转是否流畅等。在小样本测试的基础上，对问卷进行修改。

（4）定稿与交付阶段。最终定稿形成正式调查问卷，并交付印刷。

（二）调查问卷的结构

一份调查问卷在结构上，按照顺序通常包括以下六个部分：

（1）标题。在问卷的最前面，如"深圳家庭消费能力调查问卷"。

（2）引言。引言应包括调查的目的、意义、主要内容、调查组织单位、调查结果的使用者、保密措施、注意事项等。其目的在于引起受访者对填答问卷的重视和兴趣，使其对调查给予积极支持和合作。

（3）甄别问题。通过一个或多个问题排除不符合要求的受访者，提高精准性。

（4）主题问题。研究主题的具体化，是问卷的核心部分。从形式上看，问题可分为开放式和封闭式两种；从内容上看，可以分为事实性问题、意见性问题、断定性问题、假设性问题和敏感性问题等。

（5）被调查者的个人资料。应依调查目的而定，通常要求填写被调查者的电话、年龄、性别、教育程度等。

（6）致谢部分。为了表示对调查对象真诚合作的谢意，研究者应当在问卷的末端写上感谢的话。

（三）调查问卷设计的主要要求

一份设计良好的问卷，应具备以下三项条件：

（1）能正确反映调查目的，问题具体，重点突出。即将调查目的以询问的方式具体化、重点化地列举在问卷上。

（2）能够让被访问者愿意合作，提供正确情报，协助达成调查目的。

（3）便于事后的统计和处理。当今信息技术普遍运用，问卷的形式应有利于计算机读入和进行数据处理。

实例 3-3 // 如何使用问卷星进行问卷调查

问卷星是一个使用比较广泛的制作问卷、发放问卷和统计分析问卷数据的平台。具体使用步骤如下:

(1) 登录问卷星官网(https://www.wjx.cn)后,需注册账号,才能免费使用此平台。

(2) 注册完成后进入问卷制作页面。问卷星已经把问卷分为投票、360测评、调查问卷等类型,实践中一般应该选择"调查问卷"类型。

(3) 按照指引,一步步完成调查题目、调查说明、调查问题的编辑,最终提交后形成一个链接。

(4) 将链接发给被调查者,让对方通过手机即可完成调查。

(5) 收集到足够多的问卷后,可以用问卷星后台的统计功能对问卷进行简单的统计分析;也可以将问卷填写信息导出为 EXCEL 表格,然后再进行深度分析。

第三节　市场调查报告的撰写

引导案例 3-3　麦肯锡发布 2020 中国消费者调查报告

麦肯锡 2020 中国消费者调查报告显示,中国消费增长盛宴还在继续,同时发现了一些新趋势——中国消费者行为正在分化,由过去各消费群"普涨"的态势转变为不同消费群体"个性化"和"差异化"的消费行为。

在中国中低线城市,涌现出一支新的消费生力军,他们以二线及以下城市的年轻女性为代表。这一群体并不担心生活成本或未来储蓄问题,具有很强的购买意愿。但在北、上、广等生活成本高昂的大城市,不同消费群体则表现各异:有的更加理性,愿意为品质而不是社会认同买单;有的更加精明,追求最高性价比;还有的更加谨慎,缩减开支,未雨绸缪。这种千人千面的消费分级现象,值得所有在中国的消费品企业关注与研究。

针对以上现象,麦肯锡建议:加倍关注中低线城市消费新生代;善于利用健康消费趋势;创造独特而难忘的消费体验;将中国元素巧妙地融入产品等。

(报告详情参见:中文互联网数据资讯网,http://www.199it.com/archives/983993.html,2019-12-20)

一、市场调查报告的含义

市场调查报告是市场调查人员通过市场信息的收集、记录、整理和分析,反映市场调查内容及工作过程,以书面形式提供调查结论或建议的文体类型。

市场调查报告是市场调查研究成果的集中体现，其撰写的质量好坏直接影响整个市场调查研究工作的优劣。一份好的市场调查报告，能为企业的决策提供客观依据，能为企业的市场经营活动提供准确、有效的导向。

二、市场调查报告的类型及特征

（一）市场调查报告的类型

按其所涉及内容含量的多少，可分为综合性市场调查报告和专题性市场调查报告。

按调查对象的不同，可分为关于市场供求情况的市场调查报告、关于产品情况的市场调查报告、关于消费者情况的市场调查报告、关于销售情况的市场调查报告以及有关市场竞争情况的市场调查报告；

按表述手法的不同，可分为陈述型市场调查报告和分析型市场调查报告。

（二）市场调查报告的特征

1. 真实性

市场调查报告是决策的重要依据。市场调查报告必须是市场经济活动真实情况的反映，否则就会得出错误的结论，导致决策失败。因此，市场调查报告必须从实际出发，实事求是，通过对真实信息的收集和客观分析，为决策提供真实可靠的依据。

2. 针对性

针对性包括选题上的针对性和服务对象的针对性。

首先，调查报告在选题上必须强调针对性，做到目的明确、有的放矢，围绕主题展开论述，这样才能发挥市场调查应有的作用。

其次，调查报告还必须有特定的服务对象。服务对象不同，其要求和所关心的问题的侧重点就不同，调查报告的内容也会有所不同。

3. 时效性

市场信息千变万化，企业发展的机会稍纵即逝。市场调查报告要及时、迅速、准确地反映和解决现实经济生活中出现的新情况、新问题。

4. 科学性

要对调查得来的材料进行科学分析，借助科学的调查分析方法找出反映市场变化的内在规律，而不能靠经验主观臆断调查的结论。

5. 新颖性

调查报告应从新视角去积极发现、探究新问题，不断研究市场活动的新动向，从而发现市场的新机会。

三、市场调查报告的撰写流程

1. 梳理调研目的、方法和实施情况

回顾调查方案中所列出的调查目的，交代调查使用的方法、抽样方法及实施情况。

2. 整理调研获得的资料和数据

整理二手资料，如有必要，还须及时补充新的二手资料。整理一手资料，检查统计数据和图表等是否正确。对于难以解释的数据，可以再讨论分析。

3. 确定报告类型及阅读对象

报告的类型上文已做介绍，如果阅读对象是总经理，则重点应放在结论和建议上；阅读对象如果是市场研究部人员，则重点应放在数据来源和数据分析上。

4. 构思报告

根据调查的内容、报告阅读对象，构思报告的结构体系，拟订报告的目录。

5. 编写报告

如果有多人参与，则须分配各自编写的部分，并安排专人进行统稿和修改。

四、市场调查报告的结构及格式

一般而言，市场调查报告的结构及格式不是固定不变的。市场调查报告的撰写要依据调查的目的、内容、结果以及主要用途的具体情况来决定。实践中，各种市场调查报告在结构上一般都包括标题、目录、导言、主体、结论及建议等部分。

1. 标题

市场调查报告的标题即市场调查的题目。标题必须准确揭示调查报告的主题思想。标题要做到简单明了、高度概括、题文相符，如"××年××市居民住宅消费需求调查报告"等。

标题一般有三种形式：

（1）直叙式标题。即直接反映调查目的、对象、内容、文种的标题，例如"关于××年全省城镇家电消费情况的调查报告"等。

（2）观点式标题。即用概括的语言直接阐明作者的观点，例如"三线城市房价趋于平稳"等。

（3）问题式标题。即通过设问或反问的形式，突出问题，使报告富有吸引力，例如"消费者愿意到网上购物吗？"等。

2. 目录

当市场调查报告撰写的内容较多时，为了便于读者阅读，往往需要将调查报告的各

个部分的内容用目录或索引的形式标记出来,从而使读者快速、准确地对报告的整体内容有清晰的了解,同时也便于报告提供者进行介绍说明。

目录中一般包括各级标题及其对应的页码。

3. 导言

导言又称导语,是市场调查报告的开头部分,一般说明市场调查的目的和意义,介绍市场调查工作基本概况,包括市场调查的时间、地点、目的、内容和对象以及采用的调查方法、方式。这是比较常见的写法。

此部分也可阐述市场调查报告的基本观点或结论,以便读者对全文内容、意义等获得初步了解,增强读者阅读报告的兴趣。

导语的撰写要简明扼要、精炼概括。

4. 主体

市场调查报告的主体部分即正文,是市场调查报告中的主要内容和核心,是表现调查报告主题的重要部分。这一部分的写作直接决定着调查报告的质量。

主体部分要客观、全面地阐述市场调查所获得的材料、数据;对调查的问题、现象要做深入分析、评论等。总之,主体部分要善于运用材料表现调查的主题。一般包括以下内容:

(1)调查情况及数据陈述。这是全文的基础和主要内容,一般用叙述和说明相结合的手法,将调查对象的历史和现实情况(例如市场占有情况,生产与消费的关系,产品、产量及价格情况等)表述清楚。

在具体写法上,既可按问题的性质将其归类阐述;也可以按时间顺序进行说明;需特别强调的内容要通过列示数据、图表等加以说明。

总而言之,此部分的撰写力求做到准确、具体,富有条理性,以便为后文的分析提供坚实而充分的依据。

(2)数据分析预测。即对调查所获基本情况进行分析,对市场发展趋势做出预测。

分析及预测的准确性直接影响报告使用者决策行为的有效性,因而必须非常关注。要进行科学的研究和推断,并据以形成符合事物发展变化规律的结论性意见。

5. 结论及建议

主要是对市场调查的结果作一个小结。该部分是市场调查报告写作目的和宗旨的体现,应高度概括全文内容,突出观点,列明若干主要结论及建议。用语要富于论断性和针对性,做到言简意明、客观准确、具体可行,供决策者参考。

此外,有的市场调查报告还有附件。附件的内容一般是不便在正文中撰写的,但与正文密切相关而必须附加说明的材料,如调查问卷、统计图表、参考文献等。

实例 3-4 // 20×× 年中国茶叶市场调查报告

一、摘要

我国是茶叶的发源地,茶区分布广、资源丰富,茶叶种类之多堪称世界之最。在国内,茶类消费者为中老年人居多,但年轻人占据的比例也逐渐加大,说明茶在年轻人的消费中有了很大的提升空间。我国茶叶出口主要有六大国际市场,分别是摩洛哥、日本、美国、欧盟、俄罗斯、中东地区。由于国际市场质量门槛越来越高等原因,我国茶叶市场发展受到了一定阻碍,但从总体来看,我国茶叶产业正处于快速发展阶段,虽然面临许多困难,但总体向上的趋势从未改变。相信随着我国茶叶种植、生产水平的迅速提高,产品安全体系日趋完善,我国所产茶叶的优势会越来越显现,世界各国对我国茶叶的消费会逐步增加。

二、调研的背景和目的

1. 调研背景

随着市场经济的日益发展,我国的外贸份额越来越大,其中不可或缺的传统商品茶叶市场也相当活跃。

2. 调研目的

更好地研究我国的茶叶市场,以点看面了解中国茶叶的市场行情。

三、调研采取的步骤和方法

(1)上网收集相关资料,了解国内茶叶市场行情,获取相关数据。

(2)查阅有关书籍、报刊,详细了解行情。

(3)走访一些茶叶销售店,询问一些社区的消费者。

(4)收集整理学校学生的意见和想法。

四、调查获得的主要结论

(一)茶叶市场分析

1. 茶叶价格波动大

由于我国茶叶种类、质量的差异性,茶叶质量缺乏国家标准来统一规范,商品茶的质量级别较为混乱,售价较为模糊。面向渠道经销商的出厂价、批发价尚能保持相对稳定,而面向消费者的零售价,往往出现随意定价、茶价畸高或是价质不符等现象,消费者无从确定商品茶的真正价值及真实价位。

2. 茶叶品牌杂乱

目前,商品茶价格缺乏诚信,茶叶品牌过少,消费者对商品茶的质量和价格,往往是无所适从、一头雾水,无法确定产品的真伪、优劣和真实价位。由于茶叶企业经营规模小、品牌意识淡薄,知识产权方面投入不足,导致茶叶市场运营不规范、质量不稳定,消费者购买力受阻,从而制约了茶叶市场的深度拓展。

3. 茶叶的升值空间大

包装茶增值空间大、营利性强。品牌包装茶的开发商机，为茶叶产业发展注入了新的活力。茶叶作为快速消费品应针对多元化市场，明确市场的定位与细分，要求茶叶包装贴合现代消费理念的变化，从包装材质、外形、装饰、规格及包装设备等方面，不断改进，推出符合时代潮流及消费需求的系列化包装茶。茶叶包装应在坚持中国特色的同时，重视与国际包装惯例接轨。

（二）茶叶市场消费者分析

1. 茶叶消费者年龄结构分析

茶叶的消费主力人群是 45 岁以上的中老年人。

2. 茶叶消费群体收入特征

茶叶的消费群体月收入基本在 5 000 元以上。

3. 茶叶消费者的比例高

喜欢饮茶的消费者占到 76% 的比重，人们对茶叶喜爱有加。

4. 消费者对中等价格的茶叶产品价格认同度高

消费者购买茶叶的价位约为 400～1 000 元/千克，而 1 000 元以上的中高档茶叶也占一部分比重。这说明市场正引导茶叶市场向中高档茶发展。

五、建议

总体来看，我国茶叶产业正处于快速发展阶段，虽然面临许多困难，但总体向上的趋势从未改变。

（1）加强行业管理，避免少数企业的劣质茶叶损害行业形象。

（2）大力宣传中国的茶文化史，通过政府间的交流传播中国茶的千年文化，促进茶叶的国际化销售。

（3）针对年轻群体开展有效营销，吸引年轻人养成喝茶习惯。

……

五、市场调查报告撰写的基本要求及注意事项

调查报告的质量不仅反映了调查本身的质量，也表现了撰写者自身的知识水平和专业素养。在实践中，撰写一份高质量的市场调查报告通常需要符合如下要求：

1. 标题醒目

市场调查报告要吸引他人阅读，首选要有一个好的标题，既要能概括报告的主旨，又要点出报告的核心观点。

2. 篇幅适当

报告的长短应该根据调查的目的和内容来确定，切忌故意堆砌材料而把报告做得过

厚。原始数据分析如果占篇幅过长,可以作为附录放在后面。

3. 重点突出

报告内容繁杂,务必做到突出重点。紧扣调查目的选择材料,剔除一切无关材料。对于重要观点、重要建议,要详细介绍以引起决策者重视。

4. 信息客观准确

调查报告必须符合客观实际,引用的材料、数据必须是真实可靠的,要用事实说话。在文体上尽量采用第三人称或非人称代词,如多采用"根据资料表明"等语句。同时,在对资料进行解释时,要注意阐释的充分性、客观性和准确性。

5. 资料和观点相统一

市场调查报告是以调查资料为依据的,即调查报告中所有观点、结论都要有大量的调查资料为支撑。在撰写过程中,要善于用资料说明观点,用观点概括资料,二者相互统一。切忌调查资料与观点相分离。

6. 语言简明易懂

撰写调查报告的语言力求简单、准确、通俗易懂。同时,在语言阐述上,可以通过数据说明、图表说明、分类说明、对比说明等多种论述技巧简明扼要地阐述观点,使阅读者能够迅速准确地把握调查报告的重点内容。

> **营销伦理小贴士** 消费者隐私权受法律保护

隐私权是一种基本人格权利,个人隐私受法律保护。侵扰他人私生活、公开他人隐私的行为,既违反社会道德,也是违法行为。

保护消费者隐私权,包括要保护消费者的人格尊严、民族风俗习惯,以及对消费者个人信息,包括消费者的姓名、性别、年龄、职业、联系方式、健康状况、家庭状况、财产状况、消费记录等与消费者个人及其家庭密切相关信息的保护。

我国《消费者权益保护法》第二十九条规定:

经营者收集、使用消费者个人信息,应当遵循合法、正当、必要的原则,明示收集、使用信息的目的、方式和范围,并经消费者同意。经营者收集、使用消费者个人信息,应当公开其收集、使用规则,不得违反法律、法规的规定和双方的约定收集、使用信息。

经营者及其工作人员对收集的消费者个人信息必须严格保密,不得泄露、出售或者非法向他人提供。经营者应当采取技术措施和其他必要措施,确保信息安全,防止消费者个人信息泄露、丢失。在发生或者可能发生信息泄露、丢失的情况时,应当立即采取补救措施。

经营者未经消费者同意或者请求,或者消费者明确表示拒绝的,不得向其发送商业性信息。

本章小结

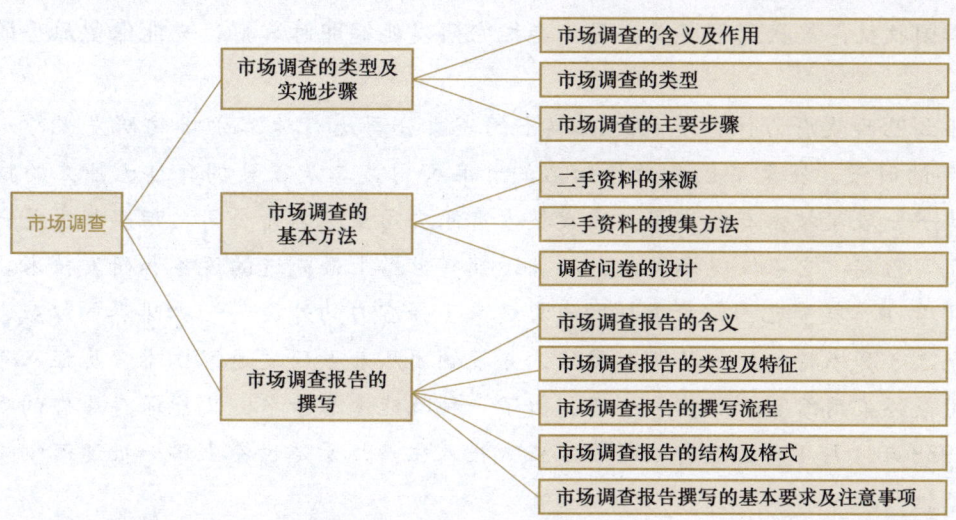

知识检测与拓展

1. 为什么要进行市场调查？市场调查的内容有哪些？
2. 简述开展市场调查的主要步骤。
3. 现实生活中，有哪些常见的市场调查方法？试列举实例加以说明。

实训项目

【实训任务】

立足所在的学校，调查了解本校学生群体对咖啡产品的需求、消费等情况。

【操作要求】

1. 以3～5人的小组为单位，讨论确定本组市场调查的主题（题目）。
2. 设计具体的调查方法及实施方案。
3. 实地调查，撰写简要的调查报告。
4. 课堂汇报总结、交流。

案例分析

雀巢咖啡的困惑

雀巢公司成立于1867年，最早主要生产婴儿食品。雀巢为何与速溶咖啡结缘？在1930年，巴西迎来了一次咖啡产量的大飙升，于是市场上的巴西咖啡供给远远大于需求。苦于无法长时间保存咖啡豆，种植咖啡豆的巴西农民只能将大量的咖啡豆倒入海里或进行烧毁。后来，巴西政府担心接下来会遇上荒年，导致咖啡豆歉收，影响本国收益，就找到了雀巢公司，委托它研发能够即时溶解，又能保留原香的浓缩咖啡。

那么巴西政府为什么要找远在瑞士的雀巢公司进行速溶咖啡的研发呢？一是在1930年的时候，雀巢早已是世界知名的食品公司。二是雀巢拥有自己独立的技术研发基地——雀巢技术有限公司。雀巢技术有限公司虽然名为公司，但实际上是一个食物研究实验室，它不仅规模很大，而且还拥有世界上最先进的设备和研发技术。同年（1930年），接受巴西政府委托的雀巢迎来了强有力的外援——咖啡界的权威、化学家马克思·莫根特尔加入了雀巢团队，并带领团队着手研发速溶咖啡。历经八年，雀巢公司最终采用喷雾干燥技术，研制出了一种既能速溶于水，又能保存原香的咖啡粉末。1938年4月1日，这种咖啡粉末正式投入生产，于是世界上第一批速溶咖啡就此诞生了。

这种名为"雀巢咖啡"的可溶性咖啡产品最先在瑞士推出。雀巢建立了大规模咖啡提取和咖啡豆"喷雾干燥"生产线，用于在瑞士小城奥尔布（Orbe）的工厂生产雀巢咖啡。

两个月后，雀巢咖啡品牌在英国推出；随后，于1939年在美国推出。到1940年4月，雀巢咖啡已经在全球30个国家有售。

现今，全球消费者每一秒钟就饮用5 800杯雀巢咖啡，各式各样的咖啡美味迎合了全球消费者不同的口感和偏好。

雀巢公司野心勃勃地进入邻国德国，希望雀巢的速溶咖啡能很快在德国打下一片天地。然而，令人意想不到的是，速溶咖啡在德国滞销了。

雀巢公司开展了一场大规模的问卷调查。结果大部分受访的家庭主妇都说，速溶咖啡没有现磨咖啡香，所以她们不接受速溶咖啡。

事实真是这样吗？如果真是如此，雀巢可能要重新研发产品，提高产品的口味。但如果事实不是这样呢？

雀巢的市场研究人员决定再做一场调查。他们进行了一次"味道盲测"，邀请1 000个家庭主妇现场品尝没有任何标签的两杯咖啡（分别是雀巢速溶咖啡和现磨咖啡）并做出评价。结果是：90%的家庭主妇根本无法分辨出速溶咖啡和现磨咖啡。也就是说，"速溶咖啡味道不如现磨咖啡"是一个谎言而已！

那么问题来了：消费者为什么要"说谎"？如何透过"谎言"看到市场的真相？为了找出真正的原因，调研专家改用间接的方法对消费者的真实动机进行了调查和研究。他们编制了两种购物清单（见图3-2），这两种购物单上的项目，除一张上写的是速溶咖啡，另一张上写的是新鲜咖啡这一项不同之外，其他各项均相同。然后把清单分给两组有可比性的家庭主妇，请她们想象按购物清单买东西的家庭主妇是什么样的妇女。

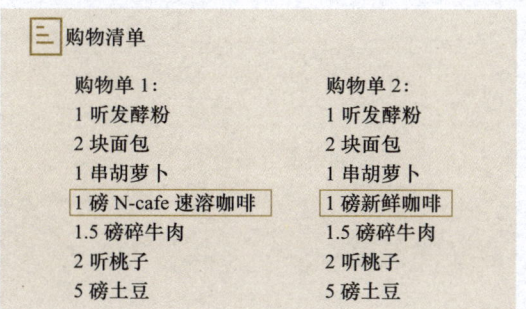

图 3-2 购物清单

两组妇女所描述的想象中两个家庭主妇的形象是截然不同的。她们认为购买速溶咖啡的家庭主妇是个懒惰的、邋遢的、生活没有计划的女人;购买新鲜咖啡的则是勤俭的、讲究生活的、有经验的和喜欢烹调的主妇。原来,速溶咖啡被人们拒绝,并不是由于它本身的口味,而是由于人们的动机,即都希望做一名勤劳的、称职的家庭主妇,而不愿做被他人和自己所谴责的懒惰的主妇。这就是当时速溶咖啡被拒绝的真正原因。

雀巢咖啡根据调查结果,及时调整了营销策略,重点强调购买雀巢咖啡的家庭主妇们生活品位与生活品质一流。

案例思考题:

1. 本案例中采用了哪些市场调查方法?
2. 根据案例,请简要阐述调查的主要结论。
3. 您认为消费者"说谎"的可能性有哪些?请列举。

Chapter 4

第四章

聚焦目标顾客

学习与能力目标

◎ 熟悉目标市场营销的主要步骤,能据此进行企业案例解析。

◎ 理解市场细分的四大依据,并能灵活加以运用。

◎ 熟悉四种目标市场营销策略的含义、区别,并能说出它们在企业的实际应用。

◎ 熟悉市场定位的作用及常用方法,能列举具体企业案例进行说明。

◎ 了解 4P、6P、4C 等不同市场营销组合的含义,能据此对企业营销策略进行解析和评估。

第四章
学习导引

第一节　市场细分的意义及方法

> 引导案例 4-1　拼多多：迅速打入低线城市目标市场

拼多多（见图 4-1）创立于 2015 年 9 月，是一家致力于为最广大用户提供物有所值的商品和有趣互动购物体验的"新电子商务"平台，是目前上海规模最大、成长最快的电商平台之一，被视为阿里、京东的强有力的挑战者。

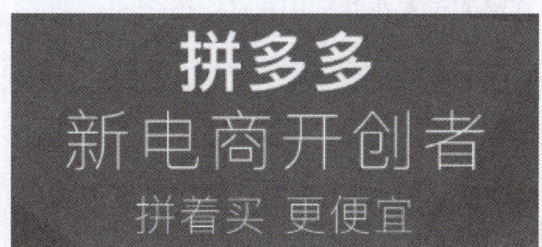

图 4-1　拼多多宣传语

2018 年 7 月 26 日，拼多多在美国纳斯达克证券交易所正式挂牌上市，上市首日，股价上涨 41%，市值破 300 亿美元。从成立到上市，拼多多用了不到 3 年的时间，它的成长速度远超过同期的淘宝、京东。

其主营业务涵盖生活各个方面，如服装、鞋子、包饰、母婴产品、食品饮料、生鲜、电器、家居用品、化妆品和其他个人护理用品、运动和健身用品以及汽车配件等。

拼多多创始人兼 CEO 黄峥曾在接受采访时说过，移动互联网的快速发展，让广大的中国老百姓都拥有了跟一线城市一样的获取信息、进行交易的能力，这个在 PC 年代是做不到的，拼多多抓住了这个契机。同时，中国市场存在消费不均衡的问题，乡镇市场物质资源相对缺乏，而拼多多的出现让他们有了更多选择，且价钱便宜，是他们能够消费得起的。

在主流商家都将目光聚焦到一、二线城市（认为这里用户集中，消费力强）的时候，拼多多却反其道而行之，用物美价廉的大众商品，收割了还未被阿里和京东等重视的低线城市市场。据中研网的资料，拼多多在三线以下城市的用户占比超过了六成；而在一线城市，拼多多明显渗透率较低。

一、市场细分的含义及作用

现代企业面对的是一个异常复杂的市场，市场上消费者众多，他们的需求又千差万别，因此，任何一个企业，包括许多世界知名企业，都难以用单一的产品满足所有消费者的需要。

由于市场本身就是由一群具有不同欲望和需求的消费者组成的，而企业的人、财、物等资源又是有限的,因此在通常情况下,一个企业不可能为市场上所有的消费者服务,大多数企业都在从事特定目标市场的营销。

目标市场营销是现代市场营销理论的核心内容,为此,企业需要通过市场调研,将购买者划分为需求不同的若干群体(即 S,Segmentation,市场细分);再结合特定的市场环境及自身的资源与优势,选择其中最有吸引力和最能有效地为之提供产品和服务的某些群体作为自己的目标市场(即 T,Targeting,目标市场);针对该目标市场,设计制定出企业市场定位策略(即 P,Positioning,市场定位)。企业应在完成上述 STP 分析的基础上再制定有效的营销组合策略,以成功打入或占领目标市场。

企业进行目标市场营销的主要步骤如图4-2所示。

STP 分析正是本章所要学习的核心内容。

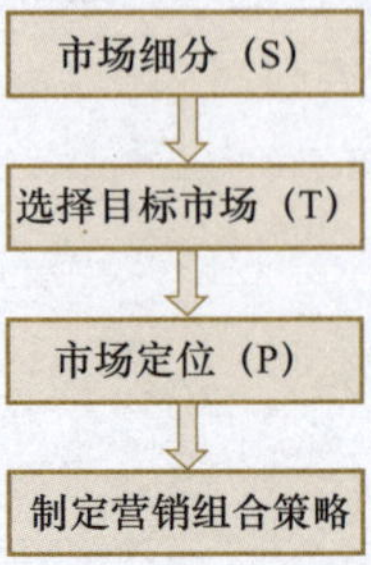

(一)市场细分的含义

市场细分是指企业根据消费者需求或购买行为等方面的差异性,将整体市场划分为若干个顾客群的过程或行为。其中,每一个顾客群构成一个子市场(或细分市场),同一个子市场中的需求是相似的,而不同子市场之间的需求则有明显差别。例如,儿童玩具市场通常可以按使用者年龄细分为若干子市场。

图 4-2 目标市场营销的主要步骤

需要强调的是,市场细分不是对产品的分类,更不是对企业的分类,而是对消费者不同的需求或购买行为的分类。

(二)市场细分的作用

市场细分是市场营销学中一个非常重要的思想和概念。随着社会经济的发展,消费者的需求日趋多样化,市场竞争日益激烈。因此,进行市场细分,选择目标市场,对于企业的营销及企业的发展具有非常重要的作用。

1. 市场细分有利于企业发现新的市场机会

市场机会的实质是顾客尚未满足或没有完全满足的需求和欲望。通过市场细分,企业可以更清楚地分析和了解不同顾客需求的满足状况,从而发现有吸引力的盈利机会。

2. 市场细分有利于企业有针对性地制定营销策略

通过市场细分,企业更容易掌握目标市场的特点,从而可以更有针对性地制定适当的营销策略,更好地满足顾客的需求。

3. 市场细分有利于企业扬长避短,赢得竞争优势

通过市场细分,企业可以更好地了解各细分市场上竞争者的状况,找到市场竞争的薄弱环节,从而扬长避短,发挥自己的竞争优势。

市场细分对中小企业尤为重要。因为中小企业资源、能力都很有限,通过市场细分,

可以选择一些大企业不愿顾及、需求没有被很好满足的细分市场，集中力量满足该特定市场的需求，从而找到自己的立足点。

实例 4-1 // B 站究竟是个什么神仙网站？

B 站（英文名称：bilibili，也称哔哩哔哩）是一个年轻人聚集、用户属性鲜明的网站（见图 4-3）。据 QuestMobile（北京贵士信息科技有限公司，中国专业的移动互联网商业智能服务商）统计，B 站是中国 24 岁以下年轻人最偏爱的 APP。月活跃用户数超 8 000 万人，18～35 岁用户占总用户数的近 80%，90/00 后是其中的主力。

图 4-3　B 站图标

网站创建于 2009 年 6 月，起初是一个日本动漫爱好者聚集的平台，目标用户是喜欢二次元的小众群体。为了留住这些用户，B 站逐步构造出动画、番剧、国创、漫画、音乐、舞蹈、科技、数码、生活、时尚等分区，以及直播、游戏中心、周边等板块，还推出了独特的弹幕文化和创作文化，现已形成 200 万个文化标签、7 000 个核心文化圈层，不仅是喜欢二次元的年轻人，科技、舞蹈、美食等领域的爱好者也都可以在里面找到自己喜欢的内容，B 站已成为能一站式满足年轻人多元爱好需求的文化社区。

B 站的"弹幕"功能独特——基于互联网的弹幕视频体验，能超越时空限制，构建出一种奇妙的共时性的关系，形成一种虚拟的部落式观影氛围，让 B 站成为极具互动分享和二次创造氛围的文化社区。同时 B 站也是众多网络热门词汇的发源地之一，深受 90/00 后喜爱。

2018 年 4 月 17 日，央视发表了《知道吗？这届年轻人爱上 B 站搞学习》的文章，称年轻人在 B 站学习已成新的潮流。英语、日语等语言学习在 B 站学习领域占比较大，高考、研究生考试和各类职业技能相关内容也比比皆是。如通过率极低的司法考试，在 B 站有"段子手"罗翔老师，他用生动形象的案例，外加特色的湖南口音，激发了众多 B 站用户学习法律的兴趣和热情。

2018 年 3 月，B 站在纳斯达克成功上市。B 站从小众群体市场入手，做出了一个大市场，让千千万万的年轻人把 B 站当作虚拟世界中的家。

二、市场细分的依据及方法

市场细分是建立在市场需求差异性的基础上的，因此造成需求差异性的因素都可以作为市场细分的依据（或称为细分变量）。随着个性化时代的到来，市场需求千差万别，影响需求的因素又错综复杂，企业在进行市场细分时，没有统一的标准和模式，各企业应根据顾客需求的特点、行业经营的实际情况等，综合考虑，灵活选择细分依据，以获得对企业经营具有价

扫码观看：
如何进行
市场细分

值的细分市场。

(一) 市场细分的依据

1. 消费者市场细分的依据

消费者市场细分常用的细分方法有地理因素细分、人口因素细分、心理因素细分、行为因素细分四种。

(1) 地理因素细分。由于处于不同地理位置和不同地理环境的消费者会形成不同的消费需求、消费习惯和偏好，因此地理细分是常用的市场细分方法。例如，全国各地的饮食习惯有明显的差异，因此在餐饮市场上，粤菜馆、湘菜馆、川菜馆、东北菜馆等各具地方特色的餐馆争奇斗艳。

按地理因素进行具体细分的依据有：国别、地区、城市规模、人口密度、气候等。

但是地理因素是一种静态因素，处于同一地理位置的消费者仍然会存在较大的需求差异，因此，企业在进行市场细分时，还必须进一步考虑其他因素。

(2) 人口因素细分。人口因素细分对于企业识别潜在顾客尤为重要，是市场细分最常用的细分依据。人口细分的主要依据有年龄、性别、收入、职业、教育程度、家庭结构、种族、宗教信仰等人口统计因素，这些因素比较容易获得和衡量，而且消费者的需求又与此有密切的关系。如收入是影响消费者对住房、家居、汽车、服装等产品需求的重要因素。

(3) 心理因素细分。在地理因素、人口因素方面具有相同或相近特征的消费者，可能仍会表现出极大的需求差别，这主要是受心理因素的影响。

心理因素细分的依据主要有消费者的生活方式、性格和社会阶层。

生活方式指消费者对待生活、工作、娱乐的态度和行为。据此可将消费者划分为享乐主义者、实用主义者、紧跟潮流者、因循守旧者等不同类型。

性格方面，消费者通常会选购一些能表现自己性格的款式、色彩及产品。根据性格的差异，可以将消费者分为独立、保守、外向、内向、支配、服从等类型。

此外，消费者还会根据自己的背景，将自己主观地融入某一社会阶层，同时在消费和购买产品时也会反映出该阶层的特征。例如在选择休闲活动时，高收入阶层可能会选择打高尔夫球，低收入阶层则可能选择在家中看电视。

(4) 行为因素细分。行为因素主要指消费者在购买过程中对产品的认知、态度、使用等行为特点，主要的细分依据有寻求利益、使用率、消费时机、使用者状况等。

1) 按寻求利益细分（也称受益细分）。寻求利益指消费者对所购买的产品能带给自己的好处有不同的要求，如购车时，消费者可能会有款式好、安全、省油、耐用等要求。因此，经营者应了解消费者在购买某种产品时所重视的主要利益是什么，消费者还有哪些利益没有得到满足，进而使自己的产品突出这些利益要求，就可以更好地吸引消费者的兴趣。

2）按使用率细分（也称数量细分）。使用率反映的是消费者使用量的多寡。根据消费者使用量的不同，可将消费者分为少量使用者、中量使用者、大量使用者。例如啤酒厂大多选择大量使用者作为自己的目标顾客，他们需要研究这些顾客的特征，并制定出相应的营销策略。

3）按消费时机细分。消费时机是指顾客需求和消费产品的时间特性，如对旅游的需求一般在公共假期和寒暑假处于高峰。"白加黑"感冒片，因为能够"白天吃白片不瞌睡，晚上吃黑片睡得香"，从而比其他感冒药品更受上班一族的欢迎。

4）按使用者状况细分。许多产品市场都可以将消费者按其对产品的使用情况分为未曾使用者、曾经使用者、潜在使用者、初次使用者、经常使用者。一般地，实力雄厚的大企业特别注重吸引潜在顾客，将其转变为企业的顾客；而中小型企业则以维持现有顾客为主，努力提高他们对企业和产品的偏好和忠诚度。

2. 组织市场细分的依据

组织市场购买者的购买目的是将所购产品或服务用于再生产，生产出新的产品或服务，从中获取利润，或者是为了组织的正常运作，因此与普通消费者的购买目的不同、需求不同。组织市场细分的依据主要有：

（1）用户的行业类别。用户的行业类别可分为农业、工业、军工、食品、纺织、机械、电子、冶金、汽车、建筑等。不同行业的用户其需求和要求不同，如计算机公司通常将其市场细分为公司集团、小企业、机关学校、家庭。

（2）用户规模（即数量细分）。企业用户按规模可以分为大型、中型、小型企业，或大客户、小客户等。用户规模不同，其购买力、购买数量、购买的行为和方式等都有很大差别。

（3）用户的地理位置（即地理细分）。企业用户的需求与其所处的国别、地区、气候、地形、交通条件、自然环境、资源、生产力布局等有直接的关系。按用户地理位置细分市场，有助于企业选择用户相对集中的地区的客户，以提高销售量，节省推销费用和运输成本。

（4）购买行为因素。如按用户追求的利益（即受益细分），可以分为注重质量的、注重价格的、注重服务的等不同类型的用户。

按用户的使用状况可分为潜在客户、新客户、老客户等。

实例 4-2 // 厉害了，研祥！"上可九天揽月，下可五洋捉鳖"

研祥，是研祥智能科技股份有限公司的简称，该公司于1993年在深圳创立。他们选择的是具有较高技术门槛的计算机细分市场——工业控制计算机（工控机）市场，该领域非民用、技术门槛高、竞争对手少。

在研祥诞生以前，我国大陆的工业用镶嵌式计算机几乎全部都是依靠国外和我国台湾地区的产品,研祥成为行业破局者。自成立以来,研祥坚持自主研发和创新,打造的自主品牌"EVOC"于2010年成为"中国驰名商标"。研祥已主导编写了特种计算机行业全部31项国家标准、2项国际标准和2项行业标准,拥有超1100项目专利技术,其中发明专利超1300项,全部产品拥有完全自主知识产权。

目前公司业务涵盖新一代信息技术、科技装备业和航空航天等智能制造、高端装备制造、新能源、物联网、节能环保等"十四五"规划的战略性新兴产业和重点领域。产品是众多产业自动化、智能化、信息化、数字化产品的核心部件,已广泛应用于科技装备、航空航天、能源、电子、交通、电信、金融、网络、监控等国内各行业。

在距离地球1.3亿千米的深空中,曾有"天问一号"探测器的身影;在距离地球2万千米的轨道上,35颗中国卫星正不断运转;在离地面3千米的天空中,我国自主研发的大飞机C919曾展翅翱翔;在3600米海拔的中国西部,高铁复兴号正在铁轨上飞驰;在海拔0米的中国海域海上,088型万吨大型驱逐舰默默守护着祖国海上领土;在南海海底1266米处,蓝鲸一号钻井平台为祖国能源安全默默耕耘;在距离海底10909米深海处,"奋斗者"号潜水器创下了中国载人深潜新纪录。

从"天问一号"探测器到世界最深海沟的"奋斗者"号潜水器,无论是天上飞的、地上跑的还是海里游的,均离不开稳定的计算机控制系统,其中研祥自主研发产品就发挥了极大的作用。

(二)市场细分的方法

【课堂行动学习】 市场细分是对产品做分类吗?

某同学对电子游戏市场做细分,根据游戏平台的不同划分为手机游戏、网络游戏、主机游戏三大类。

请你来点评。

根据市场细分时使用的细分依据的多少,市场细分可以有三种方法:

1. 单一因素法

单一因素法就是只选择一个细分依据进行市场细分的方法。

日本化妆品公司资生堂,在20世纪80年代以前,不做市场细分,希望自己的化妆品对所有的顾客都适用。1987年开始,资生堂转向细分市场营销,提出了"体贴不同岁月的脸",他们为十几岁少女提供的是Reciente系列,二十岁左右的是Ettusais系列,三四十岁的妇女则有Elixir系列,五十岁以上的妇女则可以用防止肌肤老化的Rivital系列。

2. 综合因素法

综合因素法是选择两个或三个细分依据进行市场细分的方法，这时可以借助二维或三维坐标图，直观地显示细分市场的状况。如以收入、年龄来细分某一市场，则可得到如图4-4所示的细分市场，图中每一格可代表一个子市场，共有12个（3×4）。

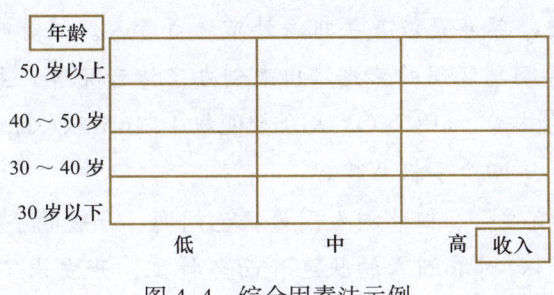

图4-4 综合因素法示例

3. 系列因素法

系列因素法是选择多个细分依据，由粗到细，逐步进行市场细分的方法。如可以对服装市场选取性别、年龄、收入、追求利益四个因素进行细分，如图4-5所示。

将不同因素进行不同的组合，就可以得到不同的细分市场，该例中我们最终可以得到的全部细分市场的数目是96个（2×4×3×4）。当然其中有些细分市场可能是没有实际意义的，还需进行进一步的分析、筛选。

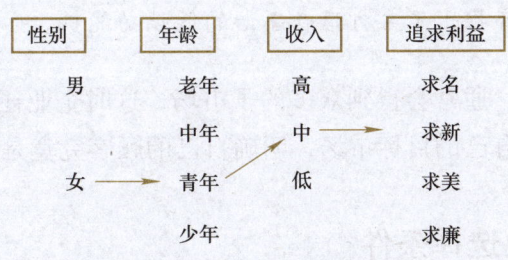

图4-5 系列因素法示例

第二节 目标市场选择及营销策略

引导案例4-2 传音手机称霸非洲

总部位于深圳的传音公司及其产品在国内可能鲜有人知，因为传音手机并不在国内销售，他们避开了竞争激烈的国内市场，在过去十多年间一直在深挖全球手机第二大市场"非洲市场"，并已成为非洲大陆的一个传奇。2018年，传音手机出货量为1.24亿部，根据IDC统计数据，传音在全球手机品牌厂商中排名第四，在非洲的市场总份额排名第一。凭借在全球新兴市场的卓越表现和品牌号召力,传音成功入选由 Facebook 与毕马威联合发布的 2018 年"中国出海领先品牌 50 强"之一。2019 年 5 月,传音荣膺 Twitter "最具海外影响力品牌奖"。目前,传音的全球销售网络已覆盖 70 多个国家和地区,包括尼日利亚、肯尼亚、坦桑尼亚、埃塞俄比亚、埃及、阿联酋(迪拜)、印度、巴基斯坦、印度尼西亚、越南、孟加拉国等。

传音的创始人竺兆江早年是波导手机海外市场负责人。随着波导品牌的衰退,2006 年已经是波导手机常务副总经理的竺兆江出来创办了传音品牌,主攻非洲等市场,如今旗下拥有 Itel(低端功能机)、TECNO(大众智能机)、Infinix(高端智能机)和 Spice(介于功能机与智能机之间)四个手机品牌。

"爱美之心,人皆有之",但非洲人因为肤色问题,一般的手机是无法很好聚焦的,传音的研发团队就专门针对非洲人的肤色和面部特征,开发出了用牙齿和眼睛来定位脸部的技术,并且在此基础上推出了非洲版的美颜和滤镜,解决了非洲人民拍照的最大痛点。

非洲的很多地方晚上没有路灯,传音就在手机上加入大功率的手电筒,提升手电筒的亮度。很多地区也没有很充分的电力供应,传音就在手机上用了超大容量的电池,号称可以待机一个月。

非洲人喜欢音乐,喜欢随时随地载歌载舞,传音就在保障音色的情况下加大了扬声器的功率,并在手机包装盒中附赠头戴式耳机。

非洲市场消费水平低,很多人还挣扎在温饱线上;文盲在很多国家的民众中占很大比重。在此情况下,传音推出了主打语音通话的低端功能机。

在进行市场细分后,通常会得到众多的子市场,这时企业还应进一步对各子市场做评估分析,从中选择出自己的目标市场,明确自己的顾客究竟是谁。

一、目标市场及选择条件

目标市场(Target Market)是指企业在市场细分的基础上,经过分析、比较和选择,确定作为自己服务对象的一个或几个子市场。

并不是所有的子市场都可以成为企业的目标市场,一个可行的目标市场应具备以下条件:

1. 要有适当的规模和发展潜力

企业经营的根本目的是追求利润,因此,作为目标市场的子市场应有足够数量的顾客和购买力,能达到一定的需求量、销售量,从而保证企业有利可图。一个细分市场是否有开发价值,除了考察其当前的规模,还要看其市场规模未来的发展状况,一般应选择未来发展潜力大的子市场作为企业的目标市场。

2. 竞争者未完全控制

企业应选择竞争对手较少或竞争对手较弱的子市场作为自己的目标市场。需注意有时可能出现各竞争企业遵循同一思维逻辑而争抢同一子市场的现象，这也是企业应极力避免的。

3. 符合企业经营目标和资源能力

在衡量和考虑前面两个因素的基础上，企业还须结合自身条件做进一步的分析。所选子市场应与企业总的经营目标相协调，并且是企业现有资源条件和能力所擅长的或所能胜任的。

二、目标市场营销策略

企业通过市场细分，从众多的细分市场中选择出一个或几个具有吸引力、有利于发挥企业优势的细分市场作为自己的目标市场后，还要考虑应采取怎样的营销策略来取得满意的经济效益。为此，企业需综合考虑产品特性、竞争状况和自身实力，选择不同的目标市场营销策略。

（一）无差异性营销（Undifferentiated Targeting Strategy）

无差异性营销是指企业不考虑各子市场间的差异性，而只注重子市场需求的共性，决定只推出单一产品，运用单一的营销方案，力求在一定程度上适合尽可能多的顾客需求。可口可乐公司早期就采取了这种策略，以"可口可乐"一种产品，行销全世界许多国家，经营十分成功。

无差异性营销的优点是由于产品单一，有利于标准化与大规模生产，从而有利于降低研究开发、生产、储存、运输、促销等成本费用，能以低成本取得市场竞争优势。

其缺点是忽视了各子市场需求的差异性，企业难以长期采用。一旦竞争者采取差异化或集中化的营销策略，企业就必须放弃无差异营销，否则会导致顾客大量流失。

（二）差异性营销（Differentiated Targeting Strategy）

差异性营销是指企业针对不同的子市场，推出不同的产品，推行不同的营销方案，以最大限度地满足各个子市场的需要。例如，可口可乐公司迫于百事可乐及众多饮料厂家的竞争，已经放弃了无差异营销，转向了差异性营销。

差异性营销的优点是企业在产品设计、推销宣传等营销策略方面能针对不同的子市场，有的放矢，从而有利于提高产品的竞争力，提高市场占有率；此外还有利于建立企业及品牌的知名度，有利于提高企业威望，树立良好的企业形象。

其缺点是多品种生产势必增加生产及营销成本，增加管理的难度。因此，该策略多为实力雄厚的大公司所采用。

实例 4-3 // 六个核桃：差异化营销开创出新的蓝海市场

"六个核桃"饮料（见图 4-6）是河北养元智汇饮品股份有限公司的主导产品，该品牌创立于 2005 年，2006 年销售额就达到 3 000 万元，2012 年销售额超 50 亿元，2015 年销售额突破 80 亿元。10 年时间，该公司从河北一家小企业成长为行业领头羊。其成功得益于创新的差异化营销策略，开创出核桃蛋白饮料这一新的品类，从而在已经成为红海市场的植物蛋白饮料市场上开拓出一片蓝海。

图 4-6 "六个核桃"饮料

长期以来，在植物蛋白饮料市场上，杏仁露和椰汁的市场已经比较成熟稳定，同时，在健康消费的趋势下，以绿色、天然、健康为代表的植物蛋白饮料市场，每年都保持着较高的增长势头。该公司注意到，核桃作为四大干果之王，核桃蛋白饮料市场还是一个空白，于是，公司从 2005 年开始，选择核桃作为突破，将核桃植物蛋白饮料作为公司未来重点发展和打造的拳头产品，成功打造出一个全新的产品品类。

（三）集中性营销（Concentrated Targeting Strategy）

集中性营销是指企业将所有的资源力量集中，以一个或少数几个性质相似的子市场作为目标市场，进行专业化经营，力图在较少的子市场上获得较大的市场占有率。如 B 站最初的目标用户就是喜欢二次元的小众群体，采取的就是集中性营销策略。

集中性营销的优点是目标市场集中，企业资源集中，能快速开发适销对路的产品，树立、强化企业和产品形象，也有利于降低生产成本，节省营销费用，增加企业盈利。

其缺点是目标市场狭小，经营风险较大。一旦市场需求突然发生变化，或出现更强的竞争对手，企业就可能陷入困境。因此，该策略适用于实力弱、资源少的小型企业。

（四）定制营销（Customized Marketing Strategy）

若将市场细分进行到最大限度，则每一位顾客都是一个与众不同的细分市场。现代信息技术和现代制造业的迅猛发展，使得为顾客提供量体裁衣式的产品和服务成为可能。

定制营销是指企业在大规模生产的基础上，将每一位顾客都视为一个单独的子市场，通过与顾客进行个体的沟通，明确并把握特定顾客的需求，为其提供不同形式的产品或服务，以更好地实现企业利益的活动过程。定制营销也称为一对一营销、个性化营销。

定制营销的适用范围十分广泛，不仅适用于自行车、汽车、服装、家具等有形产品，也适用于金融、咨询、旅游、餐饮等服务领域。

实例 4-4 // 维意定制家具

维意定制家具（见图 4-7）始创于 2003 年，是维尚家具制造有限公司的核心品牌，公司位于广东佛山南海区，是一家集设计、制造、服务于一体的家具企业。

图 4-7　维意定制家具

品牌特色：

（1）客户需要什么，我们就设计什么、生产什么！

以信息化为手段，通过终端销售设计软件、网络协同设计平台与基于虚拟现实设计技术的计算机设计服务系统，实现数字化销售设计的创新商业模式，最大限度地满足终端消费者的个性化需求。

（2）解决了个性化定制与标准化批量生产的世界难题。

通过信息技术改造，利用仿真和虚拟设计制造、参数化智能设计、网络协同设计等技术实施销售设计网络化、生产排程电子化、制造执行信息化、流程管理数码化，建立企业"大规模家具设计定制生产系统"。

（3）构建面向家具行业的开放性软件与信息服务平台。

研发数字化设计支撑平台，实现设计数字化、制造一体化、生产自动化、产品智能化、管理网络化、商务电子化。推动传统家具产业技术升级和经营模式转型的支撑体系和创新机制的建立。

公司自创立以来，已经为 680 万个家庭定制了属于他们的幸福空间。凭借自身品牌发展，2017 年 3 月 7 日，维意定制在深交所正式上市。此外，公司曾获"工信部智能制造试点示范"等多项荣誉。

定制营销的突出优点是：能极大地满足消费者的个性化需求，提高企业竞争力；以需定产，有利于减少库存积压，加快企业的资金周转；有利于产品、技术上的创新，促进企业不断发展。

但定制营销会使营销工作更加复杂，增大经营成本和经营风险，因此，定制营销需要建立在定制的利润高于定制成本的基础之上。另外，生产领域的定制营销还对企业的设计、生产、供应等系统和管理的信息化程度有很高的要求。例如海尔"定制冰箱"的生产，从设计、模具制造，到生产、配送、支付、服务等各方面都比普通冰箱的要求要高得多，因此，一般的生产企业可能还很难做到，但定制营销仍是众多企业努力的方向。

图4-8是对上述四种目标市场营销策略的对比总结。

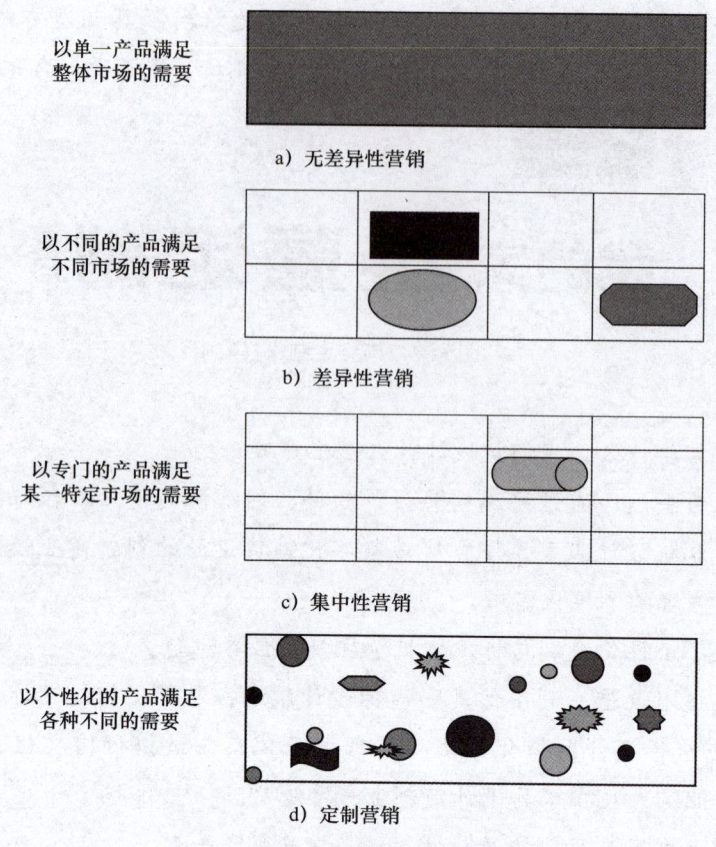

图4-8　目标市场营销策略比较

第三节　市场定位策略及方法

引导案例4-3　芒果中的劳斯莱斯

劳斯莱斯（Rolls-Royce），又称罗尔斯－罗伊斯，是超豪华汽车厂商，1906年成立于英国，其轿车被誉为"世界上最好的汽车"，是汽车王国雍容高贵的标志。

一些企业借助诸如劳斯莱斯这样的知名品牌来宣传自己，往往能较好地吸引消费者对其产品的关注，如有公司为攀枝花凯特芒做的宣传——"芒果中的劳斯莱斯"（见图4-9）。

企业选择了目标市场以后，在同一目标市场上，通常还有其他竞争者，如何让产品受到消费者的偏爱，关键在于企业的市场定位。

图4-9 "芒果中的劳斯莱斯"宣传语

一、市场定位的含义及作用

所谓市场定位（Positioning），就是策划并树立产品和企业在目标市场即目标消费者群心目中的形象，使企业提供的产品具有一定的特色，以适应消费者一定的需要和偏好，并与竞争者相区别。

市场定位与产品定位、竞争性定位的含义是等同的。

市场定位的实质就是为产品塑造一定的特色，树立一定的市场形象，以使消费者对其形成一种特殊的印象和偏爱。因此，如果把市场细分和目标市场选择比喻为"找靶子"，那么市场定位就是"射中靶心"。

市场定位是目标市场营销中的一个重要步骤，其作用包括：

1. 创造差异，形成企业特有的形象

每当提起"海飞丝""飘柔"，人们马上会想到"海飞丝——去头屑""飘柔——使秀发飘逸柔顺"的产品特性，将它们与众多的洗发用品区别开来。因此，市场定位可以创造差异，有利于形成企业和产品独特的个性和形象。

2. 恰当的定位有助于赢得竞争优势

定位一旦得到消费者的认可，就可使企业赢得巨大的竞争优势，且这种优势往往是产品质量和价格优势所不可比的。如可口可乐公司通过"可口可乐才是真正的可乐"的广告宣传，在消费者心目中确立了可口可乐独特的市场地位，即：其他可乐与可口可乐是无法相比的，它们只是可口可乐的模仿品而已，尽管这些产品在品质和价格方面与可口可乐几乎不存在多大差异。

扫码观看：
什么是市场
定位五价值法

二、市场定位的方法

为了有效地进行市场定位，必须要考虑两个方面的因素：①了解消费者重视的产品属性有哪些；②了解竞争者的定位。据此选择确定企业自己的产品定位——应该是消费者所重视的，同时又是与竞争者相区别的。具体来讲，有以下几种定位方法可供选择：

1. "抢占第一"的定位

因为在很多情况下，第一名往往可以给人们留下深刻的印象。例如，我们大家都知道为中国赢得第一块奥运金牌的运动员是许海峰，但第二块金牌是谁得的？恐怕绝大多数人都回答不上来。因此，抢占第一是非常有利的定位策略。

企业可以为自己的产品选择确定某种利益上的"第一名"，进而着力宣传这一特色。如一些大银行都有成功的市场定位，汇丰银行宣传"分行最多"、恒生银行宣传"服务最佳"、渣打银行宣传"历史最悠久"、中国银行宣传"有最强大后盾"等，突出了各自最大的优势。

2. 比附定位

比附定位就是攀附名牌，借名牌之光使自己的品牌生辉。如内蒙古的宁城老窖酒，其宣传广告是"宁城老窖——塞外茅台"，就达到了很好的定位效果。还有企业可能很难争得前两名，还可借助群体的声望来提升自己的地位。如宣传自己是本省五大驰名商标之一，等等。

3. 利益定位

利益定位就是根据产品所能满足的需求或所提供的利益来定位。如冷酸灵牙膏的定位是"冷热酸甜，想吃就吃"；而佳洁士牙膏的定位是"高效防蛀"。又如，宝马的定位是享受快乐驾驶，奔驰则强调安全、舒适，因而有"开宝马，坐奔驰"一说。

4. 使用者定位

使用者定位是把产品与适当的使用者联系起来。如金利来的宣传是"金利来，男人的世界"；百事可乐是"新一代的选择"。

5. 质量或价格定位

企业也可以从质量或价格的角度来进行定位，如宣传"高品质""物美价廉"等，这两种属性通常是消费者在做购买决策时最为关注的要素。

【课堂行动学习】比较不同企业或品牌的市场定位

选你熟悉的某个产品，比较两个不同企业或品牌，其市场定位有何不同？效果如何？你是怎样获取其市场定位信息的？

第四节 市场营销组合

引导案例 4-4 江小白：在传统江湖玩出一个全新品牌

"江小白"是专为年轻人打造的中国酒品牌，远销海内外 20 多个国家。其出品方是重庆江小白酒业有限公司，这是一家集高粱育种、生态农业种植、技术研发、酿造蒸馏、分装生产、品牌管理、市场销售、现代物流和电子商务为一体的、拥有完整产业链布局的综合性酒业公司。

白酒是中国国粹之一，是适用于传统礼仪关系社交的特殊饮品。随着时代的发展，年轻一代喝白酒的总体比例在下降，江小白公司认为，关键的问题在于口感和品牌两方面。一是传统白酒口感太辛辣，年轻人的初次体验都不太好；二是传统白酒品牌让年轻一代感觉太沉重和老气。于是，江小白在行业里率先践行要做新生代口味的高粱酒，打造一个年轻人喜欢的、有时尚感的白酒品牌（见图4-10）。

图4-10　江小白

1. 用户洞察，分析目标顾客的消费场景

他们对白酒的消费场景做了分类，如政务宴请、商务宴请、公司聚会、家庭聚会和休闲小聚几大场景。分析了江小白不适合政务和商务宴请场景，也不太适合家庭聚会，于是确定了专注做休闲场景。

针对休闲场景他们又做了进一步细化，提出了小聚、小饮、小时刻、小情绪这四个"小"场景，场景明确后，如何打造产品、如何进行内容传播、如何建渠道等问题都迎刃而解了。

2. 将产品打造成用户在某一消费场景下的解决方案

如围绕着"小聚"这个场景，分析参与者之间的关系可能是同学、同事、男女朋友、兄弟等。于是，江小白将这些人在小聚的时候可能会说的话印到瓶子上，从而有了爆款表达瓶：

"毕业的时候我们说好一年一见，结果再也没见。"

"话说四海之内皆兄弟，但我们4公里之内从来不联系。"

江小白第一代产品是小瓶酒，包装纸只需要8分钱，在行业里做到了外包装成本占比最低，但每年销售额超3亿元。

之后，江小白又推出"三五挚友"，适用于好友聚会场景；"拾人饮"，适用于团建场景（4斤装的大瓶，但度数只有25度）。

3. 在与年轻人的互动中，进行产品宣传和推广

"江小白的文案最走心""江小白靠文案一年卖几个亿"，其文案的最大特点就是扎心，以年轻人的情绪为宣泄点，把有关爱情、青春、亲情、理想等各种情绪娓娓道来，直戳受众的情感点。

江小白酒瓶上印有二维码，每个人都可以通过扫码发语录、照片，可以是顺势表白，或吐露心声，体现出当代年轻人的酒文化。公司因此收到了大量的UGC（用户生产）内容，在文案创作上也有了大量的创新。

被选中语句的消费者都成了江小白的代言人，并且会送他十件酒，而为分享喜悦他

很可能将酒送给朋友们，从而变成江小白的裂变用户，这样的宣传效果自然非常好。

后来江小白又推出第三代私人定制产品，客户下单后正常3～4天就可以收到定制语录的酒。

总之，江小白采取的都是低成本但针对性强的宣传方式。他们还针对年轻人喜欢动漫的特点，花3 000万元做了动漫片《我是江小白》，第一季播放量已经超过一个亿，而如果是花同样的钱打广告，肯定达不到这样的效果。此外，江小白还与同道大叔、张小盒等其他品牌做联合酒，同一些年轻人喜欢的歌手做联名款产品等。

4. 渠道策略是让产品等用户，而不是用户找产品

考虑到消费者对江小白产品的主动需求和喜好并没有那么高，所以江小白公司认为，应该让产品等用户，而不是让用户去搜索产品。于是，他们加强产品地推，用了几年的时间在全国铺了200万个零售网点，完成了60%的城市覆盖。

一、市场营销组合的含义

市场营销组合（Marketing Mix）是指企业为了占有目标市场，满足消费者的需求，而将各种营销手段进行整体性的组合，目的是使它们相互配合，整合地发挥最佳作用。

最基本的营销组合要素有以下四项：

（1）产品（Product），指企业提供给目标市场的商品和服务的集合，包括产品效用、质量、外观、式样、包装、规格、品牌、服务和保证等。

（2）价格（Price），指企业销售产品的基本价格、折扣、付款方式、付款期限、信用条件等。

（3）分销（Place），指企业为使其产品进入和达到目标市场所选择的流通途径、环节、场所等。

（4）促销（Promotion），指企业为使消费者了解其产品信息，激发消费者的购买欲望而进行的各种活动，如广告、人员推销、销售促进、公共关系等。

因这四项因素的英文均以字母P开头，故市场营销组合又称为4P，即是产品、价格、分销、促销四大营销要素的综合运用和优化组合。

4P营销组合是企业进行营销活动所采用的最主要手段，这四者之间是相互依存、相互影响、相互制约和相互发展的关系。企业在市场营销活动中不能孤立地只考虑其中的某一部分因素，而是要根据目标市场需求及市场定位的要求，综合分析，全盘考虑，发挥出营销组合的系统攻击力与防御能力，才能取得良好的经营业绩。本书将在接下来的四章对4P营销组合的构成要素逐一进行讲述。

二、大市场营销（Mega Marketing）

自20世纪80年代起，国际市场竞争日趋激烈，发达国家间贸易摩擦加剧，许多国

家的政府干预加强，贸易保护主义再度兴起，公众利益团体的力量增强，企业开拓新市场时，遇到了新的阻碍。面对新的形势，菲利浦·科特勒于1984年提出了"大市场营销"的新概念。

他认为，"企业为了成功地进入特定市场，并在那里从事业务经营，在策略上就必须综合地、协调地施用经济的、心理的、政治的和公共关系的手段，以博得外国和各地有关方面的合作和支持。"因此在市场营销组合的"4P"之外，还应该再加上两个"P"，即权力（Power）与公共关系（Public Relations），构成6P。

所谓权力，就是要求企业必须懂得怎样与政府（包括本国政府和外国政府）打交道，必要的话，要依靠本国政府的力量去打开另外一个国家的大门。

所谓公共关系，就是要求企业要注意运用公共关系的手段，使企业在目标市场国公众中树立良好的形象，从而能够顺利地在目标市场从事营销活动。

总之，大市场营销（即6P组合）是指企业可以运用政治力量和公共关系，打破国际或国内市场上的贸易壁垒，为企业的市场营销开辟道路。

三、4C组合

20世纪90年代以来，随着社会经济的发展，市场营销环境发生了很大的变化，一方面是产品的同质化现象日益增强，另一方面是消费者需求的个性化、多样化特征日益突出，从而对传统的企业营销的4P组合提出了挑战：4P是站在卖方立场上的营销决策，可能仅代表了销售者的观点；企业营销手段雷同现象明显，表现为广告战、渠道战、促销战中大同小异的战术，传统4P手段的效果大打折扣。

为此，美国市场营销专家罗伯特·劳特朋（Robert Lauteborn）于1990年提出了4C理论。4C理论的提出进一步确立了以顾客为中心的经营导向，其主要内容是：

（1）消费者（Consumer），指消费者的需要和欲望。这是针对4P中的"产品"而言的，要求把产品原有的优点暂搁一边，而转向研究消费者的需求和欲望。在现代营销时代，企业不能只顾着"低头拉车"，还要在适当的时候"抬起头来看看前面的路"，要更多地考虑消费者的感受，企业的产品决策要真正根据消费者的需要和欲求来制定，要卖消费者确实想购买的产品。

（2）成本（Cost），指消费者获得满足的成本。这是针对4P中的价格而言的，要求暂时忘掉固有的定价策略，而从消费者所须付出或所肯付出的成本着手。因而营销价格因素演变为生产经营过程的全部成本，包括企业的生产成本、消费者的购物成本（包括货币成本、时间成本、精神体力成本等）。新的定价模式将消费者接受的价格列为决定性因素，企业要想不断追求更高的利润，就不得不想方设法降低成本，从而推动生产技术和营销手段达到一个新的水平。

（3）便利（Convenience），指购买的方便性。这是针对4P中的渠道而言的，要求忘掉固有的渠道，从消费者购买商品的便利性着手。如在产品销售前，企业应及时向消费者提供充分的关于产品性能、质量、使用方法及使用效果的准确信息；顾客购买商品时，企业应给顾客以最大的购物方便，如自由挑选、方便停车、免费送货等；产品销售后，企业更应注重信息反馈，及时答复、处理顾客意见，对有问题的商品包退包换，对产品故障要积极提供维修方便等。

（4）沟通（Communication），指与用户沟通。这是针对4P中的促销而言的。由于许多促销活动往往是一厢情愿，缺乏双向沟通，缺乏消费者的理解，未能收到理想的效果。因此，要求先忘掉促销，而把注意力放在与消费者的良好沟通上。通过加强双向沟通，增进相互了解，协调矛盾，培养忠诚顾客。

实例4-5 // 600岁的故宫通过反差萌拉近了与年轻人的距离

> 过去的故宫冰冷、厚重，充满年代感，而如今故宫已成为年轻人最喜爱的博物馆。有评论说，"故宫在网红的路上越走越远，与年轻人的距离越走越近。"近600岁的故宫是怎么走红的呢？
>
> 2013年故宫开始运营公众号，但早期的文章中规中矩，并不为人所知。直到2014年8月1日，一篇"雍正：感觉自己萌萌哒"的文章，瞬间赢得无数网友的好评点赞，阅读量第一次超10万。
>
> 从此，故宫新媒体宣传的画风、文风彻底改变，并踏上了网红之路。各种帝王的表情包被网友疯狂转发。
>
> 2016年下半年，故宫与腾讯联合出品的《穿越故宫来看你》，为历史人物做了动态效果，皇帝和妃子们聊QQ、发朋友圈、唱歌、体验VR眼镜，卖萌搞笑一样不落。该H5作品发布后迅速获得了超300万次的播放量，并收获网友们一致好评："知道是广告也想转""无力拒绝"……
>
> 各种文创产品，手机壳、小摆件、胶带、手账本等一推出就热卖，2013年故宫文创产品收入6亿元，2016年近10亿元，2017年达到15亿元。
>
> 2018年故宫接待观众数量已突破1 700万人次，成为世界上参观人数最多的博物馆。其中，30岁以下观众占40%，30～40岁观众占24%，40～50岁观众占17.5%，年轻观众已成为参观故宫的"主力"。
>
> 单霁翔（故宫博物院原院长）曾经说过：故宫要吸引更多的观众，推广我们的传统文化，就不能保持一成不变的严肃面孔。吸引年轻观众，必须用年轻人的方式。

总之，4C组合要求企业要从消费者的角度作逆向思考，适应当代市场营销环境的新的发展，是一种强化了以消费者需求为中心的全新的营销组合。但是，4C是不能脱离 4P 而孤立存在的，两者之间也并不矛盾。企业在营销实践中，完全可以将两者有机地结合起来，使融合了 4C 的 4P 具有更大的效力。

四、4R 组合

4R 组合是以关系营销为核心思想，由美国著名学者唐·E. 舒尔茨（Don E. Schultz）于 2001 年提出。随着市场不断成熟，竞争形势日趋激烈，他强调企业需要从更高层次上以更有效的方式在企业与顾客之间建立起有别于传统的新型的主动性关系——企业与顾客的互动与双赢。

4R 组合的四个要素是：

（1）关联（Relativity）。企业首先必须通过有效措施在业务、需求等方面与顾客建立关联。比如可通过会员制、APP、小程序等将顾客与企业连接在一起。

（2）反应（Reaction）。在当今的市场竞争中，企业经营者不能只关注如何控制、制订和实施自己的营销计划，更重要的是要站在顾客的角度倾听他们的欲望和需求，并及时做出反应来满足顾客的需求。

（3）关系（Relationship）。当今企业与客户关系发生了本质性变化，抢占市场的关键已成为与顾客建立长期而稳固的关系。相应地，企业营销的重点要从一次性交易转向建立长期的友好合作关系；要从着眼于短期利益转向重视长期利益；要从顾客被动适应企业单一销售转向顾客主动参与到生产过程中来；要从相互的利益冲突转向共同的和谐发展；要从管理营销组合转向管理企业与顾客的互动关系。

（4）回报（Retribution）。一方面，企业满足客户需求、为客户创造价值、给顾客应有的回报，是维护客户关系的必要条件；另一方面，追求回报也是企业营销的动力，企业也关注自己短期、长期收入能力。两方面相互促进，才能达到双赢。

总之，4R 组合提出了与顾客建立关系、长期拥有客户、保证长期利益的新的营销框架，是关系营销史上的一大进步。

> **营销伦理小贴士** 善用市场定位，助力新国潮崛起

市场定位是企业目标市场营销战略的重要内容，是塑造产品特色和形象的关键举措，对产品营销的成败具有举足轻重的作用。

不同代际的消费者，由于成长环境不同，需求的关注点、喜好会有明显差异。2022 年 6 月新华网联合得物 App 发布的《国潮品牌年轻消费洞察报告》显示，相比 10 年前，国潮热度增长超 5 倍，78.5% 的消费者更偏好选择中国品牌。90 后、00 后新生代消费者对国潮品牌的接受度更高。

报告指出，前辈代际人群对商品性价比、功能性更重视，而新生群体重视的则是品质、颜值、科技创新和情感价值，超越了对于性价比的注重。

曾经很多产品和品牌为迎合一些消费者的崇洋心理，刻意定位成体现欧美文化的洋品牌形象，现在风向变了，融合传统文化与现代潮流元素的全新表达，才是开启与年轻消费者对话的流量密码，国潮风来了，一些老字号（百雀羚、回力、大白兔等）和新品牌以新国潮的形象从众多竞争品牌中突围、成长起来。

国潮风契合了我国改革开放后成长起来的新生代群体基于国力提升、民族自信心增强而引发的对传统文化的热爱，也符合他们注重自我表达、喜欢新奇的群体性格。

本章小结

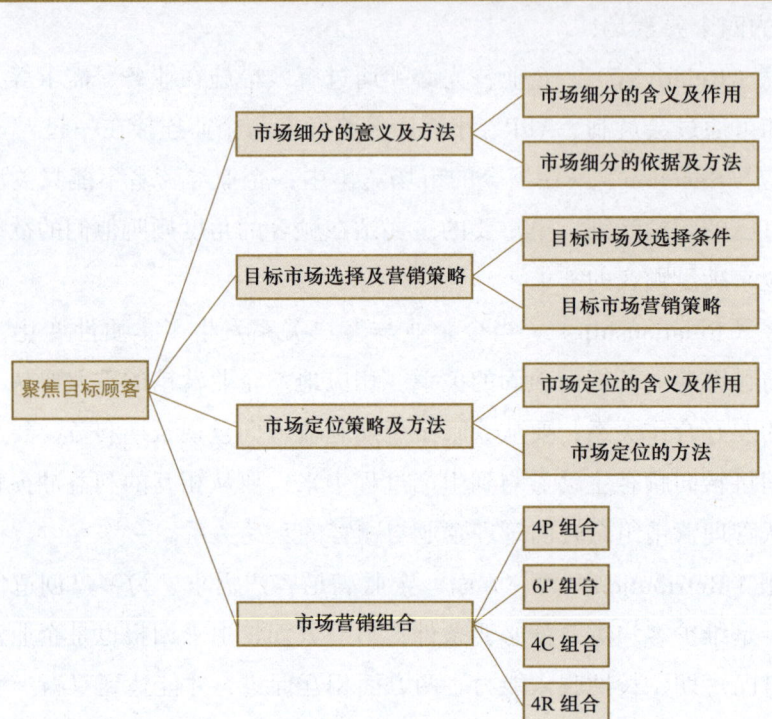

知识检测与拓展

1. 什么是市场细分？为什么要进行市场细分？
2. 如何进行消费者市场细分？试举例加以说明。
3. 如何进行组织客户市场细分？试以一企业为例进行说明。
4. 子市场应具备哪些条件，才有可能成为目标市场？
5. 试比较说明四种目标市场策略的不同特点以及适用条件。
6. 为什么要做好市场定位？常用的市场定位策略有哪些？
7. 市场营销组合有哪些不同的内容？它们对企业营销有何意义？

实训项目

【实训任务】

任选一个市场（如手机、游戏、电脑、餐饮、旅游等市场），结合市场细分及定位的相关理论及营销组合策略，尝试进行市场细分，并分析现实中具体企业或产品的市场定位及营销组合策略。

【操作要求】

1. 以小组为工作团队，实地与网络调研相结合。
2. 对所选定的产品市场，选取恰当的细分变量及方法进行市场细分分析。
3. 选取该市场中的2～3家企业，对比分析其市场定位及营销组合策略的不同。

案例分析

Keep：一个在线的自由运动场

Keep这款手机App于2015年2月4日上线，到同年5月其用户数就突破了100万，到2018年用户已经累计突破1.6亿。扩张最快的时候，其获取100万用户大概用了8天，获取1000万用户用了39天。上线4年的时间里，Keep已累计沉淀超过1200套的健身内容，除了最初的健身内容，还增加了瑜伽、户外跑步、骑行、登山等一系列运动项目，Keep已成为中国最大的运动社交平台。

除了在中国市场取得成功之外，2018年年初，Keep海外产品上线，同样取得了很亮眼的成绩，不断刷新其在国内已有的记录。上线7个月的时间，用户就突破了1000万；已有18种语言版本的Keep分布到了全球180多个国家和地区。

请搜集相关资料，进行案例分析：

1. Keep的目标客户是哪些人？他们有怎样的需求偏好？
2. Keep是如何进行市场定位的？有何优势？
3. 试对Keep的市场营销组合策略进行总结分析。

Chapter 5

第五章
产品决策——企业营销的基石

学习与能力目标

◎ 理解整体产品和产品组合的概念,并能够结合具体产品进行分析。
◎ 熟悉产品生命周期各阶段的市场特点及营销策略,并能够结合具体案例加以分析。
◎ 了解新产品的概念、分类,以及新产品开发策略。
◎ 了解品牌、包装策略的基本知识,熟悉品牌、包装策略的实际应用。

第五章
学习导引

产品是市场营销组合中的一个最重要的因素,企业之间的激烈竞争是以产品为中心展开的,企业其他营销因素也是围绕产品策略进行的。因此,产品决策直接影响和决定着其他市场营销组合因素的决策制定。在现代市场经济条件下,每一个企业都应致力于产品质量的提高和产品组合结构的优化,以便更好地满足市场需要,取得更高的经济效益。

第一节　整体产品及产品组合

引导案例 5-1　腾讯的互联网帝国

深圳市腾讯计算机系统有限公司(以下简称腾讯)成立于1998年,是中国最大的互联网综合服务提供商之一,也是中国服务用户最多的互联网企业之一。根据业务类型的不同,腾讯面向用户开发了四大类型产品:

1. 通信与社交

产品主要包括:微信(微信,是一个生活方式);QQ(每一天,乐在沟通);QQ空间(分享生活,留住感动)。产品图标如图5-1所示。

图 5-1　通信与社交产品图标

a) QQ　b) 微信　c) QQ空间

2. 资讯与娱乐

产品主要包括:游戏、视频、直播、新闻、音乐、文学。产品图标如图5-2所示。

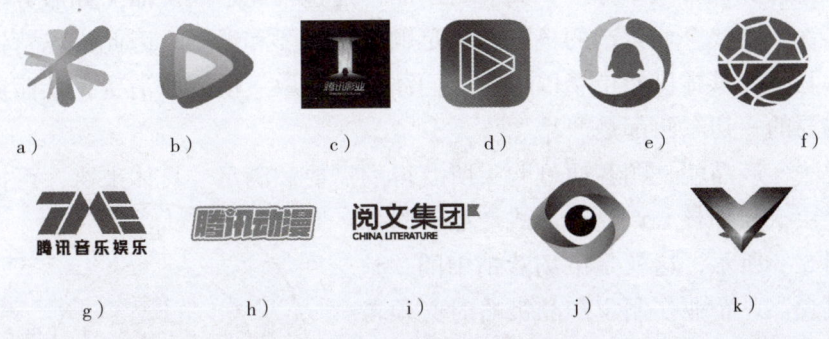

图 5-2　资讯与娱乐产品图标

a) 腾讯游戏　b) 腾讯视频　c) 腾讯影业　d) 微视　e) 腾讯新闻　f) 腾讯体育
g) 腾讯音乐娱乐　h) 腾讯动漫　i) 阅文集团　j) 腾讯看点　k) 腾讯电竞

3. 金融科技服务

腾讯以微信支付和QQ钱包平台为基础,致力于连接人与金融,为全球用户提供移动支付、财富管理、信贷服务、证券投资等创新金融服务。产品图标如图 5-3 所示。

图 5-3　金融科技服务产品图标

a）微信支付　b）QQ钱包　c）理财通　d）信用卡还款　e）手机充值　f）乘车码
g）香港版钱包　h）马来西亚钱包　i）腾讯区块链　j）腾讯微证券　k）腾讯自选股　l）退税通

4. 工具性软件

腾讯为用户提供多种工具性软件，帮助用户快速直接地解决网络安全管理、快捷浏览、定位出行、应用管理、电子邮件等具体需求。产品图标如图 5-4 所示。

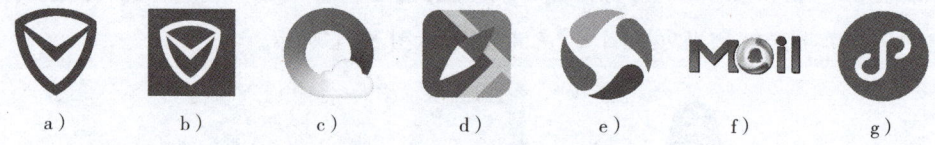

图 5-4　工具性软件产品图标

a）腾讯手机管家　b）电脑管家　c）QQ 浏览器　d）腾讯地图　e）应用宝　f）QQ 邮箱　g）微信小程序

一、整体产品的概念

通常人们对产品的理解仅仅局限在式样、性能、质量等物质形态上，仅限于有形的实物产品（如计算机、汽车等），其实"产品"还包括无形的产品（如服务、场所、组织和构思等）。现代企业营销的核心是满足顾客的需要和欲望。因此市场营销学对产品的定义是：凡是能够提供给市场以引起人们注意、获取、使用或消费，从而满足顾客某种欲望或需要的一切东西都是产品。

换种说法，产品就是顾客通过购买所获得的需要和满足。具体来讲，可把整体产品划分为三个层次，即核心产品、形式产品和附加产品，如图 5-5 所示，这就是市场营销中的"整体产品的概念"。企业在制定产品策略时必须考虑如何从这三个层次上更好地去满足顾客的需要。

（1）核心产品（Core Product）。它代表消费者在使用产品的过程中和使用后可获得的基本利益和效用，是顾客购买的核心所在。例如，化妆品的核心是满足护肤和美容的需要，食品的核

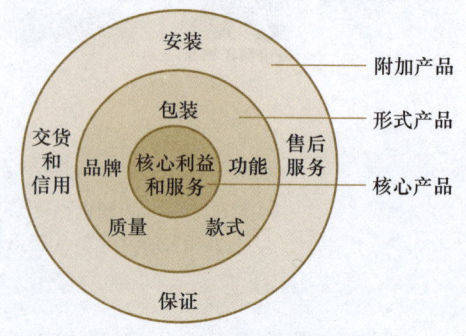

图 5-5　整体产品的概念

心是满足充饥和营养的需要。所以，营销人员的任务就是要发现隐藏在产品背后的真正需要，把顾客所需要的核心利益和服务提供给顾客。有一句经典的话是：企业制造并出售 0.5 英寸的钻头，但顾客需要的是 0.5 英寸的孔。

（2）形式产品（Actual Product）。它是指满足顾客需要的各种具体产品，包括产品的质量、功能、款式、品牌和包装等。消费者在购买产品时，除了要求产品具有某些基本功能和核心利益外，还要考虑产品的质量、款式、品牌、特色等因素，因此不同企业或不同品牌的同一种产品带给消费者的满足程度是有区别的。

（3）附加产品（Augmented Product）。它是指消费者在购买产品时所得到的全部附加利益的总和，包括提供产品的说明书、销售服务、安装、维修、运送、技术培训等。例如，美国的 IBM 公司最先发现：用户购买计算机不仅是购买硬件，而主要是购买解决问题的服务，用户需要说明书、软件程序、安装、调试和传授使用与维修技术等一系列附加服务。由此，IBM 公司取得了巨大的成功，在市场上占据了领先地位。这充分表明现代市场竞争不仅在于生产和销售什么产品，而且在于提供什么样的附加服务和利益。

总之，以上三个层次相互依存，共同构成了完整的产品概念，即产品包括有形的与无形的，物质的与非物质的，核心的与附加的等多方面的内容。整体产品概念要求企业不仅要给顾客提供生理上、物质上的满足，而且要给予顾客心理上、精神上的满足。这充分体现了以顾客为中心的现代营销观念，为企业有效竞争提供了新的思路。

【专家观点】

营销大师菲利普·科特勒论"销售"

星巴克卖的不是咖啡，是休闲。法拉利卖的不是跑车，是一种近似疯狂的驾驶快感和高贵。劳力士卖的不是表，是奢侈的感觉和自信。希尔顿卖的不是酒店，是舒适与安心。麦肯锡卖的不是数据，是权威与专业。

【课堂行动学习】整体产品概念运用

近年来，越来越多的中式茶饮店受到消费者的青睐，结合你的消费体验或者网络调研，选择 1～2 家公司，用整体产品概念对他们的产品进行分析比较。

二、产品组合的概念

1. 产品组合的含义

产品组合（Product Mix）是指企业生产经营的全部产品的结构，它既反映企业的经营范围，又反映市场开发的深度。产品组合包含了产品线和产品项目这两个概念。

扫码观看：
产品组合与
优化调整

（1）产品线（Product Line）。产品线又称产品大类或产品系列，是指产品组合中使用功能相似、销售渠道、消费群体类同的一组产品。例如，我国知名通信企业华为公司生产手机、平板、智慧屏、穿戴设备、手机配件、芯片等不同的产品线，如表5-1所示。

（2）产品项目（Product Item）。产品项目是指在某一产品大类中的不同外观、不同属性、不同规格和不同价格的具体产品。例如在华为众多规格型号的手机中，"华为麦芒"就是其中的一个产品项目。

2. 产品组合的因素

（1）产品组合的长度。它是指各条产品线所包含的产品项目的总数。

（2）产品组合的广度。它是指产品线的数量。例如表5-1展示了华为部分产业领域的6个产品大类，即手机、平板、智慧屏、穿戴设备、手机配件、芯片6条产品线，则其产品组合的广度就是"6"。

（3）产品组合的深度。它是指企业各条产品线中所包含的产品项目的平均数量。

（4）产品组合的关联度。它是指产品组合中各产品线之间在最终用途、生产技术、销售渠道以及其他方面的相关程度。表5-1中，华为公司的这6条产品线都是电子通信领域产品，关联度较高。相反，若企业同时涉及若干不相关行业的经营时，则其产品组合的关联性就较低。

表5-1 华为公司的部分产品组合

手机	平板	智慧屏	穿戴设备	手机配件	芯片
HUAWEI Mate	HUAWEI MatePad Pro	华为智慧屏X系列	HUAWEI WATCH GT	无线充电壳	麒麟（手机）
HUAWEI P	华为平板M6 10.8英寸	华为智慧屏V系列	华为手环	潜水充电壳	鲲鹏（服务器）
HUAWEI Nova	华为平板M6高能版	华为智慧屏Pro	华为VR眼镜	游戏保护壳	昇腾（人工智能）
华为畅享	太阳钻		华为儿童手表	硅胶保护壳	天罡、巴龙（5G）
华为麦芒	银河钻		HUAWEI X GENTLE MONSTER Eyewear	智能视窗保护套	凌霄

【营销工具】产品组合之飞机模型

一个企业应该生产和经营哪些产品才是有利的？这些产品之间应该有怎样的配合关系？这就是产品组合问题。用飞机模型可以简单直观地了解和评价一个公司的产品组合，如图5-6所示。

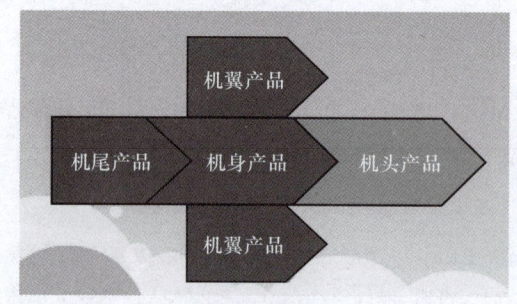

图5-6 产品组合之飞机模型

三、产品组合的调整

(一) 基本原则

(1) 满足需要原则。产品的开发是为满足消费需求服务的,产品组合中的每一项目都要能满足市场需要,生产的产品要具备一定的市场规模。

(2) 利润原则。利润是企业营销的最终目的,不管是产品开发还是产品线的调整,都要考虑企业利润。

(3) 竞争原则。建立产品组合时,要从竞争的角度出发,采取与竞争者"避实就虚"的策略。

(4) 资源利用原则。产品结构的选择要考虑企业人力资源、设备条件、财力状况等资源,如果有闲置的资源,可再增加产品组合的长度和广度。

企业要根据市场需求合理调整产品组合,研究并筛选产品项目。例如,企业要用好"二八定律",弄清楚企业中的20%的关键产品,从而将企业经营管理的注意力集中到这20%产品的重点经营上来,采取积极的产品营销策略,确保重点方面取得重点突破。

(二) 产品组合的调整策略

现代社会科学技术发展迅猛,市场需求变化大,再加上竞争形势和企业内部条件的变化,不论是生产经营单一产品的企业,还是生产经营多种产品的企业,其产品有的可能销售形势很好,销售和利润增长较快;有的产品销售和利润的增长已趋于平稳;有的产品销售发展比较缓慢;而有的产品可能已趋向衰落。因此,企业有必要对现有产品组合进行调整,通常有以下几种策略:

(1) 扩大产品组合策略。由于有些产品的销售形势很好,企业可以采取扩大产品组合的策略,以满足市场需求。其具体做法是扩大产品组合的广度和深度,即增加产品线和产品项目,增加花色品种,扩大经营范围,提高经济效益。

(2) 缩减产品组合策略。企业可根据市场需求的变化以及内部条件,主动合并、减少一些销售困难且不能为企业创造利润的产品线和产品项目,集中优势兵力生产经营市场需求较大的产品。

(3) 淘汰产品策略。对一些已不能满足市场需求,又不能为企业带来经济效益的产品,企业应果断做出决策,淘汰和放弃这些产品,避免更大的损失。

实例 5-1 // 小米的产品组合

> 成立于2010年的小米公司,是一家以手机、智能硬件和IoT平台为核心的互联网公司,是中国最年轻的世界500强企业。在其发展过程中,小米致力于生态链打造,共投资超过290家企业,驱动产业协同发展,构建互惠互利的生态系统。目前,小米生态链已经有四家上市公司。
>
> 小米生态链产品主要分为三大类:智能手机与配套设备、智能硬件与互联网载

体、物联网与生活消费品,如图 5-7 所示。

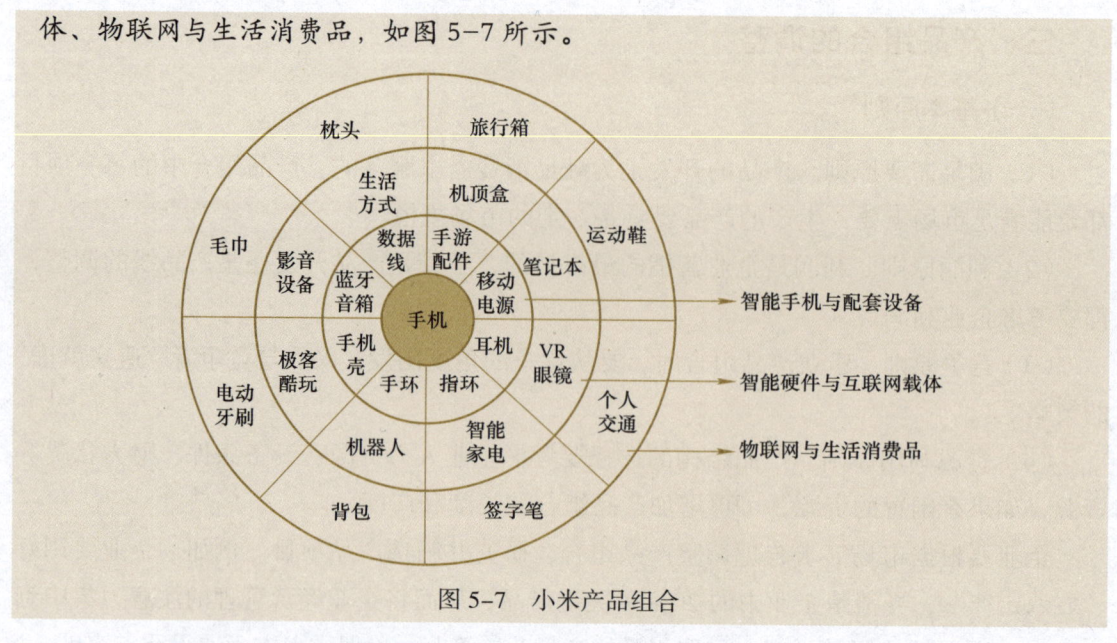

图 5-7 小米产品组合

第二节 产品生命周期与营销策略

> **引导案例 5-2** 电动汽车行业向传统汽车行业发起挑战
>
> 根据麦肯锡公司针对全球部分市场的电动汽车客户的调查,电动汽车正在逐渐赢得消费者青睐。麦肯锡报告显示,在美国和德国考虑购买电动汽车的买家占比分别为 30% 和 45%。中国消费者对新能源汽车的兴趣在过去 5 年里增长了 3 倍。随着影响电动汽车需求最为关键的电池效率、充电基础设施、规模化生产等核心技术的快速发展,电动汽车行业显示出强大的市场颠覆力量。
>
> (1)国外电动汽车发展情况。从 20 世纪 80 年代末起,在美国、日本、欧洲等发达国家和地区,由于新技术的发展和政府对汽车排放越来越苛刻的政策,各大汽车公司投入了大量的人力、物力和财力用于电动汽车的开发。以美国为例,出于成本和技术可行性的考虑,美国政府将重心从清洁能源和燃料电池汽车转向充电式混合动力汽车和纯电动汽车,在研发、生产、基础设施建设以及消费补贴方面采取了一系列的新能源政策。
>
> (2)国内电动汽车发展情况。国内电动汽车重大科技项目的研发开始于 2001 年,经过这些年的科技攻关与实践探索,中国电动汽车从无到有,建立起了具有自主知识产权的电动汽车全产业链技术体系。目前,中国已经初步建立了电动汽车的法规、标准与管理体系,为电动汽车的产业化、商业化发展奠定了基础,中国的电动汽车已经从研究开发阶段进入了产业化阶段。

一、产品生命周期的概念

（一）产品生命周期的含义

所谓产品生命周期（Product Life Cycle），是指产品从投入市场开始，直到被市场所淘汰，最终退出市场所经历的时间过程。在这个过程中，产品的销售情况和获利能力都会发生一定的规律性变化，这种变化的规律正像人和其他生物的生命一样，从诞生、成长到成熟，最终走向衰老死亡。

扫码观看：产品生命周期

理解产品的市场生命周期应注意以下几个问题：

（1）产品的生命周期不同于产品的使用寿命。产品的生命周期是指产品在市场上存在的时间，其长短受到社会生产力发展水平、产品更新换代速度、消费者需求变化和企业间竞争状况等因素的影响。当前，由于科学技术发展速度非常快，市场竞争激烈，产品生命周期普遍有缩短的趋势。而产品的使用寿命是指产品从投入使用到损坏或消失所经历的时间，它与产品的自然属性和使用强度有关。这两个概念不能混为一谈。例如肥皂、鞭炮等产品，其使用寿命很短，但市场生命周期很长；而计算机、流行服饰等产品，其使用寿命很长，而市场生命周期却很短。

（2）市场营销中所研究的产品生命周期，严格地讲是指产品品种的生命周期。不同产品种类（如洗衣机、电视机）、产品品种（如黑白电视机、彩色电视机）、产品品牌（如海尔牌电视机、长虹牌电视机）的寿命周期各不相同，但其中产品种类的生命周期是最长的，如汽车、洗衣机等种类的产品，而某些品种或某些品牌的汽车、洗衣机随时都有可能被市场淘汰。

（3）产品的生命周期只是一种理论上的描述。一般认为，典型的产品生命周期划分为四个阶段（见图5-8），但并非所有产品的生命周期都如此，可能有些产品一上市就很快进入增长期，没有经过导入期的缓慢增长过程；有些产品则没有成长期，从导入期直接进入成熟期；另外还有些流行产品，时兴一时，寿命短暂，很快退出市场。

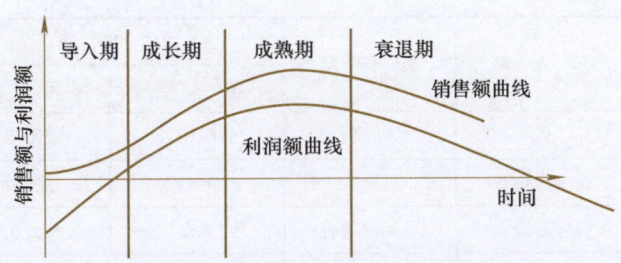

图 5-8 产品生命周期的四个阶段

（二）产品生命周期各阶段的划分及特点

对产品生命周期划分的目的在于预测产品未来的销售情况和制定相应的营销策略；同时要求企业必须具有创新精神，积极进行产品更新换代。

典型的产品生命周期划分为四个阶段,各阶段在销量、成本、利润和竞争上都有不同的特点。

1. 导入期(Introduction)

导入期也称为投入期,这一阶段,产品刚投入市场,消费者还不太了解,产品生产工艺不成熟,质量不稳定,销售渠道和服务不适应消费者的需求,销量不大;生产批量小,成本较高;竞争对手少,有利于企业的产品定位和市场拓展。

2. 成长期(Growth)

这一阶段,消费者已经熟悉产品,有的已经产生偏爱,销量迅速增加;产品生产工艺成熟,产品批量生产,可大幅度提高产品质量并降低成本;产品开始畅销并吸引了竞争者加入,市场竞争日益激烈,利润增长很快。

3. 成熟期(Maturity)

这一阶段,产品已为市场广泛接受,潜在的购买者也被开发殆尽,市场达到饱和,销量达到最高峰并处于相对稳定状态;市场上出现多种品牌的产品,广告和削价竞争十分突出;企业大批量生产,成本降得更低,价格也随之降低,单位产品的边际利润减少;竞争更加激烈,具有规模和品牌实力的企业市场占有率逐渐提高,一些企业被挤出市场;利润增长率持平或开始下降。

4. 衰退期(Decline)

这一阶段,消费者的需求已经发生转移,市场的销售量开始下降,广告与推销等手段的作用减弱;市场上产品供过于求,价格进一步下跌,企业的生产量下降,整个市场的总利润开始下降甚至出现负利润;竞争日益淡化,一部分企业退出市场。

产品生命周期各阶段的特点可归纳如表5-2所示。

表5-2 产品生命周期各阶段的特点

	阶段	导入期	成长期	成熟期		衰退期
				前期	后期	
特点	销量	低	快速增长	继续增长	缓慢增长	下降
	利润	微小或负数	大,且逐步上升	高峰	大,但开始下降	低或负数
	购买者	爱好新奇者	早期使用者	大众	大众	追随者
	竞争	甚微	兴起	加剧	激烈	减少

二、产品生命周期各阶段的营销策略

在产品生命周期的不同阶段,产品的成本、销售、利润、竞争态势及消费者行为等都具有不同的特点,企业应针对产品生命周期不同阶段的特点,制定相应的营销策略。

（一）导入期的营销策略

针对这一阶段销量低、生产成本高、促销费用大的特点，企业应主要考虑以什么价格向市场推出产品、采取什么样的促销方法，基于这些考虑，企业可以选择如下四种营销策略：

（1）快速掠取策略，即高价格和高促销策略。采用高价格，有利于树立产品形象，有利于企业获取较多毛利，更有利于回收成本和推动高强度促销；高促销有利于吸引目标顾客购买产品。采用这一策略的条件是：产品有质量优势；消费者对产品品牌了解不足，但市场的容量较大并且稳定；产品的价格弹性较低；企业急于占领市场。

（2）慢速掠取策略，即高价格和低促销策略。采用这种策略的目的在于增加利润，回收资金，减少未来的风险。其适用条件是：产品价格弹性低；市场容量稳定但不大，或容量大但不稳定；竞争对手较弱，品牌作用不明显；企业注重短期收益，不注重长远的市场占有率。

（3）快速渗透策略，即低价格和高促销策略。该策略注重企业长远的占有率和规模优势，其适用条件是：产品价格弹性大；能降低成本，增加销量；产品市场容量大且稳定，市场竞争激烈；高促销有利于品牌的传播，可争取更多的潜在消费者。采用这种策略需要大量的资金支持，一般为实力雄厚的大企业所采用。

（4）慢速渗透策略，即低价格和低促销策略。低价格有利于产品进入市场，低促销有利于降低成本。采用该策略的条件是：产品价格弹性大且市场容量大，低价本身就在争夺占有率；如果新产品是原有产品的改进品，消费者对产品的品牌已经熟悉，或者该产品已经是名牌产品，促销的作用已经不大，低促销有利于产品的竞争。

（二）成长期的营销策略

这个阶段是产品开始创利的时期，所用的策略主要是创造优势来提高占有率和增加利润，主要的策略有：

（1）产品策略。改进产品的性能和提高产品的质量，扩大产品线的深度，增强服务，延伸利益，开发产品新用途。

（2）价格策略。在扩大生产的基础上，选择适当的时机进行适当降价来提高销量和利润。

（3）销售渠道策略。寻找新的目标市场，选择有利的销售渠道，有效地控制目标市场。

（4）促销策略。广告宣传的重心要从提高产品的知名度逐步转向提高产品的美誉度，宣传产品特色，树立品牌形象，争取创立名牌，使消费者产生偏爱。

（三）成熟期的营销策略

成熟阶段是产品获利的黄金阶段，企业应采取积极的营销策略设法延长这个阶段的时间。主要的策略有：

（1）改良产品。对原有产品进行创新，改进性能，提高质量，改进外观和款式。如电视机产品在我国已进入成熟期，在价格大战中许多企业选择低价竞争，但有的企业却另辟蹊径，提高产品性能而不降价，既树立了企业形象，又吸引了一定层次的消费者。

（2）开拓新市场。进入成熟阶段，群雄鼎立的市场格局已经形成，争夺竞争者已经控制的市场变得相当困难，此时，开拓市场主要是对企业现有市场进行深度的开发，如以累计购买量的价格折扣、会员优惠卡、优质的售后服务等来稳定原有的消费者并增加重复购买率和购买数量。此外，还可重新细分市场，发现新的需求和新的目标市场，应用产品差异策略来扩大市场销售量。

（3）对营销组合进行创新。如改进产品的包装，调整产品的价格，优化销售渠道。促销应从宣传产品用途、宣传企业品牌转变为塑造企业形象，宣传企业的理念、社会目标，努力提升企业的形象和声誉。

（四）衰退期的营销策略

这个阶段的策略原则是撤退。企业要进行谨慎的分析研究，不可草率决策。可供选择的策略有：

（1）持续策略。由于众多的竞争者退出市场，暂不退出市场的企业的市场空间有所增加，在一定时期维持营销策略甚至缩减推销人员，减少促销费用等，尚可获得一定的利润。

（2）集中策略。由于市场容量衰退，一些目标市场的营销效率下降。企业应放弃低效率的目标市场，在一定时期内集中力量经营少数效率较好的目标市场。

（3）放弃策略。对衰退较快的产品，如果企业没有可能通过维持来获得利润，或需要抽出资金发展其他产品时，企业应当立即放弃该类产品。

总之，企业应制定出与产品生命周期各个阶段特点相适应的营销策略，上述策略可以简要地归纳如表5-3所示。

表5-3 产品生命周期各阶段的市场营销策略

阶段		导入期	成长期	成熟期	衰退期
营销策略	产品策略	确保产品的基本消费利益	提高质量、增加服务、扩大产品、延伸利益	改进工艺、降低成本、扩大产品用途	有计划地淘汰滞销品种
	价格策略	撇脂定价和渗透定价	适当地降价	价格竞争激烈	削价或大幅度降价
	渠道策略	开始建立与中间商的联系	选择有利的销售渠道	充分利用并扩大销售网络	处理好淘汰产品的存货
	促销策略	介绍产品	宣传品牌	突出企业形象	维护声誉

【课堂行动学习】产品生命周期判断

中国曾经是"自行车王国"，但随着经济发展、汽车普及，消费者对自行车的需求日益降低。你认为自行车处于产品生命周期的哪个阶段？谈一谈该阶段自行车生产企业的营销策略。

第三节　品牌、包装策略

> **引导案例 5-3　见证中国品牌的速度**
>
> 　　Brand Finance 在 2020 年达沃斯世界经济论坛上发布了《2020 年全球品牌价值 500 强报告》，其中"2020 年价值增长最快品牌"非常值得关注。从 2010 年以来，上榜的中国品牌价值总和跃升了 1 100%，增至 13 340 亿美元。这一数字远远超出其他所有国家与地区的品牌价值增长的总和。下面，我们一起了解上榜的部分品牌，见证中国品牌速度。
>
> 　　阿里巴巴的品牌价值增长为全球第一，涨幅达到了惊人的 4 029%，现品牌价值为 188 亿美元。中国白酒品牌促进了中国品牌整体价值的增长，五粮液成为全球所有烈酒品牌中价值增长最快的品牌。太平洋保险作为价值增长最快的保险品牌，这在很大程度上归功于其成功的营销策略与品牌传播，特别是对中国女排的赞助。伊利是欧洲市场以外最有价值的乳制品品牌，该品牌未来 10 年在国际上发展势头良好。海尔在全球的大型家用电器市场占有率排名第一，在国际市场上持续彰显出中国自主品牌的风采。华为品牌价值为 651 亿美元，以中国科技品牌的身份首次跻身全球十大最有价值品牌之列。微信是过去 5 年中品牌价值增幅最高的品牌，也是过去 5 年中全球排名提升最大的品牌，跃升了 1 424%，品牌评级为 AAA+，成功地利用品牌纵向衍生，实现了产品和品牌的高度融合。

一、品牌及品牌策略

（一）品牌的概念

扫码观看：
如何打造强势品牌

　　品牌，又称厂牌或牌子，它是一种名称、标记、符号或特殊设计，或者是以上元素的组合，用以识别销售者的产品或服务，使之与其他竞争者的产品或服务相区别。它属于产品整体概念中的形式产品。

　　品牌是一个复合概念，包括品牌名称、品牌标志和商标。

　　品牌名称（Brand Name），是指品牌中可以用语言称呼的部分，如"可口可乐""联想""海尔""茅台"等都是著名的品牌名称。

　　品牌标志（Brand Mark），是指品牌中可以被识别的但又不能用语言称呼的部分，如符号、字体、图案、色彩等。如花花公子的"兔小姐"，耐克的"对勾"等。

　　商标是一个法律术语，是指已获得专有权并受法律保护的一个品牌或品牌中的一部分。企业在政府有关主管部门注册登记某品牌以后，就享有使用该品牌名称和品牌标志的专有权，被注册登记的品牌名称和品牌标志受到法律保护，其他任何企业都不得仿效使用。

实例 5-2 // 广告界公认最好的品牌中文译名——可口可乐

1927年刚刚进入中国时,"Coca Cola"有个拗口的中文译名"蝌蚪啃蜡"。独特的口味和古怪的名字,其产品销量可想而知。

到了20世纪30年代,负责拓展全球业务的可口可乐出口公司在英国登报,以350英镑的奖金征集中文译名。旅英学者蒋彝从《泰晤士报》得知消息后,以译名"可口可乐"应征,被评委一眼看中。

"可口可乐"是广告界公认最好的品牌中文译名——它不仅保持了英文的音节,而且体现了品牌核心概念"美味与快乐";更重要的是,它简单明了,朗朗上口,易于传诵。

中文的"可口可乐"是在全球所有译名中,唯一一个在音译的基础上具有实际含义的名称。在2008年中国首次举办的奥运会期间,作为"向世界展示中国"项目的一部分,奥运会全球合作伙伴可口可乐公司将中文的"可口可乐"印到了全球100多个国家的可口可乐产品上。这个项目的名称就叫"美味与快乐(Delicious Happiness)"。

(二)品牌策略

品牌策略是产品策略的一个重要组成部分,企业品牌策略的主要内容如图5-9所示。

1. 品牌化策略

企业首先要决定是否给产品建立一个品牌。

并不是所有的产品都必须使用品牌,但市场上大多数产品都是使用品牌的。使用品牌,特别是运作比较成功的品牌,它给企业带来的益处是不可低估的。因为有时企业的品牌价值大大超过了企业拥有的有形资产的价值。可口可乐的老板曾宣称:"即使我的工厂在一夜间烧光,只要我的品牌还在,我就能马上恢复生产。"

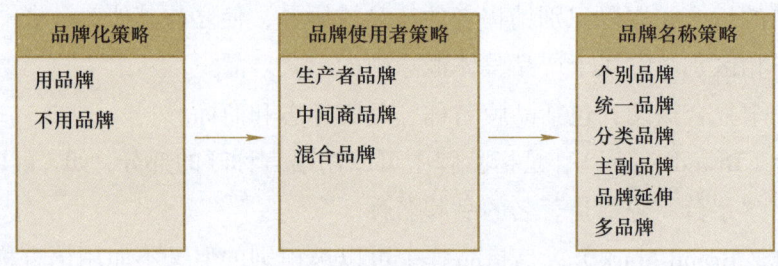

图 5-9 品牌策略流程图

2. 品牌使用者策略

品牌使用者策略就是品牌归属问题决策。对此,企业有三种可供选择的策略:

(1)生产者品牌策略。即使用自己的品牌,这种品牌又称为制造商品牌。

(2)中间商品牌策略。中间商品牌就是中间商开发并使用的自有品牌。一般而言,中间商品牌策略的使用者大多是实力雄厚的大型零售商。

（3）混合品牌策略。即企业对部分产品使用自己的品牌，而对另一部分产品使用中间商品牌。

实例 5-3 // 盒马的自有品牌

> 在商品同质化严重、渠道多元化的背景下，自有品牌无疑是零售商发展的超级引擎。零售企业通过发展自有品牌，既减少了中间环节及品牌广告宣传等成本，又符合消费者对性价比高、差异化商品的追求趋势。零售竞争的本质是商品的竞争。
>
> 相关资料显示，作为国内首家新零售商超，盒马鲜生自有品牌的销售占比达到35%，已赶超众多国际零售巨头。盒马从布局第一家门店开始，注重持续在全品类商品上做创新迭代，分别推出盒马日日鲜、盒马工坊、盒马MAX、盒马有机等自有品牌，涵盖生鲜、休闲食品、熟食、烘焙、酒饮等。得益于通过大数据对消费者需求的准确洞察，以及海内外产地原料和全球化供应链的合理布局，盒马自有品牌的成长日益壮大与成熟。根据消费者需求的差异性，盒马自有品牌有三个层次：一是以盒马工坊、盒马日日鲜产品聚焦家庭的日常所需；二是盒马金标产品主打进口食材，满足消费者的多样化需求；三是以盒马黑标产品满足消费者对于全球稀缺商品的需求。
>
> 占领用户需求制高点，培育用户忠诚度，充分挖掘产品在品质化、个性化等方面新的价值，推动零售行业持续创新与升级，国内零售企业的自有品牌化已经迈向康庄大道。

3. 品牌名称策略

产品走向市场必须有一个名字，企业如何为产品命名，一般有以下几种策略可供选择：

（1）个别品牌策略。即不同产品使用不同的品牌。如五粮液酒厂生产的白酒有"五粮液""五粮醇""五粮春""浏阳河"等不同品牌。

（2）统一品牌策略。即企业所有的产品都使用同一个品牌。如日本索尼公司的数码影像产品、家庭音响产品、手机、计算机等全部产品都使用"SONY"这一个品牌。

（3）分类品牌策略。即在企业对所有产品进行分类的基础上，不同类别的产品使用不同的品牌。如法国欧莱雅集团公司拥有不同价位的产品线，兰蔻等品牌面对富有阶层，美宝莲、欧莱雅等品牌则走大众路线。

（4）主副品牌策略。通常可以以企业名称作为主品牌，同时给各产品打一个副品牌，以副品牌来突出产品的个性形象。例如，房地产企业通常会根据客户需求的差异性确定不同地产项目的客户定位及产品定位，并采用不同的地产项目案名。例如，万科地产的品牌命名有"万科城市花园""万科金色家园""万科兰乔圣菲""万科第五园"等；恒大地产品牌命名有"恒大名都""恒大华府""恒大绿洲""恒大御景半岛"等。

（5）品牌延伸策略。也称品牌扩展，是指企业利用已经成功的品牌推出改良产品或新产品。耐克品牌最初从运动鞋起步，后来逐步扩大到运动服和其他运动产品；百事可乐公司在饮料市场获得成功后,又向市场推出了同一品牌的运动鞋、运动衣、牛仔裤等。这样做可以降低广告宣传费用,有利于新产品投入市场,也有利于企业创名牌。

(6)多品牌策略。指同一企业在同一种产品上设立两个或多个相互竞争的品牌。如美国的宝洁公司,它在洗发水、清洁剂等产品上都同时使用多个品牌。这样可使企业产品在商场中占有较大的货架空间,形成强有力的竞争态势;还可以满足消费者的不同需求,扩大企业销售;也有利于企业内部品牌之间的竞争,提高经营效率。但也可能导致每个品牌的市场份额较少而无利可图。

实例 5-4 // 海尔的品牌策略

海尔品牌目前在全球的大型家用电器市场占有率排名第一,其旗下品牌如图 5-10 所示。

图 5-10　海尔旗下品牌

海尔(Haier):诞生于 1984 年,是海尔集团家电主品牌。

卡萨帝(Casarte):"Casarte"源于意大利语,寓意"家的艺术",是国际高端家电品牌。该品牌创立以来,追求科技、精致、艺术。

统帅(Leader):互联网背景下的年轻化品牌,定位于"轻时尚家电开创者",并提出"轻时尚、悠生活"的品牌主张。该品牌产品涵盖冰箱、洗衣机、空调、热水器、厨电、冷柜、电视机等。

美国通用家电(GE Appliances):着眼于高品质的设计、生产及服务。产品线包含冰箱、厨房电器、洗碗机、洗衣机、烘干机、空调、水质净化系统和热水器等。重视发明创新、可靠性和速率性,例如极速烤箱和可制作咖啡的冰箱。

斐雪派克(Fisher & Paykel):作为全球高端品牌,重点在新西兰、澳大利亚和北美发展,同时扩大在中国和印度的品牌影响力。研发中心在新西兰,品牌设计具有开创精神,敢于挑战传统,主要开发有洗衣机、冰箱、灶具及厨房配套产品系列。

今天,海尔在全球家电领域取得了非凡的成就,这正是其开拓国际化视野,成功实施了全球化多品牌战略的必然结果。

二、包装及包装策略

大多数产品,在从生产领域流转到消费领域的过程中,都需要有适当的包装。包装是产品实体的一个重要组成部分,在西方,包装一向受到生产者和经营者的高度重视,有些营销学家甚至把包装称为营销因素 4P 之外的第 5 个 P(Package)。

（一）包装及其构成

所谓包装，通常是指产品外面的容器或包装物及装潢设计。包装可以保护产品，便于产品的使用和存放，同时可以提供重要的营销信息。产品包装一般包括三个层次：

（1）内包装，即盛装产品的直接容器，如牙膏的软管、酒类的瓶子、香烟的小纸盒。

（2）中层包装，用来保护内包装和促进销售，上面印有产品的商标、使用说明、生产厂家、生产日期、图案和色彩等，如牙膏的纸盒。

（3）外包装，也称运输包装，其作用是便于储存、搬运和辨认商品。

（二）包装的作用

包装作为整体产品的重要组成部分，其意义已完全超越了作为商品容器的作用。包装的作用贯穿在整个商品生产、流通和消费的过程中，主要表现在以下几个方面：

（1）保护商品和环境。这是包装最基本的作用，即保护商品的"安全"和"清洁"，使之在存储、运输、销售等流通过程中免受损伤和污染，并适当延长产品的保质期。有些商品属于易燃、易爆、放射、污染或有毒物品，对它们必须进行特殊包装，以防泄漏、挥发而对环境和人类造成危害。

尽管包装方便了企业和消费者，但有些包装的生产要耗费大量资源，且丢弃后又不易处理，易造成环境污染。因此，研制和使用有利于保护环境的包装材料是一个刻不容缓的任务。

（2）美化商品，促进销售。好的包装就是一个"无声的推销员"，不但使产品看上去更加美观、有吸引力，而且还能触动消费者的情感，激发其购买的欲望。

同时，包装是一种广告媒体，传递产品的信息，可以向消费者介绍产品的性能、使用方法和注意事项，对消费者的购买起引导作用，从而促进销售。美国杜邦公司研究发现，63%的消费者根据商品包装做出购买决定。

（3）增加产品附加值。尽管产品的内在质量是增强市场竞争力的基础，但优良的包装不仅可以使其与好的产品相得益彰，而且可以使产品增值。如苏州的檀香扇在香港市场上的售价原为65元，由于改用成本为5元的锦盒包装，其售价提高到165元，销售大幅度增长。

（三）产品的包装策略

一般企业常用的包装策略主要有以下几种：

（1）类似包装策略。指企业生产经营的各种产品，均采用相同或相近的图案、色彩等共同的特征以使消费者容易辨认。

如日本三洋家用电器公司的电器产品包装都是蓝色的，而日产公司包装都是红色的。这样不仅可以节省包装的设计成本和宣传费用，而且有利于新产品的推出和扩大企业产品的影响。它适用于质量水平相近的产品。

实例 5-5 // 无印良品的本色包装

> 无印良品是 1980 年由日本株式会社良品计划的母公司株式会社西友基于自身的开发经验，根据"无商标"的商品构思而诞生的。商品开发的本质是，以真正必要的方式制造生活中基本的并真正需要的产品。
>
> 无印良品注重产品原有的颜色及形状，不做渲染和过度包装。多采用统一包装并使用通用容器。在生产简约产品的同时，还可以节省地球资源，减少垃圾排放。
>
> 店铺陈列的所有无印良品产品的简约包装上仅仅印刷着成分等基本信息，并贴有标签而已。该品牌产品在包装上尽量从简，多采用透明和半透明的样式，其产品多采用环保再生材料，提倡与大自然的天然材料紧密联系。
>
> 它的产品遵循简单耐用的原则，包装上采用环保的无漂白的淡褐色纸张，采用本色包装，与当下过分讲究包装的产品外观形成了强烈对比。

（2）配套包装策略。又称系列包装策略，指将几种相关联的产品放在同一包装内销售的做法。如化妆品系列套装、家用工具箱、服装、瓷器等。这种策略便于消费者购买、携带与使用，有利于扩大产品销售。

（3）习惯使用量包装。指根据消费者的使用习惯来设计不同分量的包装。如茶叶和咖啡等产品，为适应家庭消费的习惯，采用大号包装；为适应外出旅游、出差、户外野餐的需要，采用各种各样的小包装等。这样的包装既能给消费者带来方便，又可以起到促销的作用。

（4）复用包装策略。即原包装的产品用完以后，包装物可移作他用，从而提高包装的利用率，也有利于激发消费者的购买兴趣，促进产品销售。浙江一家酒厂利用当地久负盛名的青瓷制成酒的包装，犹如仿古花瓶，造型优美，别具一格，酒用毕后，酒瓶还可以当作很好的装饰品。

（5）附赠品包装策略。即在商品包装物里附上赠品或奖券，以吸引消费者购买和重复购买。如黑牛麦片里赠送杯子、旺旺大礼包里附送贴纸等。这种包装策略对少年儿童和低收入者非常有吸引力。

（6）等级包装策略。即对于同一种产品，按其价值不同分为若干质量等级，对不同质量等级的产品分别设计和使用不同的包装。对高档商品采用精美包装，对低档产品采用简易包装，可以适应和满足不同层次消费者的购买力和购买心理。

（7）性别包装策略。即根据性别的不同而设计不同的包装。女性用品包装可体现温馨、秀丽、典雅、新颖等风格，男性用品包装可体现刚正、质朴、潇洒等风格，以满足不同性别消费者的需求。

实例 5-6 // 中国传统文化赋能企业营销包装

> 近年来，越来越多的中国企业在传统文化中找到新的生命力，通过跨界营销、包装策略与文化融合，成功地将自己的产品打造成"网红"，吸引了众人的眼球，也为自身带来了巨大的流量收益。更准确地说，企业与中国传统文化之间找到了一

个新的结合点，例如敦煌与良品铺子的合作。

良品铺子与敦煌博物馆跨界合作，通过推出敦煌系列中秋礼盒（见图5-11），引领中秋时尚新潮流。2019年中秋，良品铺子中秋礼盒"国潮范儿"十足，飞天等敦煌元素"穿越"千年呈现在礼盒中。该系列礼盒设计由国内知名设计师潘虎亲自操刀，还原敦煌壁画的最初色彩，并选择和"中秋团圆""嫦娥奔月"相关的元素，将飞天舞女、九色鹿、明月等元素通过插画形式运用到礼盒上。由潘虎打造的"良辰月·舞金樽""良辰月·弄清影""良辰月·团圆意"等7款国潮礼盒，让人们能够感受到跨越千年而来的文化"高级感"。精致的设计、"一饼八味"的口味创新、传统手工制作的好品质，令其预售期就引起了吃货们的关注。"食国潮月饼，品敦煌文化"，良品铺子用潮牌美食连接古老文化，把文化的传承和保护融入"国潮"创新，引领了零食行业新风尚。

图5-11　良品铺子–敦煌系列中秋礼盒

【课堂行动学习】品牌评价

分享你最喜欢或最不喜欢的品牌，说明你喜欢或不喜欢的原因。

第四节　新产品开发策略

引导案例5-4　华为持续创新，领航5G产业

华为（见图5-12）聚焦信息及通信领域，坚持将每年销售收入的10%投入研发，经过20多年持续的研发投入，华为成为全球最大的专利持有企业之一，并取得5G时代领先地位。

2009年，华为投入6亿美元启动5G技术和标准的研究；2016年后，又追加投资14亿美元，用于加快端到端5G商用产品的研发。至此，华为已率先投资20亿美元进行5G研发，超过了美国和欧洲主要设备供应商5G研发的投资总和。在2019世界移动大会上，华为荣获通信界公认的最高荣誉之一的"最佳无线技术突破奖"。华为不仅做到了5G性能至强、站点极简，

图5-12　华为商标

还能综合利用跨领域技术领先的优势,为客户提供更多独一无二的价值。

目前,华为已经和全球领先运营商签定数十个5G商用合同,超过140 000个5G基站发往世界各地。

在当代激烈竞争的市场上,产品日新月异,企业要想长久地占领市场,仅靠现有产品是绝对不行的,必须不断更新换代,推陈出新,才能适应不断变化的市场需求,以及科学技术的快速发展和产品市场生命周期日益缩短的要求。因此,开发新产品越来越成为企业生存与发展的重大问题。

一、新产品的概念及种类

新产品一般是指同老产品相比较,具有新功能、新特色、新结构或新用途,能满足顾客某种新需求的产品。具体来说,新产品有以下几种:

1. 全新产品

全新产品是指应用科技成果,运用新技术、新工艺和新材料制造的市场上前所未有的产品。同时,它往往要求顾客培养新的消费观、新的消费方式。如手机、汽车、飞机、计算机等产品刚投入市场时都属于全新产品。这类产品开发难度最大,费用高,成功率低。据调查,市场上的新产品中全新产品只占10%左右。

2. 换代新产品

换代新产品是指对市场上已经出现的产品在结构和性能上进行部分改变而形成的产品,以使原有产品的性能得到改变和提高。例如,计算机问世以后,其采用的电子管、晶体管、集成电路、大规模集成电路等不断在更新换代。随着科技的迅速发展,产品更新换代的速度正在加快。

3. 改进新产品

改进新产品是指对现有产品的质量、性能、材料、款式、包装等方面进行改良之后生产出来的产品。如新款式的服装、不同种类型号的自行车等。

4. 仿制新产品

仿制新产品是指企业仿照市场上已有的产品生产的新产品。如市场上出现的新品牌的电视机、手机等,大都是模仿已有的产品生产的。

5. 重新定位产品

重新定位产品是指对现有产品开发新用途,或者为现有产品重新寻找消费群,使其畅销起来。例如,阿司匹林就是由医治感冒头疼发热变为治疗血管阻塞、中风和心脏病的良药;20世纪40年代,麦氏速溶咖啡的定位由上市时的"快捷方便"改变为后来的"美味、芳香、质地醇厚",同时改变了包装,使其很快从滞销产品改变为深受消费者喜爱的畅销产品。

实例 5-7 // 中国高铁的科技创新

> 近年来，中国高铁取得的成就有目共睹，成功的原因是产品创新，是坚持技术引进基础上的自主研发。中国高铁在发展的初期引进了欧洲庞巴迪高铁控制技术，当时这套技术不仅有技术使用壁垒，而且不能适应中国国情，在大批技术人员的不懈努力下，中国自主研发的 CTCS-3 列控系统等一大批先进铁路技术装备诞生。
>
> 在高铁领域，我国已经形成涵盖高铁工程建设、装备制造、运营管理三大领域的成套高铁技术体系，系统掌握了不同气候环境、不同地质条件下建造高铁的成套技术，建设了高寒和热带高铁、沿海水网地区和沙漠风区高铁、西部山区和高原高铁；成功研制了拥有完全自主知识产权、具有世界先进水平的复兴号中国标准动车组，率先在京沪高铁实现时速 350 公里运营，树立起了世界高铁建设运营的新标杆；当前，结合精品工程项目的建设加快推进，智能建造、智能装备、智能运营等技术取得重大突破，又开启了智能高铁的崭新篇章。
>
> 到 2018 年年底，中国高铁营业里程达到 2.9 万公里，成为世界上高铁里程最长、运输密度最高、成网运营场景最复杂的国家，其安全可靠性和运输效率世界领先。

二、新产品的开发策略

企业进行新产品开发时，只有采取正确的策略，才能使企业的新产品开发获得成功。总结国内外一些企业的经验，常用的新产品开发策略有以下几种：

（一）挖掘顾客需求

满足顾客需求是新产品的基本功能。顾客需求有两种，一种是眼前的现实需求，另一种是潜在的需求，即消费者对市场上还没有出现的产品的需求。例如，坐长途汽车、出差、旅游时，常常因为找不到厕所而苦恼，针对这种特殊的潜在需求，日本一家企业推出了一种叫"纸尿袋"的新产品，可供人们外出找不到厕所时使用，结果大获成功。又如，日本有个企业生产的啤酒杯的杯口是斜的，以便于西方人使用。

企业开发新产品时，应该把力量放在捕捉、挖掘市场潜在需求方面，并要善于以生产促消费，主动为自己创造新市场，千方百计地去扩大市场。

实例 5-8 // 华为产品需求收集平台

> 登录华为官方网站，可以在下方的"业务入口"看到一个名为"华为产品定义社区"的板块，该社区根据华为产品以及行业热门话题组建了多个圈子，用户可以选择自己感兴趣的话题加入到不同的圈子，参与互动，对华为产品提出需求。此华为产品

需求收集平台方便用户反馈华为产品的使用体验，提出对产品的需求，参与华为产品定义，并且可以与华为专家交流学习。

（二）挖掘产品功能

挖掘产品功能，实际上就是使老产品新生的策略，即通过赋予老产品新的功能、新的用途，使其获得新生而重占市场。例如药物牙膏即是在牙膏洁齿的功能上增加了防治牙病的功能；折叠伞即是在普通伞上增加了一个折叠功能，从而便于携带等。

（三）开发边缘产品

随着市场竞争的日趋激烈，边缘科学技术的蓬勃发展以及各学科、行业间的交流不断扩大，加上消费者的好奇心，边缘产品越来越显示出其旺盛的生命力。因此，许多企业都在利用不同行业的协作和不同技术的协作来开发新的边缘产品。

边缘产品多是跨行业的多功能产品，如以纸代布的纸桌布、集洁齿与治牙痛为一体的药物牙膏、集洗澡与治病为一体的"浴用生药精"、既可书写又可计时的电子笔等。这种新产品是各行业相互渗透的结果，能够满足消费者的多种需求，有着广阔的市场。

（四）利用他人优势的开发

凡是有成就的企业，都很善于利用他人的优势，为发展本企业的新产品服务。日本富士通公司利用国内外几十家企业在技术、设备、实验条件、人才、资金、厂房等方面的优势，成功研制了具有世界一流水平的工业机器人，并获得多项专利。利用他人优势的结果，使一个企业的成果变成几个企业的成果，等于推广了新产品技术，通过企业间横向联合，使社会效益得到提高。

利用他人的优势当然要支付费用，但如果新产品开发成功，所获得的利润可能远远超过购买技术的支出。利用他人的优势不但有利于企业提高经济效益，还有利于企业因产品在市场上捷足先登而击败竞争对手。因为通过购买现存的新技术可以节省大量研究时间，从而为产品尽快上市创造了有利条件。

（五）满足好奇心的开发

一般人都有好奇心，只要是能满足好奇心又有一定使用价值的产品，一定会很受欢迎。如国外有一种"魔术钱包"，装入硬币后打开能变成纸币，装入纸币也能变成硬币，其实这种"魔术"只是在钱包中加了几个夹层而已。又如，一些化妆品瓶的新奇造型常使女士们爱不释手，从而促进了化妆品的销售。

总之，开发新产品首先应了解市场的现实需求与潜在需求，想顾客所想；其次要考虑竞争对手未考虑到的，注意别人容易忽视的地方。但是，开发新产品切忌频繁转移阵地，打一枪换个地方，使开发的新产品难以获得预期的效果。

三、新产品的开发程序

开发新产品的难度很大。但新产品的开发关系到企业的生存和发展，面对消费者市场上日益激烈的竞争，面对科技日新月异的发展，企业必须重视新产品的开发。为将失败的风险降到最低，新产品开发应按科学的程序进行。

（一）新产品的构思

新产品的构思就是开发新产品的设想或创意。虽然并不是所有设想或创意都能变成产品，但寻求尽可能多的设想可以为开发新产品提供更多的机会。新产品构思的主要来源有：

（1）消费者的需求。这是指消费者对现有产品提出的不满意见、要求、希望、爱好等。它是新产品构思的主要来源，许多新产品的最好构思就是来源于消费者。实践证明，在来源于消费者创意的基础上发展起来的新产品，其成功率最高。例如，美国有家规模较大的玩具公司，为了更好地研究和把握少年儿童的兴趣爱好与心理需求，聘请年仅14岁、爱对新玩具提出意见的小女孩玛丽任副经理。玛丽根据自己和伙伴的切身感受，提出了许多好的构思，使这家公司的玩具更讨小孩子的欢心。

（2）科学技术人员对技术的创意。这是指科学技术人员从技术的角度来研究产品的新用途、新发展。

（3）竞争者的经验和教训。这是指从竞争者产品的优缺点、竞争者成功与失败的教训中得到启发和设想。

（4）销售人员和其他企业内部人员。销售人员直接与顾客或消费者联系，最能了解和感受消费者的需求，了解企业与企业之间、产品与产品之间的竞争，能够发现新的市场需求，提出产品开发的方向。

据统计，新产品的构思来自外部的约占60%，来自企业内部的约占40%，其中，来自销售部门的构思占内部来源的一半。

此外，新产品的构思还可以来源于企业高层管理者、中间商、市场调研部门等。

实例5-9 // 张小龙——中国最牛的产品经理

缔造微信的张小龙被誉为"中国最牛的产品经理"。他是一个特别善于学习的人，他不断地研究学习乔布斯、迪特·拉姆斯（被誉为20世纪最有影响力的设计师之一）的产品设计，自己一边做产品，一边从好产品上学习，再不断迭代。

张小龙对二维码技术的理解是"PC上的入口在搜索框，手机上的入口在二维码"。起初，微信应用于熟人之间的社交时，彼此添加好友的路径非常长、非常不友好；如果在很吵闹的场合添加好友会更加痛苦。2012年微信3.5版本发布扫描二维码、二维

> 码名片的功能，彼此扫一扫就能高效地添加好友，即使是在很吵闹的场合。随着微信持续地迭代创新，二维码扫一扫不仅可以连接人与物，还被应用于移动支付，极大地推动了中国的移动支付爆发式的应用和普及，移动支付甚至被西方称为"新四大发明"之一。

（二）筛选

企业在广泛征集新产品构思的基础上，还要对这些构思进行进一步的评估，研究它们的可行性，挑选出可行性较强的构思，尽早发现并放弃不理想的构思。

对新产品构思的筛选一般要考虑以下因素：①该构思是否具有潜在的市场需求；②该构思是否与企业目标相适应；③企业有无足够的资源能力实现该构思。

（三）产品概念的形成与测试

（1）产品概念的形成。经过筛选之后，企业要把选定的新产品构思转变为产品概念。即用文字、图像、模式等对产品构思进行具体、明确的描述，使之形成消费者能够理解和接受的产品形象。

任何一个产品构思都有可能转化为若干个产品概念。例如，某企业打算生产一种有特殊口味、使用简单方便、即冲即饮的营养奶制品。这是一种产品构思，可转化为以下产品概念：

概念1："课间餐饮料"，使中小学生在课间快速获取丰富的营养。

概念2："健康补品"，供老年人夜间就餐前饮用。

概念3："可口快餐饮料"，供成年人午餐时饮用。

为了了解这些新产品在市场上的竞争状况，应对每一产品概念进行定位，以确定该产品在市场上的位置和竞争者的多少、远近与实力大小等。

（2）产品概念的测试。将企业精心设计的产品概念提交给目标顾客，请他们做出评价，以了解潜在顾客的反应，为优选产品概念提供依据。

（四）制定市场营销战略

形成产品概念之后，企业的有关人员要拟订一个将新产品投放市场的初步市场营销战略报告书。报告书由三个部分组成：

（1）描述目标市场的规模、结构、行为，新产品在目标市场上的定位，销售初期的销售额、市场占有率、利润目标等。

（2）简述新产品和计划价格、分销渠道以及第一年的市场营销预算。

（3）阐述长期计划销售额和计划利润以及不同阶段的市场营销组合。

（五）营业分析

营业分析是指分析新产品的预计销售额、成本和利润估计情况，以了解其是否符合企业的目标。

（1）销售额的估计。企业的高层管理人员对过去的销售情况及目标市场情况进行深入细致的考察后，估计出该产品的销售额。在估计新产品的销售额时，还应该考虑到这种产品是一次性购买的产品，还是偶尔购买的产品，或者是经常购买的产品。

（2）成本和利润的估计。在对新产品的长期销售额做出预测之后，可推算这期间的生产成本和利润情况。这需由研究与开发部门、生产部门、市场营销部门和财务部门共同讨论分析。

（六）产品开发

产品开发即是由研究与开发部门和工程技术部门将其产品概念转变为产品，进入试制阶段。只有在这一阶段，以文字、图表及模型等描述的产品设计才变为实体产品。

这一阶段应当搞清楚的问题是，产品概念能否变为技术上和商业上可行的产品。如果不能，除在全过程中取得一些有用副产品即信息资料外，所耗费的资金将全部付诸东流。

（七）市场试销

当企业的高层管理者对某种新产品开发试验结果感到满意时，企业就会着手采用市场营销初步方案，将新产品进行包装，并将其推向市场进行实验。其目的在于了解顾客使用和再购买这种新产品的实际情况以及市场规模的大小，然后再酌情采取适当对策。

（八）批量上市

新产品的市场试销获得成功后，企业就要将其大批量地投放市场。在这一阶段，企业高层管理者必须做好以下四项决策：

（1）何时推出新产品。企业必须分析何时是新产品推出的最佳时期，如节假日。如果是季节性较强的产品，新产品就应该在消费季节到来之前进入市场；如果新产品可能会使同企业其他产品的销售量下降，就应延迟推出新产品的时间；如果新产品还可以进一步改进或可能受到经济衰退的影响，也需延迟推出新产品。

（2）何地推出新产品。企业还需要决定向哪里投放新产品，尤其要决定产品率先在哪个地方推出。能够将新产品在全国市场上同步投放的企业是不多的。一般是先在主要地区的市场推出，以便占有市场，取得立足点，然后再扩大到其他地区。如顶新集团推出的康师傅方便面，就是把城市作为首选市场，在城市打响之后，再迅速深入各地农村，成为我国最具价值的方便面品牌之一。

（3）向谁推出新产品。对于新上市的产品，最先选择的促销对象应具有如下特征：①创新使用者；②喜欢冒险；③可能是大量使用的用户；④对新产品颇有好感；⑤是某一方面的"舆论领袖"，有宣传影响力。

（4）如何推出新产品。企业必须制订出详细的拓展新产品市场的实施计划。

实例 5-10 // 无人驾驶出租车试运营升级

> 2020年4月19日,百度宣布开放 Apollo Robotaxi 自动驾驶出租车服务,在长沙开启了大规模试运营。在此之前,百度 Apollo Robotaxi 通过面向种子用户有选择性地载客试运营了7个月,建立了完善的运营区域安全评估机制及技术保障体系。
>
> 本次百度 Apollo Robotaxi 开放的打车范围仅限在长沙示范区内,面积约130平方公里,上下车站点共有47个,站点中既有居民区,也有商业休闲区及工业园区。在服务区范围内,市民无须通过筛选、培训等流程,也无须额外安装专门的打车应用,通过百度地图或者百度 App "Dutaxi" 小程序即可一键呼叫,免费试乘。用户呼叫百度自动驾驶出租车的流程十分便捷,与呼叫网约车的模式基本一致。
>
> 百度 Apollo Robotaxi 仅为18~65周岁的用户提供自动驾驶服务,每辆车最多接待两位乘客。每辆车都会有一位安全员随行,作为额外的安全保障。运营时段为周一至周日的9:30~16:20。车内前排座椅后方的可视化界面能够精准还原360度视野范围内的障碍物及动态预测,清晰呈现途经车辆、车道、路口、红绿灯等路况,并伴有限速提示及变道提醒,试乘的市民可通过屏幕实时关注时速、剩余里程等驾驶信息。

营销伦理小贴士 企业产品伦理失范现象

产品是企业安身立命之本,企业之间的竞争说到底是产品的竞争。企业只有为顾客创造了有价值的产品或服务才能获得回报,顾客价值才是顾客购买的理由。

做营销,首先要把产品做好。在营销4P理论中,第1个P是产品,第4个P才是促销、传播。现实中,有些企业重视"传播""炒作",而忽视产品的打造,本末倒置的行为难逃失败厄运,每年中央电视台的3·15晚会成为很多企业及员工的"翻车现场"。

企业营销中,产品方面的伦理道德失范现象表现在:

(1)生产销售假冒伪劣产品问题。每年都有大量案件被质量监管部门处置,特别是食品安全问题,一直比较突出。

(2)虚假产品认证。产品合格证、3C认证、有机产品认证等非法买卖、获取问题。

(3)产品质量缺陷问题。产品的设计、原材料和零部件、制造装配或说明指示等方面的,未能满足消费或使用产品所必须合理安全要求的问题。

(4)品牌侵权问题。如傍名牌现象,许多不良商家仿冒一些知名品牌命名,如"红午""伊俐""爽气森林"等;还有商标抢注现象。

(5)产品包装不规范、不真实、过度包装。包装标签标注内容不符合相关法律要求,成分标注不全、不真实;礼品过度包装等。

做好产品、做好品牌,没有捷径可走。有句话说得好:你陪客户喝的酒,是做产品时没流的汗。

本章小结

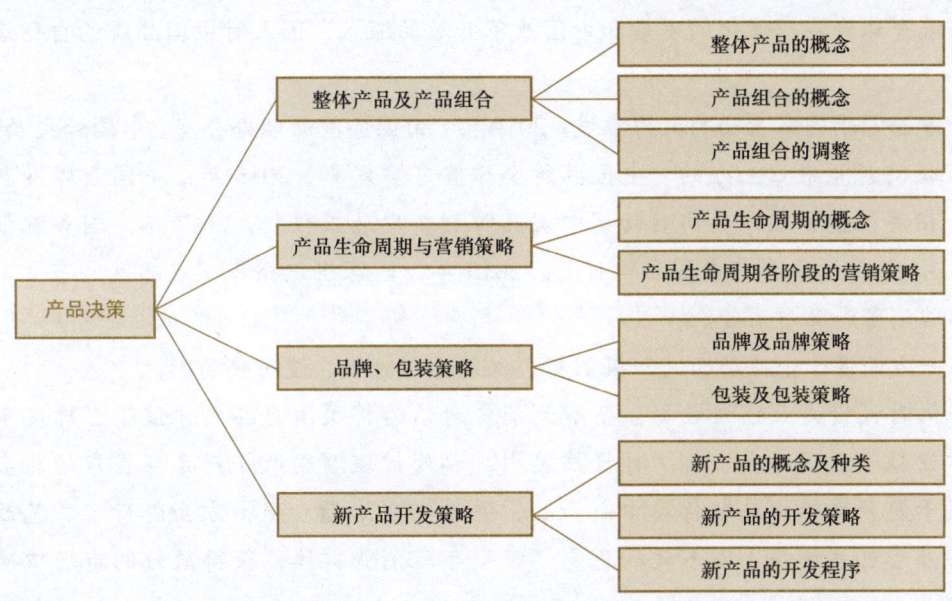

知识检测与拓展

1. 如何理解整体产品的概念？它对企业营销有何现实意义？试结合实例加以阐述。
2. 试结合具体产品实例，说明产品生命周期不同阶段的营销策略。
3. 什么是新产品？企业为什么要进行新产品开发？
4. 产品主要的包装策略有哪些？

实训项目

【实训任务】

调查本地瓶装水市场，结合产品决策的相关理论及营销策略，调研分析瓶装水产品品牌及包装策略的新思路。

【操作要求】

1. 以小组为工作团队，到超市进行实地调研。
2. 调查了解主要的瓶装水企业所采取的品牌及包装策略。
3. 了解市场上有哪些创新的做法。
4. 在调查的基础上，提出自己的分析和看法。

案例分析

国潮来了——新国货，大未来

随着全球经济一体化的发展和中国改革开放的深入，国人对中国品牌的自信度大为提高。

一方面源于国家层面的大力推进。2010年，由国务院新闻办公室、中国外文局主管，中国互联网新闻中心主办的"中国品牌全球宣言"发布。2015年，中国互联网新闻中心联合相关机构和媒体共同启动"中国品牌创新发展工程"。2017年，国务院批准将每年5月10日设立为"中国品牌日"。2019年，国家组织指导"双品网购节"，全面促进品牌消费和品质消费。

另一方面源于企业层面的积极创新，仅以全棉时代、波司登为例。

全棉时代借力天猫大数据，了解到消费者认为棉柔巾产品尺寸偏小、厚度不够或者不方便携带，同时女士卸/补妆棉柔巾、私处护理湿厕纸等产品存在市场机会。全棉时代于是开发推出三款棉柔巾新产品，并着重在洁面、湿护方面进行了工艺改善，新产品外形包装使用丰富多元的色彩，吸引年轻消费群体，获得很好的市场口碑及销售业绩。

波司登近年转型成功的关键就在于其过硬的品质基础与创新研发能力，加强国际合作，专注于羽绒服研发、设计、制作，在产品面料、功能的研发创新方面不断取得新突破，并由此建立了品牌与羽绒服产品之间的"强关联"。

案例思考题：

1. 结合案例分析，这些企业产品策略的成功主要表现在哪些方面？
2. 说说你最喜爱的中国品牌，调研该品牌的特点及成功的原因。
3. 选择一个你所感兴趣的产品，结合新产品策略的基本理论，构思该产品的创新思路。

第六章
定价决策——关乎企业的利润

学习与能力目标

◎ 了解成本、需求、竞争等因素对企业定价的影响。

◎ 了解定价依据和定价方法。

◎ 熟悉常用的企业定价策略及其适用条件,并能列举恰当的应用实例。

第六章
学习导引

价格策略是市场营销组合策略中的重要组成部分，也是 4P 市场营销组合中直接为企业带来收益的要素，产品策略、渠道策略和促销策略则表现为企业成本。因此，定价策略恰当与否，不仅直接影响消费者购买，还会影响企业自身盈利状况，甚至关系到企业的生死存亡。

第一节　企业定价的主要依据

引导案例 6-1　房地产行业定价策略

对于房地产企业而言，销售定价是决定其预期收入与利润目标能否顺利达成，以及能否快速去库存化的关键因素。一般而言，低价策略能够促进企业去库存化，便于资金回笼，但会侵蚀利润，从而失去获取更多利润的机会；反之，高价可以提高利润，但可能会影响销售速度，甚至出现滞销的情况。究竟采取何种价格策略才能使定价更合理，既能达到利润目标，又能使销售去库存化速度处在可控范围内呢？

一般来说，房地产定价需要根据项目所在区域特点、城市地产供需结构、同区域楼盘竞争情况来综合确定。

对于人口净流入、产业基础较好、需求相对旺盛而供应相对不足的城市而言，存在着价格上涨预期，企业此时的定价目的就是获得最大化利润，为此，大部分开发商往往采取捂盘惜售、小步慢跑、逐步抬价的方式，通过定价的逐步提升反向促进潜在客户加速签约购买，也就是通过管控涨价预期，来强化购房者的紧迫感。

而对于产业基础相对薄弱、需求能力相对不足而供应又相对过剩的城市来讲，定价则存在一定难度，降价跑量基本成为当地房地产开发商的共识，但具体如何降价，却很有讲究。目前存在两种方式：

第一种，以促销的名义，价格调整一步到位。以促销的名义降价，可以防止老业主产生不满情绪；同时，与其慢慢调整价格，温水煮青蛙，不如一次到位地降为促销价，激发消费者的购房冲动。例如，恒大在全国去库存化困难的城市采取一次性八折的先发制人策略，达到快速去库存的目的。当然，要避免让市场形成降价预期，一旦形成降价预期，后续消费者观望情绪更浓，因为消费者喜欢买涨不买跌，反而对去库存产生不利影响。

第二种，以理财产品的方式进行包装。将降价部分损失的利润包装为理财产品收益，既能有效地拓展客户，同时也能避免出现负面影响，这种隐蔽降价的方式有利于保证市场对房价的预期，同时通过让利，既给客户带来实实在在的优惠，又为客户提供一种新的理财手段，因而被越来越多的开发商重视和采购。

价格决策是企业营销组合中最敏感、最难以把握的一个因素，特别是当代营销环境的急剧变化，迫使企业必须高度重视定价策略。

产品价格的制定是极其复杂的，它受到多种因素的影响和制约，最基本的依据有以下四项（见图6-1）。

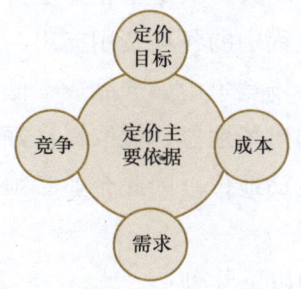

图6-1 企业定价的主要依据

一、企业定价目标

企业定价目标是企业定价首先考虑的要素。综合起来，企业定价目标主要有：生存、市场份额最大化、利润最大化、产品质量最优四大定价目标（见图6-2）。

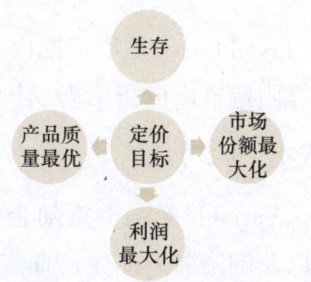

扫码观看：
定价目标

图6-2 企业定价目标

1. 生存目标

如果企业定价考虑的只是生存问题，则只需将价格定到能够活下来就可以了。即只要价格能够弥补产品成本，甚至低到只要能够弥补企业变动成本就可以。这种目标指导下的定价是一种不得已而为之的低价策略。

2. 市场份额最大化目标

如果企业定价考虑的是如何获得市场份额最大化，那么一般情况下，企业也会采取低价策略，试图把其他竞争对手赶出市场，中国家电企业长虹、格兰仕均采取这种方式获得市场份额。其中，格兰仕通过低价策略，最高曾获得了中国微波炉市场近70%的份额。当然，这种目标下的定价要比为求得生存的目标更为主动，是企业主动通过低价策略来抢得竞争对手的市场份额，甚至将竞争对手驱逐市场。

3. 利润最大化目标

如果企业定价考虑的是获得最大化的利润，那么企业采取的定价策略往往是适中价格。根据经济学理论，这个适中价格也就是产品的边际成本与边际收益相交的点所对应的价格水平。

4. 产品质量最优目标

价格本身是向消费者传递产品价值和质量的信号。一般情况下，在消费者眼里，价格高往往意味着企业产品质量优，价格低则是代表质量一般或差。因此，如果企业想向消费者传递自身产品质量好这样的价值目标，则往往在定价方面，要把价格定得相对高，以便与产品质量优的形象相匹配。所以企业如果以产品质量最优作为定价目标，往往意味着产品的高价格。

二、产品成本因素

成本是影响定价的一个重要因素,决定了企业定价的底线。一般情况下,产品价格必须能够弥补产品生产及销售过程中的各项费用支出,并补偿产品的经营者为其所承担的风险,且有一定的盈利。在市场竞争中,产品成本低的企业,对价格的制定拥有较大的灵活性,在竞争中处于有利的市场地位,能取得良好的经济效益;反之,产品成本高的企业在市场竞争中就会处于被动地位。因此企业必须加强管理,降低成本,以取得市场的竞争优势。

成本从不同的角度可以分为以下几种:

1. 固定成本(FC)

固定成本(Fixed Cost)是指短期内不随企业产量和销售量的变化而变化的费用支出,如设备与厂房等固定资产的折旧费、房租、财务费用、办公费用、行政管理人员的薪酬等。

2. 变动成本(VC)

变动成本(Variable Cost)指随企业产量的变动而变动的费用支出,如原材料费、工人计件工资以及围绕着产品生产而发生的随产量相应变化的其他成本。当企业停工时,变动成本为零。

3. 总成本(TC)

总成本(Total Cost)是指在一定生产水平下的全部成本,即固定成本与变动成本之和,可用公式表示为

$$TC = FC + VC$$

以上三种成本与产量的关系如图6-3所示。

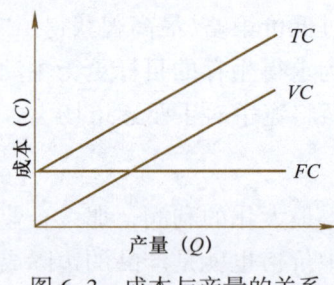

图6-3 成本与产量的关系

4. 平均成本(ATC)

平均成本(Average Total Cost)是指单位产品所分摊的总成本,其计算公式为

$$平均成本(ATC) = \frac{总成本(TC)}{产量(Q)}$$

通常情况下,作为产品价格的最低限度的成本应该是平均成本。

三、需求因素

需求是企业定价需考虑的另一重要因素,从某种意义上说,需求决定了价格的上限。

产品定价与需求存在互为影响的关系。价格会影响市场对产品的需求量的大小,同样,市场需求的变化反过来也会影响价格的高低。因此,在企业的定价实践中,需要充分考虑需求的因素。

一般情况下,价格与需求成反比关系:价格升高,需求就会减少;价格降低,需求就会增加。只有很少的特殊商品(如珠宝、字画、古董等)的价格与需求成正比。反过来看,在供给不变的情况下,需求增加则会带来价格的上升,需求减少则会使价格下跌。

在实际定价过程中,也需要考虑产品的需求价格弹性。不同产品的市场需求量对价格变动的反应程度是不同的。在经济学上,价格与需求量的变化关系被称为"需求价格弹性",可用公式表示为

$$需求价格弹性 = \frac{需求量变化的百分比}{价格变化的百分比}$$

由于价格与需求量成反比关系,因此,需求价格弹性本身是负数,在比较弹性大小时,要对其取绝对值。

产品的需求价格弹性越大,说明消费者对其价格的变化越敏感,即轻微的价格变动就会产生很大的需求量的变化。高档消费品的需求弹性一般较大,如汽车、计算机等,企业通过适当降价即有助于扩大销售,增加企业盈利。

相反地,产品的需求价格弹性越小,说明消费者对其价格的变化越不敏感,即价格的涨落对需求量的影响不大,如粮食等生活必需品。在这种情况下,企业要增加盈利,就只有通过提价才能实现。

企业定价时如能正确地分析了解企业产品的需求价格弹性,就可以为定价和调价提供参考。一般说来,在以下情况下,产品的需求价格弹性会比较小:

(1)代用品很少或没有,或者没有竞争者。
(2)消费者对较高的价格不敏感。
(3)消费者不大愿意改变购买习惯。
(4)消费者认为高价格表示产品品质高或者品质已改良。

四、竞争因素

行业内竞争对手之间的竞争,同样影响着企业的产品定价决策。如果企业产品定价高,而同级别对手的产品价格比自身低,则直接影响产品的销售,因此,在定价时需充分考虑竞争的因素。竞争对手数量的多少,以及实力强弱的状况,会在很大程度上影响企业对定价的主动权,因而主动权的大小深受企业所在行业的市场结构影响。不同的市

场结构会带来不同行业内竞争状况，对企业定价会有不同的影响。根据经济学原理，行业市场结构可分为完全竞争、垄断竞争、寡头垄断和完全垄断。

1. 完全竞争

完全竞争也称自由竞争，这是一种理想化的市场结构。在完全竞争条件下，买者和卖者都大量存在，产品都是同质的，不存在质量和功能上的差异，买卖双方能充分地获得市场情报。在这种情况下，生产企业只能随行就市，买卖双方都是价格的接受者。

2. 垄断竞争

这是现实中大量存在的竞争状况。一方面，卖主很多，行业主要由众多中小企业组成，且进出行业自由。另一方面，产品之间存在差别，导致部分垄断的可能性。这时产品的差别，可能是基于某些实质性的因素，如产品质量、性能等；也可能产生于某些心理因素或受企业宣传的影响。从而卖主可在一定程度上控制其产品价格，各企业需考虑选择不同的价格策略，以占有不同的市场地位。

3. 寡头垄断

寡头垄断市场的特点是，几家大企业的生产和销售占了整个行业极大的份额。竞争主要在几家大企业之间进行，它们之间存在相互依存、相互影响的关系。

寡头垄断市场又分两种形式：

（1）完全寡头垄断。各家企业的产品是同质的，如石油、钢铁。

（2）不完全寡头垄断。各家的产品至少在顾客看来是有差别的，如汽车。

4. 完全垄断

完全垄断又称纯粹垄断，是指一个行业只有一家企业，而且产品没有其他产品可以替代。这种状况下，卖主可以在法律允许的范围内随意给产品定价。如城市供水、供气等部门，就处于完全垄断的地位。

第二节 企业定价的基本方法

引导案例 6-2 星巴克各国定价不一，中国最贵

多年来，中国都是星巴克的重要销售市场。在中国，星巴克几乎所有咖啡单价都远超 20 元，以 354 毫升的中杯拿铁为例，在中国卖到 27 元的单价；在美国芝加哥，其售价是 3.26 美元，折合人民币 19.98 元；在印度孟买，其标价是 130 卢比，加上 12.5% 的增值税，约合人民币 14.6 元。从数据可以看出，中国星巴克价格基本为印度的两倍。

星巴克咖啡为什么在中国卖得最贵？

对于该问题的回答，首先要分析整个行业。在我国，咖啡饮品行业经营是一个相对充分竞争的服务行业，企业来去自由，只要达到相关行业要求，企业均可以开设、经营咖啡店。在中国除了星巴克以外，上岛、太平洋、伊布里克，以及一些不知名企业都提供类似的服务。而且，这些品牌咖啡的价格并不比星巴克便宜。既然咖啡店经营是一个准入不受限制的充分竞争行业，而星巴克咖啡的售价也没有超过行业平均水平，即说明星巴克的咖啡定价是中国市场供求关系反映出的合理定价。存在即合理，因此对于企业定价的高低，需要进行国内同行业竞争对手的价格比较。

其次，中国对于咖啡饮品定价也需要考虑国内外消费者对于该类产品的需求特性。星巴克在中国市场的品牌形象与欧美地区有明显差异，中国消费者在星巴克购买的不仅是咖啡，同时也享受星巴克所带来的休闲时光及所提供的上网服务，接近七八成的消费人群会在店内坐几个小时，其消费的不只是咖啡，还包括房租、服务、沙发、背景音乐、整个空间，这就导致中国星巴克门店的翻台率远低于欧美地区。这也是该行业在中国的一个特点，所以需求的差异也是导致价格差异的另一要素。

最后需要关注的重要因素就是伴随房价一起飞涨的店铺租金和人力资源成本。近年来，整体房租一直随着房价上涨而上涨，包括用工成本，因此企业整体经营成本的上涨也会带来商品价格的上涨。

企业的定价方法基本有三种：成本导向定价法、需求导向定价法和竞争导向定价法。

一、成本导向定价法

这是中外企业最常用、最基本的定价方法，即从补偿成本的角度考虑产品的定价，具体有：成本加成定价法、盈亏平衡定价法和可变成本定价法。

1. 成本加成定价法

成本加成定价法是指以单位产品成本为依据，再加上一定比率的加成利润来确定产品的价格。计算公式为

$$单价 = 单位产品成本 \times (1 + 成本加成率)$$

$$或 \ P = ATC \times (1+r)$$

例：某电视机厂生产2 000台彩色电视机，总固定成本为600万元，每台电视机的变动成本为1 000元，如想获得25%的成本加成率，则电视机的售价应为多少？

我们可以先求单位产品成本：

$$单位产品成本 = 单位产品分摊的固定成本 + 单位产品的变动成本$$

即 $$ATC = \frac{6\,000\,000}{2\,000} 元 + 1\,000 元 = 4\,000 元$$

则 $$单价 = 4\,000 元 \times (1+25\%) = 5\,000 元$$

成本加成定价法的关键问题是确定加成率，为此需综合考虑市场供求状况及行业的平均利润水平等。实际中各个企业的成本水平是有差异的，因此，当各企业产品的市场销价大致相同时，成本低的企业就能够获得较高的利润，并且在价格竞争时也会有更大的回旋空间。

成本加成定价法简便易行，对买卖双方都比较公平。通常适合于供求稳定且基本平衡的市场。

2. 盈亏平衡定价法

盈亏平衡定价法又称量本利分析法，是管理上的一种常见分析方法。这种方法的关键是确定盈亏平衡点（见图 6-4 中的 Q_0），即企业收支相抵，利润为零时的状态。

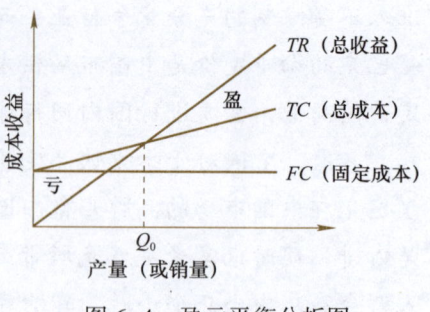

图 6-4 盈亏平衡分析图

盈亏平衡定价就是根据盈亏平衡点来确定价格水平，即根据预期的产量（或销量），确定产品的价格须达到什么水平才能做到以收抵支，盈亏平衡。

假设某产品的固定成本为 FC，单位产品的可变成本为 AVC，产量（或销售量）为 Q，产品单价为 P。根据盈亏平衡式：

$$总收益 = 总支出$$

其中

$$总收益 = 产量（或销量）\times 单价 = Q \times P$$

$$总支出 = 固定成本 + 变动成本 = FC + AVC \times Q$$

可以推导得出：

$$保本价（P_0）= \frac{总固定成本（FC）}{销量（Q）} + 单位变动成本（AVC）$$

$$保本量（Q_0）= \frac{总固定成本（FC）}{销售价格（P）- 单位变动成本（AVC）}$$

$$保本额（S_0）= P_0 \times Q_0$$

总之，运用盈亏平衡分析可以计算出预期销量下的保本价格以及一定市场销价下的保本销量。当市场价格高于企业的保本价格时，企业的销售就有利可图。但当市场不景气时，以保本价格销售也是企业可以接受的，因为保本经营总比停业的损失要小得多，而且企业还可以有回旋的余地。

同时，盈亏分析也揭示了企业保本量大小的取决要素：保本量与固定成本和企业单位变动成本呈正比，成本越大，保本量也越大；与产品的价格呈反比，价格高，则保本量低。因此从企业经营管理角度出发，企业应致力于通过精细化运营管理来降低成本，同时通过差异化的产品或者价值提供来提升企业定价权，这样双管齐下以降低企业的保本量，进而提升企业的经营安全度。

3. 可变成本定价法

在一些特殊情况下，如产品供过于求，卖方竞争异常激烈时，或者企业想要以价格为主要的市场竞争手段来打击或排斥竞争对手时，企业可以使产品售价低于平均成本，这时就可以采用变动成本定价，即企业定价以单位产品的变动成本为最低限度，只要是高于单位产品变动成本的价格，都是可以接受的。

例：某企业的固定成本为 10 000 元，单位产品可变成本为 0.6 元，预计销量为 10 000 件，根据市场条件，只能卖到 0.9 元/件，而该企业产品的平均成本是 $\frac{10\,000+0.6\times 10\,000}{10\,000}$ 元 =1.6 元。问：企业是否应该停产？

求解分析：

若停产，固定成本的支出仍然存在，则企业亏损 10 000 元。

若在 0.9 元/件的价格水平继续生产，则

$$销售收入（TR）=0.9 \text{ 元/件} \times 10\,000 \text{ 件} = 9\,000 \text{ 元}$$

$$而企业的总成本（TC）=10\,000 \text{ 元} + 0.6 \text{ 元/件} \times 10\,000 \text{ 件} = 16\,000 \text{ 元}$$

所以企业的盈利状况是：$TR-TC=-7\,000$ 元，即亏损 7 000 元。

可见继续生产的损失比停产的损失要小些，所以应继续生产。这时我们可以发现因为销价（0.9 元/件）＞单位产品可变成本（0.6 元/件），所以销售收入 9 000 元在补偿了产品的可变成本 6 000 元后，还剩 3 000 元，可用于补偿部分固定成本，因而亏损减少了。

如果企业经营多种产品，在这种情况下，还可考虑将亏损（上例中为 7 000 元）由其他产品来分担。例如企业为一些新产品定价时，因前期投入的成本很高，若按平均成本定价，则价格偏高，影响产品的销路，就可考虑按可变成本定价，而将其部分或全部固定成本由企业其他盈利好的产品分担。

按可变成本定价，企业易于掌握降价的幅度，比较灵活，也比较有竞争性，可以说单位产品的可变成本是企业定价和参与价格竞争的底线，如果售价低于可变成本，则销得越多赔得越多，就没有必要继续生产了。

二、需求导向定价法

需求导向定价法的出发点是顾客需求，即按照顾客对产品价值认知和需求程度制定价格，从而可以使产品定价灵活地适应市场需求，更好地促进产品销售，获取更好的收益，如引导案例中的情况。具体的定价方法有如下几种：

1. 认知价值定价法

认知价值即是消费者对产品价值的主观判断。认知价值定价法是指企业以消费者对产品价值的认知和理解程度为定价的依据，运用各种营销策略和手段建立并加强消费者对产品价值的认知，进而使产品定价与消费者心目中的认知价值水平相一致。这样不仅

使消费者能顺利地接受产品的价格，企业也会更加有利可图。

为了提高消费者对产品的效用和价值的认知程度，从而提高他们可接受的产品价格上限，企业一般要通过产品差异化和市场定位策略，突出产品特色，并辅以其他营销组合策略，提升企业和产品形象，使消费者感到购买这些产品能获得更多的相对利益。

2. 需求差异定价法

需求差异定价法又称差别定价法，是指企业对同一产品，根据不同的销售对象、不同的消费地点、不同的销售时间、不同款式等方面的需求差异而制定不同的价格。这种价格的差异是与不同的需求状况相关的，并不反映产品成本之间的差异。详见下一节中的需求差异定价策略。

3. 逆向定价法

逆向定价法是指企业依据消费者能接受的产品最终销售价格，逆向推算出中间商的批发价和生产企业的出厂价。这种定价方法是以市场需求为定价出发点，逆向推算出可行的产品定价，以此为基础核定生产成本，并通过有效的成本控制，最终达到以市场满意的价格出售产品并获得预期利润的目的。

三、竞争导向定价法

在竞争十分激烈的市场上，企业只能以市场上主要竞争对手的同类产品价格为主要依据制定价格，而将产品成本、需求置于次要地位。也就是说，只要竞争对手的价格不发生变化，即使成本或需求有所变化，产品价格也要保持不变；而一旦竞争对手的价格发生变化，即使成本或需求不变，价格也要及时调整。基于竞争的定价法主要有以下四种：

1. 随行就市定价法

这种方法就是根据市场流行的价格或同行业平均价格或行业中实力最强竞争者的价格，制定本企业产品价格的定价方法，适用于除完全垄断以外的其他类型的市场条件。这种定价方法有利于避免竞争，减少风险，有利于同行业企业间和平共处，多为小企业所采用。

2. 竞争差异定价法

这种方法是指定价企业不追随竞争者的价格，而是根据本企业产品与竞争对手产品的差异状况，有意地选择低于或高于竞争者的价格作为本企业产品的价格。因此，这种定价方法是企业定价权的一种体现。

3. 密封投标定价法

在国内外，许多大宗商品、原材料、成套设备、建筑工程项目等的购买和承包，以及政府采购时，大都采取一方招标，众多企业竞争投标，密封递价，最终买方按质优价廉的原则确定中标者，双方签约而成交。其中，投标价格是企业能否中标的关键因素。通常来讲，如果企业报价高，虽然利润大，但中标的机会少；反之，如果报价低，虽然中标的机会大，但企业利润也低。因此，投标企业需在分析竞争对手的实力和可能的报价基础上，权衡目标利润和中标概率，确定最佳的投标报价。

4. 拍卖定价法

拍卖定价法是指卖方通过委托拍卖行，召集竞拍人，以公开叫卖的方式引导竞拍人报价，利用其竞争求购的紧张心理，从中选择高价格成交的一种定价方法。这种方法历史悠久，常见于出售古董、珍品、高级艺术品或大宗商品的交易中。

第三节 企业定价策略

引导案例 6-3　Costco 引发消费狂热的价格策略

2019 年 8 月 28 日，经过两年筹备，美国最大的连锁会员制超市 Costco（中文名为"好市多"）在中国大陆的第一家门店终于在上海闵行开业。选址虽远离上海市区，但是生意却一片火爆，"Costco 茅台被抢光""Costco 开业首日被挤爆"等相关报道刷爆社交网络。

这样一家选址于上海市郊的普通仓储式超市为何能获得如此多消费者喜爱，Costco 究竟有何魔力能够掀起如此消费狂热？究其原因，最关键的还是在于其商品的价格优势。无论是奢侈品还是日常消费品，Costco 都有一定的价格优势。例如深受中国消费者欢迎和关注的商品——贵州飞天茅台在 Costco 店内 1 瓶售价 1 498 元；可爱多冰激凌 12 支装只需 37.9 元，平均 1 支 3.16 元，比其他超市售卖的 24 支装折合单价还要低。总体而言，Costco 非食品类的百货商品价格低于市场价的 30%～60%，食品类则低 10%～20%。

Costco 之所以能够形成这样的价格优势，在于其独特的定价策略和选品的结合。作为美国第一家最大的会员制仓储量贩店，所有商品只有 14% 的毛利，超过则必须上报董事长审批，是一家不靠商品差价赚钱，而靠会员费赚钱的企业。为保证低价，在选品方面，Costco 采取大容量、大包装、少品种的商品组合策略。其有一条定价原则是"大容量定价"，即不断增加商品的容量，直到每单位的价格最低。例如汰渍洗衣液，在一般超市相当于 0.39 美分/毫升，而 Costco 因增大汰渍洗衣液的容量，相当于 0.20 美分/毫升。同时，为了满足家庭用户的一站式购物需求，Costco 覆盖几乎所有日常消费品类，但是每个品类只精选 2～3 个最低价优质的商品。Costco 仅提供约区区 4 000 个活跃 SKU（最小存货单位），其中包括约 3 000 个生活必需品和约 1 000 个冲动型消费品。同时在商品开发上，绝大部分商品都是来自 Costco 和供应商合作开发的，从而降低采购成本，也为低价提供了保障。

为产品定价是一个极其复杂的过程，企业采取不同的定价方法，只是得到产品的基本价格。企业还需进一步根据具体的市场环境、产品条件、市场供求、企业目标等灵活地运用适当的定价策略和技巧，制定最终的销售价格，以期能达到扩大销售、增加企业利润的目的。

一、新产品定价策略

新产品与其他产品相比，可能具有竞争程度低、技术领先的优点，但同时也会有不被消费者认同和产品成本高的缺点，因此在为新产品定价时，既要考虑能尽快收回投资、获得利润，又要有利于消费者接受新产品。实际中，常见的定价策略有以下三种：

1. 撇脂定价（Skimming Pricing）

这种策略也称高价策略，指企业以远高于成本的价格将新产品投入市场，以便在短期内获取高额利润，尽快收回投资，然后再逐渐降低价格的策略。

我们生活中的许多电子产品、高科技产品都曾采取过此做法。一般地，撇脂定价策略适合于市场需求量大且需求价格弹性小，顾客愿意为获得产品价值而支付高价的细分市场；或企业是某一新产品的唯一供应者时，采用撇脂定价可使企业利润最大化。但高价会吸引竞争者纷纷加入，一旦有竞争者加入时，企业就应迅速降价。

2. 渗透定价（Penetration Pricing）

渗透定价策略又称薄利多销策略，与撇脂定价恰好相反，是指在新产品投放市场时，将价格定得较低，以吸引大量消费者，提高市场占有率。

采取渗透定价策略不仅有利于迅速打开产品销路，抢先占领市场，提高企业和品牌的声誉，而且由于价低利薄，有利于阻止竞争对手的加入，保持企业一定的市场优势。

渗透定价通常适合于产品需求价格弹性较大的市场，低价可以使销售量迅速增加；其次要求企业生产经营的规模经济效益明显，成本能随着产量和销量的扩大而明显降低，从而通过薄利多销来获取利润。

3. 试销价格（Trial Pricing）

试销价格是指企业在某一限定的时间内把新产品的价格维持在较低水平，以赢得消费者对该产品的认可和接受，降低消费者的购买风险。如微软公司的 Access 数据库程序在最初的短期促销价为 99 美元，而建议零售价则为 495 美元。

试销价格有利于鼓励消费者试用新产品，而企业则希望消费者通过试用而成为企业的忠实顾客，并建立起企业良好的口碑。该策略也经常被服务性企业所采用，如开业之初的特惠价等。但只有企业的产品或服务确实能使消费者感到获得了很大的利益时，此种策略才能收到预期的效果。

二、产品组合定价策略

产品组合定价是指企业为了实现整个产品组合（或整体）利润最大化，在充分考虑不同产品之间的关系以及个别产品定价高低对企业总利润的影响等因素基础上，系统地调整产品组合中相关产品的价格。产品组合定价主要有以下几种策略：

扫码观看：
产品组合
定价策略

1. 产品线定价策略

产品线定价策略指企业为追求整体收益的最大化，为同一产品线中不同的产品确立不同的角色，制定高低不等的价格。有的产品充当招徕品，定价很低，目的在于吸引顾客购买产品线中的其他产品；而有的产品定价高，则为企业的获利产品。产品线定价策略的关键在于合理确定价格差距。

2. 互补品定价策略

有些产品需要在一起互相配合使用，才能发挥出某种使用价值，如隐形眼镜与清洗液、饮水机与桶装水等。企业经常为主要产品（价值量高的产品）制定较低的价格，而为附属产品（价值量较低的）制定较高的加成，这样有利于整体销量的提升，增加企业利润。

3. 成套优惠定价策略

对于成套设备、服务性产品等，为鼓励顾客成套购买，以扩大企业销售，加快资金周转，可以使成套购买的价格低于单独购买其中每一产品的费用总和。

4. 副产品定价法

在诸多行业，在主产品的生产过程中，往往带有副产品的出现。例如，生产服装时，往往会剩余一些布匹的边角料，这些边角料对企业本身可能用处不大，但是对于其他企业则有一定价值，因此也可以作为产品进行销售。因此制造商需寻找一个需要这些副产品的市场，并接受任何足以抵补储存和运输副产品成本的价格。副产品的收入多，从某种意义上说，可以为企业制定主产品低价格提供一定补偿，从而提升企业的产品竞争力。

三、心理定价策略

心理定价是根据消费者不同的消费心理而灵活定价，以引导和刺激购买的价格策略。心理定价策略主要有以下几种：

1. 声望定价

声望定价指对一些名牌产品，企业往往可以利用消费者仰慕名牌的心理而制定远高于其他同类产品的价格。如国际著名的欧米茄手表，在我国市场上的售价从一万元到几十万元不等。消费者在购买这些名牌产品时，更多的是关注其品牌、标价所体现出的炫耀价值，希望通过消费获得极大的心理满足。

2. 尾数定价

对于日常用品，一般来说，消费者乐于接受带有零头的价格，这种尾数价格往往能使消费者产生一种似乎便宜且定价精确的感觉。尾数以数字9、8、6最为常见。

3. 整数定价

由于消费者常常根据价格来辨别产品的质量。对价格较高的产品，如耐用品、礼品或服装等消费者不太容易把握质量的产品，实行整数定价反而可以抬高产品的身价，从而达到扩大销售的目的。

4. 习惯性定价

有些商品，如牛奶等，消费者在长期的消费中，已形成了一定的参考价格水准，个别企业难于改变。企业定价如果低于该水准则易引起消费者对品质的怀疑，高于该水准则可能受到消费者的抵制。因此，企业在定价时常常要迎合消费者的这种习惯心理。

5. 招徕定价

零售商常利用消费者贪图便宜的心理，特意将某几种产品的价格定得较低以招徕顾客，或者利用节假日和换季时机举行大甩卖、限时抢购等活动，将部分商品打折出售，目的是吸引顾客，促进全部产品的销售。

四、需求差异定价策略

1. 顾客差别定价

同一种产品，对不同的顾客采取不同的价格。如一些旅游景点的门票，常对内外宾分别制定不同的价格，还有全票、半票、老年人免票等差别。

2. 产品差异定价

对不同型号、不同款式、不同档次的产品制定不同的价格。如民航有头等舱、经济舱之别，但其票价的差异要大于相应的成本之差。

3. 地点差异定价

同一产品因需求的空间位置不同而制定不同的价格。如体育场、影剧院等位置不同，票价不同。

4. 时间差异定价

同一产品因为需求的季节、日期、时间等的不同，而有不同的定价。如空调、防寒服、水果等时令商品大都有淡、旺季的价格差别；供电部门在用电高峰和低谷时间实行不同的电价；旅游景点的门票也有淡、旺季的差别等。

【课堂行动学习】定价策略运用

请列举日常生活中运用心理定价、需求定价的事例及效果。

五、折扣定价策略

企业为了鼓励顾客及早付清货款，或鼓励大量购买，或为了增加淡季销售量，还常常酌情给顾客一定的优惠，这种价格的调整叫作价格折扣和折让。

1. 现金折扣

现金折扣即企业对现金交易的顾客或对及早付清货款的顾客给予一定的价格折扣。许多情况下，采用此定价法可以加速资金周转，减少收账费用和坏账。

2. 数量折扣

数量折扣即企业给那些大量购买某种产品的顾客一定折扣，以鼓励其购买更多的货物。大量购买能使企业降低生产、销售等环节的成本。

3. 功能折扣

功能折扣又称贸易折扣，是制造商给予中间商的一种额外折扣，使中间商可以获得低于目录价格的价格。

4. 季节折扣

季节折扣是指企业鼓励顾客淡季购买的一种减让，以使企业的生产和销售一年四季能保持相对的稳定。

5. 推广津贴

推广津贴是指生产企业为扩大产品销路，向中间商提供的促销津贴。如零售商为企业产品刊登广告或设立橱窗时，生产企业除负担部分广告费外，还会在产品价格上给予零售商一定的优惠。

六、地区定价策略

通常一个企业的产品不仅在本地销售，同时还要销往其他地区，而产品从产地运到销地要花费一定的运输、仓储等费用。那么应如何合理分摊这些费用？不同地区的价格应如何制定？这是地区定价策略所要解决的问题。具体有以下五种方法：

1. 产地定价

以产地价格或出厂价格为交货价格，运杂费和运输风险全部由买方承担。这种做法适用于销路好、市场紧俏的商品，但不利于吸引路途较远的顾客。

2. 统一交货价

统一交货价也称邮票定价法。企业对不同地区的顾客实行统一的价格，即按出厂价加平均运费来制定统一交货价。这种方法简便易行，但实际上是由近处的顾客承担了部分远方顾客的运费，对近处的顾客不利，而比较受远方顾客的欢迎。

3. 分区定价

企业将销售市场划分为远近不同的区域，各区域因运距差异而实行不同的价格，同区域内实行统一价格。分区定价类似于邮政包裹、长途电话的收费模式。对企业来讲，分区定价可以较为简便地协调不同地理位置用户的运费负担问题，但对处于分界线两侧的顾客而言，还会存在一定的矛盾。

4. 基点定价

企业在产品销售的地理范围内选择某些城市作为定价基点，然后按照出厂价加上基点城市到顾客所在地的运费来定价。这种情况下，运杂费用等是以各基点城市为界由买卖双方分担。该策略适用于体积大、运费占成本比重较高、销售范围广、需求弹性小的产品。

5. 津贴运费定价

津贴运费定价是指由企业承担部分或全部运输费用的定价策略。当市场竞争激烈，或企业急于打开新的市场时常采取这种做法。

> **营销伦理小贴士**　价格策略的伦理问题

在企业营销活动开展过程中，价格作为有力的竞争武器，其策略的变化对市场相关参与主体竞争对手、顾客、政府等都会产生影响。在价格领域，企业违反市场伦理的主要表现为两个方面：

一是妨碍公平竞争，如串谋定价、歧视性定价、掠夺性定价等。串谋定价表现为同行企业或上下游企业之间进行互相串通，通过协议或默契方式，进行串谋定价，以达到共同占领市场或获取高额利润的行为；歧视性定价则表现为对于同一商品面向不同消费者采取不同价格的方式；掠夺性定价则表现为将竞争对手挤出市场或吓退欲进入市场的潜在竞争对手，通过远低于成本超低价方式达到目的的定价策略。

二是违反了消费价格的合理性，诸如价格欺诈、误导性定价、暴利价格等。价格欺诈表现为经营者以不正当价格手段，欺骗消费者并使其利益受损的行为；误导性定价表现为企业在经营过程中，使用容易使顾客对商品价格产生误解的表示或说法；暴利定价则表现为短期获得高额利润，使用不正当的价格行为。

上述价格行为显然对市场的公平竞争、消费者利益产生了不利影响，国家为保护市场公平、维护消费者权益，已通过相关法律、政策对企业定价进行了立法规范，企业应避免做出上述不当行为，为建立公正公平的市场秩序贡献力量。

本章小结

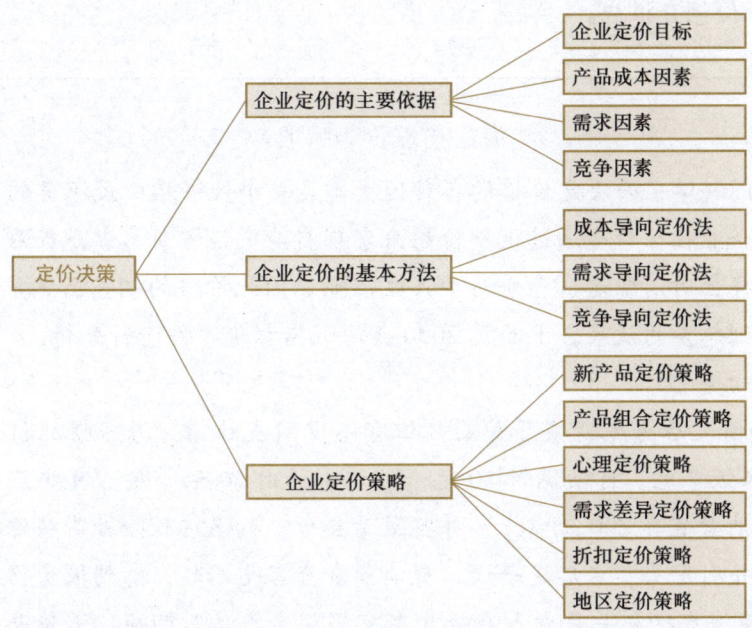

知识检测与拓展

1. "通常情况下,成本是企业定价的最低界限",对此你是如何理解的?
2. 结合实际,简述市场竞争结构的不同对企业定价的不同影响。
3. 什么是盈亏平衡分析?如何用此方法为产品定价?
4. 以需求为基础的定价方法有何优点?
5. 试举出一些企业为新产品定价时成功或不够成功的事例,并谈谈你的看法。
6. 试列举心理定价的若干实例,你有何新见解?

实训项目

【实训任务】

以本校附近2~3家商场或超市商品定价调查为选题,结合定价的相关理论及策略,分析当前环境下零售超市应如何制定科学合理的定价策略以吸引顾客。

【操作要求】

1. 以小组为工作团队,进行实地调研。

2. 了解和分析不同商场、不同品类商品定价策略的运用。
3. 就具体的商品或商场定价策略的有效性及存在的问题进行分析。
4. 撰写一份调查报告。

案例分析

海底捞涨价为哪般？

定价是一门科学，而决定价格的各种因素却是整个经济学中最深奥的学问。

实践中，企业往往希望通过调整价格来实现自身的经营目标。然而在实现目标的同时，其变动同样会对消费者、竞争对手产生影响。因此价格的调整虽然常见，但要因地制宜，才能达到想要的效果。下面就2020年海底捞涨价事件进行分析。

涨价事件回顾

2020年疫情之后海底捞恢复营业，但有不少网友吐槽：海底捞涨价了。一片土豆1.5元，一碗米饭7元，自助调料10元一位，小酥肉50元一盘，有些产品涨价幅度高达80%，人均消费直奔200元以上，并且菜量变少。知名餐饮企业带头涨价，一时间引起舆情大哗，并引发消费者广泛争议，有消费者直言吃不起，感到很受伤。

4月5日晚海底捞相关负责人在接受新京报记者采访时回应，涨价是受疫情及成本上涨影响，但整体菜品价格调整控制在6%，各城市实行差异化定价。

4月10日，海底捞针对舆情大哗，不得不对外发布致歉信，称"此次涨价是公司管理层的错误决策，伤害了海底捞顾客的利益，对此我们深感抱歉，并从即时起所有门店菜品恢复至疫情前标准"。海底捞方面同时称，海底捞各地门店实行差异化定价，综合考虑门店所在地的经营成本、消费水平、市场环境等因素，各门店之间菜品价格会存在一些差异。针对各地门店推出的自提业务，目前提供69折或79折的优惠，公司将在4月25日前改良包装材料，并持续优化成本，希望顾客能够满意。

涨价为何引起非议

食品类商品作为人们日常生活的必需品，属于典型的价格敏感型商品，因此该类商品的价格上涨必然引起人们心理上的冲击。同时，餐饮市场经过新冠疫情冲击后，消费信心远没有恢复，大多数人还在出门聚餐和继续宅家之间犹豫不决，绷不住的海底捞就来了一波涨价，特别是对那些长时间居家隔离而很想通过吃顿火锅来缓解自身情绪的消费者而言，此时海底捞如此明显地涨价让消费者感觉更加难以接受。

从经营层面来说，当时疫情尚未完全结束，隔桌就餐导致消费人数大幅下滑，加上菜品供应价格上涨，海底捞涨价本无可厚非。但海底捞的消费者不在少数，且正逢特殊时期，一有风吹草动，就会引发舆论风波。即使事后海底捞恢复了原价，并公开道歉，还免费送吃喝及伴手礼，依旧难以抹去消费者内心的芥蒂。

从经济学上来说，价格并不完全是由成本决定的，还受到供需关系的影响，而形成需求的两个条件，一是要具备支付能力，二是要有购买的欲望。支付能力又在很大程度上左右着购买欲望。疫情使得不少年轻白领收入受到影响,支付能力下降,餐饮这类关乎国计民生的商品在这个节骨眼上涨价,明显是不跟消费者统一战线,很容易引起价格敏感型人群的不满。

如何才能成功实施涨价策略

涨价是一门学问,是个技术活。如何才能使涨价策略成功实施,关键点在于把握好涨价的节奏、时机和理由。

要看自身商品属性。如果是主打性价比的普通快消品,那么涨价必须非常谨慎。首先要把握好涨幅节奏:可以小步快跑,切不可盲目追求一步到位。

还需要把握好涨价的时间点,可以借推出新品或者新规格来调整价格,给消费者合理的理由,而不是简单粗暴地直接拉升。

案例思考题:

1. 此次涨价给海底捞带来了哪些影响?
2. 如果你是海底捞总裁,你会如何实施价格变动策略?

Chapter 7

第七章

分销决策——抢占市场的桥头堡

---学习与能力目标---

◎ 了解分销渠道的概念,能描述出分销渠道的基本模式。
◎ 熟悉选择分销渠道的主要依据,熟悉主要的渠道策略及其适用性。
◎ 了解中间商的类型及各自的特点,了解零售业态新的变化。

第七章
学习导引

分销渠道是产品与顾客间的纽带，是连接企业与市场的桥梁，合理地选择分销渠道是市场营销组合策略中的重要决策，它直接关系到企业市场拓展及营销收益的成效。在竞争激烈、日益成熟的买方市场，企业间分销渠道的竞争日益激烈。

第一节　分销渠道的基本模式

引导案例 7-1　中国纸业大王，年销售额过百亿

提到维达纸巾，大家一定不会陌生。这家公司主要生产生活用纸，于 2007 年 7 月在香港联交所上市，成为全国生活用纸第一品牌。从 2016 年开始，公司年营业额突破百亿。2022 年，维达国际实现营业收入 194.18 亿港元。

从代工到业内顶尖，维达的发展历程着实令人惊叹。

维达纸巾的创始人李朝旺，在他 27 岁时成为亏损的广东新会日用品厂厂长，新官上任的他，以小包装纸巾作为第一个试验产品。当时，人们吃饭或外出时，一般还是用手帕，只有酒店有些面巾纸，但质量还很差。李朝旺是一次在香港陪客户吃饭时发现的这个产品，觉得很好用。于是他找到生产"雪花牌"纸品的上海利民造纸厂取得了广东的代理权，为上海这家工厂进行二次加工包装，生产"雪花牌"的小包纸巾。

靠着代理纸巾，新会日用品厂还清了债务，生意也蒸蒸日上，李厂长看到了其广阔的市场前景，萌发了自己开发品牌的想法。1987 年，新会开发出"威牌"面巾纸，这是中国第一款高档盒装面巾纸。但当时纸巾还不能被普通消费者接受，于是他们找五星级酒店推销自己的产品，提出将酒店 LOGO 印在纸巾包装上，终于赢得了一批酒店客户。

1990 年，新会注册了维达商标，并开发出卷纸产品，公司也成为当地最赚钱的企业之一。随着纸巾销量的增多，李朝旺意识到，想要长久地发展下去，需要把造纸环节也掌握在自己的手中。于是在 1993 年建立了当时国内一流的造纸厂——维达纸业城，设备是从国际行业巨头——日本川之江造机订购的。当年，维达的年营收突破 1 亿元。1999 年公司又从美国进口了价值千万的全自动化设备。

2000 年，维达拿下了江门麦当劳的订单，3 个月后广东省内 170 家麦当劳都用了维达的纸，随后，维达在全国的知名度进一步提升。

2005 年，维达花费 600 多万元请香港家喻户晓的明星沈殿霞（"肥肥"）做代言人，这笔广告费是维达前一年从香港市场赚到的总利润。维达的销售额当年翻了一番，品牌也开始誉满全港。

2007 年公司上市后，维达纸业在北京、四川、浙江、辽宁等地遍地开花，年产能超过 24 万吨。

2008 年，维达走出国门，与美国 NBA 篮球赛建立合作伙伴关系，将 NBA 名将的

肖像印在了维达的包装上。但年底却发现业绩出现小幅下滑。李朝旺找到全球著名调研公司尼尔森咨询，结论是"品牌老化，消费者年龄偏大，对年轻人缺乏吸引力"。

于是维达开始寻求突破，首先取得了《喜羊羊与灰太狼》4年的品牌授权，推出喜羊羊手帕纸、软抽、盒抽和卷纸等系列产品，得到了小朋友的喜爱。2010年喜羊羊系列销售额达3亿元，并受到沃尔玛、家乐福、麦德龙等超市巨头的欢迎。随后，李朝旺一鼓作气推出了"功夫熊猫""冰河世纪""海绵宝宝"等系列产品。

2011年1月，维达决定进军电商，又得到一号店、京东、阿里巴巴等几大电商巨头的支持。2013年，维达电商渠道的营收超过6亿元。

一、分销渠道的概念及作用

（一）分销渠道的概念

在现实经济社会中，企业的产品或服务必须通过交换过程才能进入消费领域，满足最终顾客需求，并实现产品价值，其间可能要经历不止一次的购销活动。产品或服务从生产厂家到最终顾客的过程中所经历的一系列购销活动及其参与组织所组成的链条，就被称为分销渠道。可以说，分销渠道是由一系列帮助产品或服务从生产企业到达最终消费者的销售合作伙伴（公司、个人）组成的。

分销渠道的主体有中间商（如批发商、代理商、零售商）以及物流公司等其他辅助性机构。

很多生产企业并不直接把产品销售给最终用户或消费者，而是要借助于一系列中间商的转卖活动，其中要完成的主要任务是商流、资金流、服务流、物流、信息流等。商流指的是商品交易活动、商品所有权转移的过程；伴随着商流的发生，资金流则是反方向的，由顾客流向中间商或企业；为更好地促进产品销售及资金的回笼，企业要向中间商、中间商要向顾客提供各种促销及服务，从而形成服务流；物流指的是由储存、运输活动等完成的商品实体转移过程，当然物流环节不一定与商流环节完全一致，可以由生产企业直接向终端顾客发货；信息流则是双向的，一方面企业要向中间商、顾客了解市场需求信息，另一方面顾客也需要向中间商、生产企业了解各种产品信息。

对生产企业来讲，其渠道经理或区域经理的工作职责就是要有效协同或处理产品销售、回笼资金、搜集信息、为中间商提供促销支持、客户服务等方面的问题。

（二）分销渠道的作用

分销渠道作为连接生产企业与最终用户的桥梁，其作用在于化解生产者与消费者或用户之间客观上存在的诸多矛盾，如：

（1）空间矛盾。如通常生产者在某地而消费者分布全国各地，或甲地生产乙地消费等。

（2）时间矛盾。如有些产品季节性生产常年消费，或常年生产季节性消费。

（3）产品供需数量矛盾。生产方通常是大批量、标准化生产，以有效降低生产成本，而消费者方面则是小批量购买、零星购买，因而双方存在供需数量上的矛盾。

（4）产品供需结构矛盾。生产方的生产多是专业化、少品种的，而消费需求却是多样化的。

中间商的介入则可以有效地解决上述种种矛盾，其所承担的运输、储存、流通加工等功能可以让生产方专注于生产，同时更好地满足消费者多样化的购买及消费需要。生产企业借助中间商进行产品销售，不需要自己去面对众多、零散的消费者，能够减少产品交易次数，提高工作效率，而且有助于节省时间和人力的耗费，降低交易成本，提高企业效益。

伴随着我国经济的快速发展，国民的消费水平日益提高，全社会消费品零售总额快速增长；新技术、新业态不断涌现，各类电商快速崛起，网络零售额占全社会消费品零售总额的比重不断提升，顾客的购买及消费越来越便利。

链接 7-1

2015—2022 年中国社会消费品零售总额及网络零售额统计，见表 7-1。

表 7-1 2015—2022 年中国社会消费品零售总额及网络零售额统计

年份	社会消费品零售总额（亿元）	网络零售额（亿元）	网络零售额占比（%）
2015	300 931	38 773	12.9
2016	332 316	51 556	12.6
2017	366 262	71 751	19.6
2018	380 987	90 065	18.4
2019	411 649	85 239	20.7
2020	391 981	97 590	24.9
2021	440 823	108 042	24.5
2022	439 733	119 642	27.2

（资料来源：据国家统计局年度公报整理）

二、分销渠道的基本模式

根据客户购买产品的消费目的与购买特点方面的差异性，分销渠道可以分为消费者市场的分销渠道（见图 7-1）和组织机构市场的分销渠道（见图 7-2）。

扫码观看：
分销渠道模式

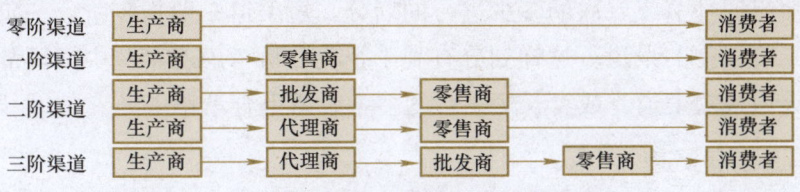

图 7-1 消费者市场的分销渠道

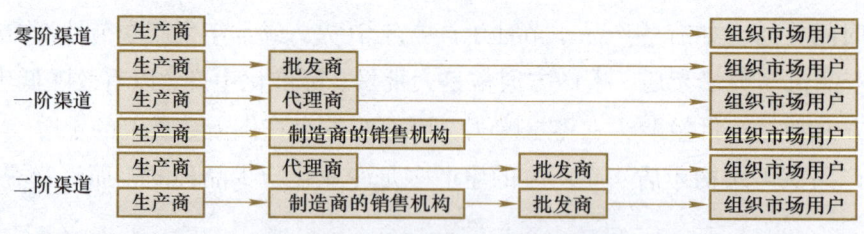

图 7-2　组织机构市场的分销渠道

根据分销渠道中所经过的层次的多少，可将分销渠道分为零阶渠道、一阶渠道、二阶渠道、三阶渠道等。

工业产品的分销渠道一般较短，多为零阶渠道或一阶渠道，产销关系较为密切。零阶渠道便于企业及时了解市场动态，密切产销关系，加速资金周转；但企业需要投入或具备专业的人力、资金等资源。

消费品市场中长渠道较为多见，如二阶、三阶渠道，渠道长、分布面广，可覆盖更大的市场范围，有利于扩大产品销售。但缺点是销售环节多，流通费用相应增加，同时，市场信息的反馈也可能失真，渠道成员管理、销售价格体系管理的难度也相应增加。从制造商的角度来看，渠道层次越多，越难控制，出现的矛盾和问题也会越多。

代理商则在国际市场营销中应用较普遍。

三、分销渠道的类型

【课堂行动学习】探究产品的分销渠道

请搜集信息，分别描绘出汽车、洗发水、蔬菜，或其他你感兴趣的产品，从产品生产者到最终消费者流转过程中，所经历的主要节点（中间商）及数量，用图展示。

1. 直接渠道和间接渠道

这是按照企业分销渠道中是否有中间商参与进行的划分。

直接渠道指零阶渠道，即制造商不通过任何中间商直接将产品销售给消费者或用户。组织机构市场的产品销售一般都是直接渠道。消费品领域有安利、雅芳等的直销模式，及网络直销、电视直销、邮购直销等。

间接渠道是指产品从制造商向消费者或用户转移的过程中要经过一个或一个以上的中间商。这种分销渠道多用于生活消费品的销售。

2. 长渠道和短渠道

这是按照流通环节或层次的多少进行的划分。短渠道一般指零阶、一阶渠道，长渠道指二阶及二阶以上的渠道。这样划分有利于企业分析考虑对某些中间环节的取舍，选择合理的长渠道或短渠道，或者长短结合的多种渠道组合策略。

3. 宽渠道和窄渠道

这是按照渠道中每个层次所包含的同类中间商数目多少进行的划分，如果一个层次中同类中间商（如零售商）很多，通常就称之为宽渠道；反之，则称之为窄渠道。通常，生活消费品多适合宽渠道销售，而生产资料和少部分专业性较强或较贵重的消费品适合窄渠道销售。

4. 单渠道、多渠道、全渠道

单渠道，指企业只选择单一渠道或单一的模式进行销售，如只选择单一的经销商模式进行销售，或只选择实体店、实体连锁店这种渠道类型进行销售。实体渠道的弊端是仅仅覆盖实体店周边的顾客。

多渠道，指企业采取不同类型的渠道模式进行销售。如不同的区域采取不同的销售渠道；线下、线上销售相结合等。

全渠道，指从顾客体验出发，企业为了满足消费者任何时候、任何地点、任何方式的购买需求，采取将企业现有渠道（如实体渠道、电商渠道和移动电商渠道）有效整合的方式销售商品或服务，可以做到同城同价、线上线下同价、就近配送等，为顾客提供无差别的购买体验。

单渠道、多渠道基本上是传统渠道的建设思路，围绕着一个个销售通路的搭建做文章，面临着争夺渠道资源的激烈竞争；多渠道模式的企业，其不同渠道可能由不同的团队经营，在产品、服务、促销、顾客体验等方面存在极大的差异，企业也难以及时、准确地掌握市场信息。

全渠道则打破了渠道的同质化竞争，它基于互联网信息技术，任何一个渠道都是企业与消费者的接触点，企业与消费者的沟通是直接、多渠道、全方位的，同时打破了渠道间的壁垒，实现各个渠道的人流、货流、资金流的共享。总之，全渠道能够立足于顾客购买的便利、良好的体验，进行渠道的网状布局，做到全面的信息化。

当今移动互联网时代，电商渠道得以迅猛发展，包括交易电商（淘宝、天猫、京东等），社交电商（小红书、拼多多、各类微店、代购、微商城等），内容电商（微信公众号、IP植入、直播电商等）等，可供选择的电商渠道越来越多，企业分销渠道调整和变革面临极大的机会与挑战。

实例 7-1 // 新型电商渠道兴起

小红书电商

2014年10月"小红书福利社"（小红书的自营电商平台）上线，该平台根据已累积的海外购物数据，分析出最受欢迎的商品及全球购物趋势，在此基础上把全世界的好商品以极短的路径、极简洁的方式提供给用户。启动5个月时间里，销售额达2亿元人民币。近年来，完美日记、钟薛高、小仙炖、谷雨、Maia Active等新品牌在小红书上成长起来，回力、百雀羚、大白兔、李宁等老品牌通过小红书被更多年轻人喜爱，成为新消费品牌的代表。

目前，小红书已成为国内大型生活方式社区，内容覆盖美妆、穿搭、旅行、美食、职场、情感等各个领域，每天产生超过45亿次的笔记曝光。小红书月活用户数已经破亿,并持续快速增长。

小米入驻抖音

2019年1月7日,小米官方微博发布消息,小米将与抖音联合发布战略级新品,双方将于1月10日同步发布全新的独立品牌红米(Redmi),以及全球首个抖音快闪店。

在此之前,小米已经在抖音上开设了官方账号,并收获了255万粉丝,另一个账号"小米商城"也拥有242.4万粉丝。小米商城抖音号的成功,一方面是因为小米拥有广泛的粉丝基础,许多小米手机的忠实用户纷纷转化成小米抖音账号的粉丝;另一方面,小米一直秉承着"与用户交朋友"的价值观,重视用户的意见与建议,小米手机在拍摄抖音视频方面极具优势。

第二节 分销渠道选择及策略

引导案例 7-2　宜家家居入驻天猫旗舰店

2018年以前,宜家(IKEA)在中国市场一直坚持线下体验式销售模式,对线上渠道的尝试颇为谨慎,2018年8月才开启第一个线上渠道——宜家官方网上商城。

2020年3月10日,宜家家居宣布正式入驻天猫,这是宜家在全球开出的首个第三方平台线上官方旗舰店。首期,宜家天猫旗舰店上架3 800余款产品,包括客厅、卧室等品类的畅销商品。初期服务上海、江苏、浙江、安徽的消费者,之后再逐步拓展至全国。双方还打通了会员体系,消费者在宜家天猫旗舰店和门店可使用同一账号,且价格一致。

宜家中国区总裁安娜·库丽佳表示:"加入天猫这个平台是宜家中国战略所取得的重要里程碑,也是我们在渠道拓展方面的又一突破。很高兴可以和全球领先的电商服务供应商阿里巴巴合作,更好地满足中国消费者随时随地的购物需求。"

天猫兼淘宝总裁表示:"宜家是全球领先的家居用品零售商,深受中国消费者的喜爱。我们非常高兴,可以助力宜家线上渠道的开拓,帮助更多中国消费者更加便捷地购买宜家产品。"

宜家的淘宝直播首秀也十分火爆,开播10分钟,观看人数就达到2.7万人,很快这个数字就超过了30万。

一、影响企业分销渠道选择的因素

影响分销渠道选择的因素很多,企业应综合分析产品、市场、竞争及企业本身等各种因素,以便做出正确的决策。

（一）产品因素

（1）单位产品价值。单位价值低的产品，通过中间商来进行销售，中间商可承担部分销售成本，有利于扩大产品的市场覆盖面，适合长渠道、宽渠道；反之，高单价产品，分销路线通常比较短。

（2）产品的大小与重量。体积大、分量重的产品，往往意味着较高的运输成本、储存成本，一般应尽量选择短的分销渠道。如机械设备多数只通过一个环节，甚至取消中间环节，由生产者直接供应给用户。

（3）产品的易腐性。产品是否容易腐烂、损坏，是影响产品实体运输和储存的关键因素。易腐、易损的产品，应尽量缩短分销途径，迅速地把产品出售给消费者。鲜活产品的渠道一般都较短，就是这个道理。

（4）产品技术的复杂性。产品技术比较复杂、对售后服务要求较高的产品，如现代化办公设备、大型机电设备等，一般生产企业要派出专门的人员去指导用户安装、操作和维修。因此，这些产品的分销渠道一般都是短而窄的。

（5）产品的时尚性。式样或款式更新变化快的产品，如各种新奇玩具、时装等，分销渠道应尽量缩短，以免流转环节较多、周转时间较长；而时尚性不强、款式更新慢的商品，分销渠道可以适当延长，以便广泛销售。

（6）是否为新产品。企业为了尽快地把新产品推向市场，通常会采取强有力的推销手段，甚至不惜为此付出大量的资金组建推销队伍，直接向消费者推销。当然，为节约成本，在情况许可时也应考虑利用原有的分销渠道。

（二）市场因素

（1）市场范围的大小。一般情况下，顾客分布越广，分销渠道就越长，这样才能触达到更多的顾客。如产品要在全国范围销售或进入国际市场，则应广泛利用中间商，选择较长、较宽的渠道；如果产品销售范围很小，或就地生产就地销售，则可采用短渠道，由生产者直接销售或通过零售商销售。

（2）消费者的购买习惯。消费者的购买习惯也会影响分销渠道的选择。一些日用生活必需品，其价格低，消费者数量大，购买频率高，顾客不必做仔细的挑选，希望随时随地都能买到，生产企业应尽量多采用中间商，扩大销售网点，其分销渠道应长而宽。对于一些耐用消费品，生产企业一般只需通过少数几个精心挑选的零售商去销售产品，甚至在一个地区只通过一家零售商去推销其产品，其分销渠道可以短而窄。

近年来，随着人们线上消费习惯的逐渐养成，越来越多的企业意识到发展线上渠道的重要意义，纷纷加大了电商领域的投入，通过线上官方旗舰店增加品牌曝光，提升产品销量。

（3）市场的其他特点。销售季节性的变化、节日等因素也都是企业选择分销渠道时应考虑的因素。

（三）竞争者分销渠道因素

企业在选择分销渠道时，还需了解清楚竞争对手的渠道状况，再考虑选择针锋相对或避其锋芒的渠道。

一般来说，当实力强大的竞争者使用和控制着传统的分销渠道时，实力弱的企业就需要拓展其他不同的分销渠道来销售自己的产品。当然，同类产品的生产企业为了便于消费者的选购，往往会与其竞争者争抢相同的分销渠道。

（四）企业自身因素

（1）企业的声誉与财力。企业的声誉越卓著，财力越雄厚，越可以自由选择分销渠道，甚至还可以建立自己的销售网点；如果生产企业财力微薄，或声誉不高，则须依赖中间商进行产品销售。

（2）企业自身的销售力量和销售经验。一般来说，如果企业自身有足够的销售力量，或者有丰富的销售经验，就可以少用或者不用中间商；否则，就只能将整个销售工作交给中间商。

（3）企业对分销渠道的控制要求。如果企业想要严格控制产品的销售价格和新鲜程度，或为了产品的时尚性，则要选择尽可能短的或尽可能窄的分销渠道。

（五）政策及法律因素

国家政策及法律有些会涉及企业产品分销渠道的情况。如国家规定有些产品须专营、专卖，以及对某些产品的进出口限制、反垄断法规等，企业必须遵循国家政策及法律的要求。

二、分销渠道的设计

分销渠道设计主要包括选择渠道类型、选择渠道的宽度以及确定渠道成员的权利与责任。

扫码观看：
营销渠道设计
四步法

（一）选择分销渠道类型

企业分销渠道设计首先是要决定选择什么类型的分销渠道，是直接渠道还是间接渠道，实体店还是电商渠道。如果决定通过中间商分销，还要进一步决定选用什么类型（如批发商、零售商、代理商等，详见本章第三节）和规模的中间商。

此外，还要考虑渠道长短的选择。通常越短的分销渠道，制造商承担的销售任务就越多，信息传递越快，销售越及时，就越能有效地控制渠道。越长的分销渠道，中间商要承担的销售渠道职能越多，流通时间越长，信息传递就越慢，制造商对渠道的控制就越弱。制造商在决定分销渠道长短时，应综合考虑制造商自身条件、产品的特点、市场因素以及竞争者渠道等因素。

（二）选择分销渠道的宽度

分销渠道的宽窄，主要取决于企业希望产品在目标市场上扩散范围的大小。通常有以下三种策略可供选择：

（1）广泛分销策略（Intensive Distribution）。该策略又称密集分销策略，是指制造商广泛利用大量的中间商经销自己的产品。

广泛分销策略常用于日用消费品和工业品中标准化、通用化程度较高的产品（如小件工具、标准件等）的分销。对于此类产品，消费者注重的是能否迅速而又方便地购买和使用，制造商则希望自己的产品能尽量扩大销路。

这种策略的优点是产品与顾客接触机会多，有利于提高产品的市场占有率。但生产企业基本无法控制这类渠道，与中间商的关系也较松散。

采用这种策略时，制造商要与众多中间商发生业务关系，而中间商往往同时经销众多厂家的产品，因此，一般来讲，制造商要负担较高的促销费用，以设法鼓励和刺激中间商积极推销本企业的产品。

（2）选择性分销策略（Selective Distribution）。该策略是指制造商从愿意合作的中间商中选择一些条件较好的中间商去销售本企业的产品。

这种策略的特点是制造商只在一定的市场上选用少数几家有实力、信誉较好的中间商推销本企业的产品。通常适用于顾客需要在价格、质量、花色、款式等方面精心比较和挑选后才能决定购买的产品。

选择性分销策略的优点是有利于培养工商企业之间的合作关系，提高渠道的运转效率，而且还有利于提高产品在用户中的声誉，有利于制造商对渠道进行适度控制。

（3）独家分销策略（Exclusive Distribution）。该策略是指制造商在一定的市场区域内仅选用一家经验丰富、信誉卓著的中间商销售本企业的产品。

这种策略主要适用于顾客购买专业化程度高且十分重视产品品牌的特殊品，如需要现场操作表演和介绍使用方法的机械产品、高档耐用消费品等。在这种情况下，双方一般都会签订合同，规定双方的销售权限、利润分配比例、销售费用和广告宣传费用的分担比例等；规定在特定的区域内不准许制造商再找其他中间商经销其产品，也不准许所选定的中间商再经销其他企业生产的同类竞争性产品。

独家分销策略的优点是：生产企业易于掌控市场及销售价格；只有一家专营中间商与生产者签订协议，可以提高中间商的积极性和销售效率；有利于产销双方较好地互相支持和合作。其缺点是：在该地区生产者过于依赖一家中间商，容易受其支配；如果选择不当或客观条件发生变化，可能会完全失去市场；一个特定地区只有一家中间商，可能因为推销力量不足而失去许多潜在顾客。

（三）确定渠道成员的权利和责任

在确定了渠道的模式及宽度之后，企业还要规定出与中间商彼此之间的权利和责任，主要包括价格政策、销售条件、地区权利以及各方应提供的具体服务。

如对不同地区、不同类型的中间商和不同的购买量给予不同的价格折扣,提供质量保证和跌价保证,以促使中间商积极进货。还要规定交货和结算条件,以及规定彼此为对方提供哪些服务,如厂方提供零配件,代培技术人员,协助促销;中间商提供市场信息和各种业务统计资料等。

三、协调渠道成员关系

实例 7-2 // 京东与海尔不断深化战略合作

在 2019 年京东 11.11 家电排行榜上,海尔强势占据冰箱、洗衣机、热水器三个分榜单的榜首。出色的业绩不仅源于海尔过硬的产品和京东优质的服务,更与双方的战略合作、相互助力密不可分。

早在 2013 年,海尔就开始与京东开展全面的深入合作,2014 年将海尔、统帅、卡萨帝等全品牌入驻京东。京东家电也全面向海尔开放,以最优惠的条件和共赢的心态,提供在商品供应链、物流仓储、技术和金融等方面的家电零售资源,助力海尔的互联网转型,实现了双方的合作共赢。

从此以后,海尔一直是京东家电 6.18 和 11.11 销售排行榜上位居前列的常客,销售业绩屡创新高。2017 年,海尔洗衣机从 9 月起就分出数条生产线专门为京东生产爆品型号和专供型号,确保当年 11.11 期间在京东的供货。

2018 年 9 月,京东根据消费者家电网购大数据,联手国内外知名家电厂商共同推出了因需定制、满足消费者个性化需求的"京品家电",海尔是最早参与合作的厂商之一。2019 年 1 月京东在美国 CES 大展上完成与八大家电品牌超过 1 000 亿元的年度战略合作签约,2 月又完成与包括海尔在内的十大家电品牌的年度 GSKA 战略合作签约,签约总金额超过 1 300 亿元。

海尔在京东平台的销售,已从初期单纯的线上销售发展至全面进入下沉市场——从覆盖全国 2.5 万个乡镇、60 多万个行政村的 12 000 多家京东家电专卖店,到覆盖大中城市的京东五星电器无界零售体验店,再到现在面积近 5 万平方米的京东电器超级体验店重庆店开设品牌体验专厅,双方合作一步一步实现了从线上到线下,全品牌全系列覆盖全渠道的蜕变和进化。

可以说,京东与海尔的战略合作不仅是简单的供销合作,而是全方位的共享、共创和共赢。

在激烈竞争的市场环境中,谁能掌握和控制好分销渠道,谁就掌握了产品通向市场的钥匙。因此,协调与渠道成员的利益关系,维护分销渠道的顺畅运转,是企业分销渠道管理中最基本、最重要的内容。

然而,与制造商相比,中间商的需求和面临的问题是完全不一样的。首先,中间商追求自身利益最大化,在利益关系上,可能与制造商是相互冲突的;其次,中间商可能更多地关注客户的需求，更愿意为客户提供能满足其需要的系列商品，而不仅仅为某一家制造商服务，只销售一家企业的产品。

因此，利益是分销渠道的润滑剂与原动力，也是渠道成员间的黏合剂。当前制造商与中间商之间并不是上令下行的关系，相反，中间商凭借其贴近需求终端的优势，可以更准确地进行需求识别和市场预测，一些有实力的中间商（如京东等），已具备了后向整合生产过程的能力，开始尝试与生产企业深度合作，呈现流通企业引领供给侧变革的新趋势。因此，生产企业需要通过一系列的激励机制来维系与中间商的关系，积极谋求与中间商的合作共赢。

第三节　中间商的主要类型

引导案例 7-3　名创优品为何成为零售"黑马"？

名创优品（MINISO）创立于 2013 年，由日本设计师三宅顺也先生和中国企业家叶国富先生共同创办，三宅顺也兼任首席设计师，叶国富任首席执行官。

名创优品的店铺面积大都在 100～200 平方米，选址多在购物中心、商业步行街等人流量大的地方，其 logo 酷似优衣库，装修及产品风格对标无印良品。现公司产品系列有创意家居、生活百货、健康美容、时尚配饰、数码配件、食品、IP 授权等，聚焦于生活美学消费品。凭借极致的产品设计、极高的性价比、极好的购物体验三个核心优势，广受 18～35 岁主流消费人群的喜爱。目前，名创优品在全球 80 多个国家开店超过 4 000 家。

短短几年时间，能够进驻到 80 多个国家，开店总数达到 4 000 多家，这个零售"黑马"是怎么做到的呢？叶国富开创了一种介于直营与加盟之间的新做法——名创模式。直营模式，是自己投资、自己管理，开店速度通常比较慢；加盟模式，是别人投资、别人管理，开店速度可以很快，但各加盟店可能各自为政，不便于统一运营和管理；叶国富的名创模式，则是别人投资、自己管理。具体来讲，加盟方只是投资人，承担品牌使用费、门店租金、装修和首批进货的货款；除此之外的其他费用均由名创公司负责，如员工聘用、日常管理、商品配送和促销计划等；投资人按照日结分成比例获取收益。

通过名创模式，公司实现了快速扩张。由于店铺数量多，且实行统一运营及管理，名创优品直接从制造商处进行大规模采购，摊薄产品成本。在一些关键品类上参股优质供应商，与之建立核心战略供应关系。仅仅靠低价当然是不够的，名创优品还有自己的设计师团队，使其产品极具系列感、简约风、时尚感。公司将大量的资源投入在供应链建设和门店运营管理上。

中间商是处于生产企业与最终顾客（消费者或用户）之间的，参与商品流通活动，促使交易行为发生和产品价值实现的各类组织和个人。

根据中间商所担负的职能的不同,可将其分为批发商和零售商两大类。形象地来讲,批发商的作用相当于商品流通中的"动脉血管",零售商则相当于"静脉血管"。

一、批发商

批发商是商品流通领域中大批量购进、大批量售出的重要中介组织。他们向生产企业或上游供应商大批量采购产品,再将产品大批量地销售给零售商或其他生产经营企业。

批发商具体可分为三种类型:

(一)商业批发商

商业批发商是批发商中最主要的类型,他们大批量购进、大批量销售商品,拥有商品的所有权,承担后续商品交易的风险。

(1)按其经营商品种类的多少可分为专业批发商、综合批发商、批发市场。

专业批发商专门经营某一类或某一种商品,如水果批发商、五金产品批发商等;综合批发商经营多类商品的批发;批发市场则是由多种批发组织组成的集合体,或以某类商品为中心集结众多批发商,聚集地开展批发业务。

(2)按其提供服务范围的多少可分为完全服务批发商和有限服务批发商。

完全服务批发商提供诸如专门的销售人员服务、仓储物流、顾客信贷、协助管理等较全面的服务;有限服务批发商则为了减少费用,降低批发价格,只对其客户提供有限的几项服务,如现货自运批发商、承销批发商、卡车批发商、邮购批发商等。

(二)代理商和经纪人

代理商不拥有商品所有权,其主要职能是为买卖双方沟通信息、促成交易,其收益主要是从委托方处获得佣金或者按销售收入的一定比例获取提成,因而代理商一般不承担经营风险。代理商具体可分为生产代理商、销售代理商、采购代理商、经纪人。

(1)生产代理商。他们与生产企业签订销售协议(涉及价格、运输、担保等),在一定区域内负责代理销售生产企业的产品。一家生产企业可与多家生产代理商签订销售协议,按销售额的一定比例付给代理商酬金。

(2)销售代理商。他们通常与多家生产企业签订长期合同,负责替企业代销全部产品,且不限定在某一地区内。也就是说,每一家生产企业只能使用一个销售代理商,生产企业将其全部销售工作委托给某一个销售代理商以后,不得再委托其他代理商代理其产品,甚至也不能再派推销员去推销产品。因而销售代理商在销售价格、促销及其他销售条件方面有较大的权力。

(3)采购代理商。他们的主要工作是为委托人采购商品,并担负收货、验货、储运等职责。如在大型服装市场,有一些常驻买手,他们经验丰富,为其委托人采购适宜的商品，并提供有益的市场情报。

（4）经纪人。经纪人可能代表卖方，也可能代表买方，其主要任务是为买卖双方的接触与谈判牵线搭桥、促成交易，交易完成后，从交易额中提取佣金。

经纪人不拥有商品的所有权，也不承担价格变动的风险，且与委托人的关系仅限定在一次特定的交易中，交易结束后委托关系即告终止，如房地产经纪人。

（三）生产商的销售组织或办事处

这是生产商自己设立的，专门经营批发业务的销售部或销售办事处。其职能是负责销售本企业的产品。

二、零售商

零售商是指将商品或服务直接销售给个人或家庭消费者，供其消费使用的中间商。

作为普通消费者，我们日常生活中接触到的超市、街边小店、购物中心等都属于零售商，零售商分布面广、数量多。其主要功能是满足最终顾客小批量、高频次购买的需要。

零售商种类繁多，这里我们从商店零售商、连锁店、无店铺零售商、新零售几个层面进行介绍。

（一）商店零售商

商店零售商，顾名思义是指那些有固定店面的零售商，主要的形式有：

（1）专业商店（Specialty Store）。这是专门经营单一产品线的全部或部分商品，或经营具有连带性的几类商品的零售店，如电器商店、钟表店、眼镜店、书店、药店、体育用品商店、文化用品商店等。经营专业商店需具有较高的专业知识和操作技能。

（2）百货公司或商场（Department Store）。这是指大型零售商店，其特点是：经营多条产品线的多种商品，即经营的商品种类多，花色品种齐全，能满足消费者多方面的购买需要。

（3）超级市场（Supermarket）。其主要经营食品、日用品，其特点是顾客自助服务，因而可以节省售货时间，节约商店人力成本，同时给顾客的购物提供极大的便利。

（4）方便商店（Convenience Store）。多为设在居民区附近的小型商店；经营的品种范围有限，多为周转率高的方便商品；营业时间通常很长，如"7-11"便利店。

（5）折扣商店（Discount Store）。其经常以低价销售商品，所售商品多为制造商品牌，低价并不意味着产品质量低下。其选址多在租金低的地段，店铺装修简单，提供服务较少，主要通过降低成本来实现低价经营。

（6）购物中心（Mall）。购物中心一般占地与经营规模很大，是由一个管理机构组织、协调和规划，将多种零售店铺、服务设施集中于一个建筑物或一个区域内，向消费者提供综合性服务（如购物、餐饮、休闲、娱乐、文化、艺术、体育、教育等）的商业集合体。

购物中心迎合了当今体验经济时代发展的需要，能有效地将"周末""休闲""购物"等生活需要融为一体，已成为目前我国重要的零售经营模式之一。根据业态特色的不同，购物中心可分为能量中心、奥特莱斯（Outlets）、生活方式中心、主题/娱乐中心；根据消费定位的不同，购物中心可分为高端奢侈型购物中心、时尚型购物中心和大众生活型购物中心；从选址、商圈及目标顾客、规模、商品（经营）结构等综合情况来讲，购物中心可分为社区购物中心、市区购物中心和城郊购物中心。

链接7-2

部分购物中心的特色

能量中心：以多个主力店为核心，再加上少量的小租户；典型的主力店有家居店、仓储会员店、折扣百货店等。

奥特莱斯：集中一些品牌折扣店、工厂折扣店；主要销售过季、断码的名牌产品。

生活方式中心：大多位于富裕居民区附近，主要业态为高档连锁专卖店；一般采用户外结构形式，有餐饮、娱乐等配套服务。

主题/娱乐中心：多以餐饮、休闲娱乐服务为主，店铺及建筑设计上体现一个统一的主题；有的会依托历史事件、有意义的建筑物等来吸引游客。

时尚型购物中心：通常装修豪华，设计精致，以高档服饰店、流行服装店、手工艺品商店等为主。

社区型购物中心：一般位于大型居民区附近，提供综合性商品、便利性商品及服务；主要业态有超市、药店、家居用品店等。

（二）连锁店

连锁店是指以统一品牌标识、统一装潢设计、统一经营管理，经营同类商品或服务的两个以上的零售店组成的零售组织。与独立的零售店相比，其优势是可以低价大量采购，具有规模优势；可由专业管理人员在进货、库存、宣传、促销、销售预测等方面科学决策及统一运营管理。

根据各连锁分店在所有权、财务权、管理权等方面的集中程度不同，可分为以下三种形式：

（1）直营连锁。这是最为正式、紧密的连锁经营形式，各分店均由同一个所有者所有和管理。如由总店所有，并采取统一店面、统一标志、统一进货、统一配送、统一结算的管理方式。

（2）自由连锁。自由连锁是由若干独立经营的企业通过合作契约的形式建立的连锁关系。在所有权与财务上，一般各个分店是独立、平等的；在管理方式与采购、配送上，可自行协商,并在合同中做出明确规定。

(3)特许连锁。特许连锁也称合同连锁、契约连锁,是特许人(一家生产企业、中间商或服务组织)以其独特的产品品牌、商标、专利权、经营诀窍或商誉作为特许对象,与特许经营人(被特许方、加盟方)根据特许合同而建立合作关系的一种契约式联合,允许特许经营人按合同约定在统一的经营模式下开展经营活动,并须交纳一定的特许经营权使用费。特许经营模式通常在餐饮、旅馆、娱乐、旅游等行业被广泛采用。

按照我国《商业特许经营管理条例》规定,特许人(公司)除须具备相应的法律主体资格外,还应该有自己的直营店至少两家,且经营一年以上。

实例 7-3 // 肯德基的特许经营模式

> 与世界上其他著名的品牌连锁企业一样,肯德基也采取了"特许经营"的方式在全世界拓展业务。
>
> 但不同公司特许经营的模式也有所不同。2000 年 8 月,中国地区第一家"不从零开始"的肯德基特许经营加盟店在常州溧阳市授权转交,这是肯德基在中国市场开展特许经营的一种特有方式。
>
> 肯德基的"不从零开始"是指:肯德基是将一家成熟的、正在盈利的餐厅转手给加盟者。加盟者不需进行自己选址、开店、招募与培训员工等大量繁重的前期准备工作。众所周知,选址往往是零售企业成功的关键,而肯德基将一家正在盈利的肯德基餐厅交给加盟者,加盟者的经营风险就可大大降低,仅靠维持就能成功。

(三)无店铺零售商

无店铺零售商是指没有直接面向顾客的实体店铺,而是借助一定的技术手段、媒体、人员等来进行销售的零售商,如直接销售、直邮、电话销售、电视购物、自动售货机销售、网络销售等。近年来,伴随着技术的进步、社会的发展,无店零售得到快速发展,前景广阔。

> 【课堂行动学习】如何区别直销与传销
>
> 随着科技的进步,新型网络传销的形式花样百出,还有企业打着直销的幌子进行非法传销。请结合身边的事例,总结两者的区别。

1. 直接销售(Direct Selling)

直接销售是指直销企业招募直销员,由直销员在固定营业场所之外直接向最终消费者推销产品的销售模式,如上门推销、办公室推销等。世界上知名的直销公司有雅芳、安利、玫琳凯等。

直销最早产生于 20 世纪 50 年代的美国,60、70 年代流行于日本、中国台湾,90 年代传入我国大陆地区。据艾媒咨询(iiMedia Research)发布的数据,2018 年我国有 91 家持有牌照的直销公司,其中内资企业 58 家,外资企业 33 家。按照国家《直销管理条例》（2017修订）规定，直销产品应符合国家认证、制造许可或强制性标准，产品类别有化妆品、保洁用品、保健食品、保健器材、小型厨具、家用电器6类产品。

直销具体可分为单层次直销和多层次直销两种形式。单层次直销是指企业招募直销员直接向消费者推销产品；多层次直销则允许直销员发展新的业务员，扩大销售队伍，并从增加的销售额中提取奖金。但按照我国对直销的相关法律规定，多层次直销是不被允许的。

与直销相近的传销，则是法律严令禁止的，属违法行为。根据《禁止传销条例》的规定，传销是指组织者或经营者发展人员，通过对被发展人员以其直接或者间接发展的人员数量或者销售业绩为依据计算和给付报酬，或者要求被发展人员以交纳一定费用为条件取得加入资格等方式牟取非法利益，扰乱经济秩序，影响社会稳定的行为。

国际上区分正规直销和非法传销，主要是看销售的出发点，正规直销是以销售产品为目的，而非法传销的主要目的则在于"拉人头"，商品只是一种道具，或根本没有真正的、有价值的商品可供销售。在英美，非法传销被称为"金字塔销售"（Pyramid Sales），在日本及中国台湾地区则被称为"老鼠会"。

实例7-4 // 益力多的社区直销模式

益力多（Yakult）活性乳酸菌饮品（见图7-3），最早于1935年在日本开始生产销售，其创始人代田稔是日本京都大学医学博士。日本益力多株式会社成立于1955年，是世界上最大的生产和销售发酵型活性乳酸菌的制造商之一，其销售已拓展到全球31个国家和地区，2001年进入中国市场，先后在广州、上海、北京设立了生产及销售企业。

图7-3　益力多商标

除了一般的商超渠道销售以外，益力多的社区直销模式是其一大特色。

第一支"益力多妈妈"营销队伍建立于1963年。当时，日本一些家庭主妇希望在照顾家庭之余能有一份不太占时间的简单工作，而当时益力多正考虑尝试面对面的直销方式。由于销售对象多是留守在家的主妇，因此益力多就聘请了一些有工作愿望的家庭主妇组成兼职的营销队伍，给她们进行了营养知识的专业培训，让她们穿上统一制服，承担起送货和讲解推销的任务。益力多的销量很快跃上了新台阶。"益力多妈妈"担负的不只是像桶装水那样的"送货上门"服务，更重要的是担负着教育消费者、向其直接讲解、介绍产品的功效、宣传益力多企业文化的重任。后来这种被称为"健康到家"的家庭配送模式，在日本本土以及海外市场都取得过巨大成功。

2002年，益力多乳品开始在广州投产、销售，采用的是传统的商超渠道。他们发现普通的、价格便宜的"乳酸饮料"充斥市场，占据着极大的市场份额，而消费者普遍对乳酸菌知之甚少，分辨不出"乳酸饮料"与"乳酸菌饮料"的区别，更不知道还有活性与非活性乳酸菌饮料之分。益力多作为"活性乳酸菌饮料"的"行业老大",毕竟是后来者,很难教育消费者。于是广州益力多乳品有限公司决定引入社区直销的方式销售,在以商超为主要销售渠道的基础上,2003年下半年,组建起我国国内第一支30人的"益力多小姐"队伍。到2005年,广州各区已建立了8个益力多家庭配送中心,"益力多小姐"有200多人,每天销售26 500多支益力多乳酸菌饮品。到2023年,益力多公司在广州、深圳、佛山、东莞、惠州等地已有80多家家庭配送中心,"益力多小姐"队伍还在不断壮大。

2. 自动售货机(Automatic Vending)

自动售货机是一种集声、光、机电于一体的高新智能化产品,技术含量高,销售方式新,是一种利民、便民的销售方式。

近年来,互联网与移动支付的发展,极大提升了自动售货机使用的便利性及购物体验。在客流量较大的办公场所、学校、居民小区以及公园等公共场所,自动售货机的身影已经随处可见。其优势是占地少,放置地点灵活,可全天24小时为消费者提供服务。

售货机售卖的品类,也从传统的香烟、饮料、报纸等,扩充到零食、盒饭、生鲜产品、现榨现冲饮品、披萨等,颇受年轻人的青睐。

自动售货机本身还具有媒体业务属性,可作为很好的广告载体,为品牌提供展示空间,一些实力强大的大企业也纷纷进入该领域。

随着RFID、视觉识别、重力识别、生物识别等新技术手段的运用,以及借助互联网的实时数据监控,更有利于自动售货机经营者掌控渠道数据,进行更有效的管理、运营,降低管理成本,未来市场发展潜力巨大。

实例7-5 // 泡泡玛特开启玩具销售新模式

在当今年轻人的"潮"文化消费热潮中,潮玩(潮流玩具)正受到越来越多的年轻人的喜爱。

成立于2010年的北京泡泡玛特(POP MART)文化创意有限公司,是国内领先的潮流文化娱乐公司。以"创造潮流,传递美好"的品牌文化为引领,该公司围绕艺术家挖掘、IP孵化运营、消费者触达以及潮玩文化推广与培育四个领域,构建起覆盖潮流玩具全产业链的综合运营平台。

2017年4月,泡泡玛特推出自助销售终端设备——机器人商店;2018年9月,泡泡玛特机器人商店数量突破200台;2019年12月,泡泡玛特机器人商店数量突破800台。

机器人商店巧妙地把展示与自动智能化的销售方式融合起来。其精致的展示台设计,流畅又便捷的全自动化智能购物过程,给人们带来很多新鲜的体验,并让大家能够直观地了解潮玩、爱上潮玩,备受粉丝们的欢迎。

3. 直复营销（Direct Marketing）

直复营销是一种将广告活动和销售活动结合在一起的销售方式，"直复"中的"复"是"回复"的意思。即企业通过一定的媒体把相关的商业广告信息传达给可能对其有兴趣的消费者，同时提供一种便利的回应工具（如免费电话、可直接邮寄的订单、购买链接等），以方便消费者购买。

直复营销的主要形式有直接邮寄（Direct Mail）、电话营销（Telemarketing）、电视营销（Television Marketing）、网络营销（Online Marketing）。下面着重介绍网络营销（电商）在我国的发展。

近年来，伴随着互联网、移动互联网产业的高速发展，网购发展非常迅速，网购规模逐年扩大。网络营销已成为企业重要的营销方式及产品销售渠道。

目前主要的网络营销平台（电商）有：

（1）综合性、第三方电商平台。指经营的产品种类非常多、非常全的电商平台，如淘宝、天猫、京东。

（2）自营电商平台。又称独立商城，是由企业自己建立的销售产品的电商平台，如华为商城、小米商城等。

（3）垂直电商平台。指专注在某一个行业或细分市场深度运营的电子商务平台，销售的是同一类产品，大多是B2B或B2C业务。如唯品会（服装特卖）、阿芙精油（化妆品）、钻石小鸟（珠宝）、本来生活（生鲜）、酒仙网（酒类）等。

（4）内容电商平台。指在当今移动互联网、信息碎片时代，通过优质内容的传播，进而引发消费者兴趣和购买的电商平台，其内容的产生可能来自平台方、专业人士，也可以来自用户。如小红书、蘑菇街、美芽、微信公众号等，现在还有直播、短视频、小视频等。

（5）社交电商平台。指基于社交媒体或支持社交互动的网络媒体，通过客户参与（关注、分享、讨论、沟通互动等）推动在线购销产品和服务的电商，如拼多多、微商、小程序电商等。

（6）跨境电商平台。指分属不同国境的交易主体，通过电子商务平台达成交易、进行支付结算，并通过跨境物流送达商品、完成交易的一种国际商业活动交易平台，如亚马逊、阿里速卖通、环球易购等。

（7）社区电商。主要是基于社区用户群体和场景（线上、线下）而形成的电商形态，如"考拉社区"社群电商、"天虹超市"（实体店与网上购物相结合）等。

（四）新零售

1. 新零售产生的背景

新零售概念的提出，主要基于以下几方面的原因：

（1）传统零售业受到极大挑战。这些年电商的快速发展，带给实体店（大型超市、商场等）的冲击是有目共睹的，如沃尔玛、家乐福等都受到了极大冲击，除了店面租金、人工等成本的上涨压力外，消费者的生活和消费习惯发生了极大改变，新生代的消费者都在拥抱互联网、拥抱电商。时代的巨大变化，使得传统零售企业的运营模式面临巨大挑战。

（2）电商面临增长瓶颈。经过这些年的发展，电商企业面临着新用户增长乏力，获客成本越来越高的问题，电子商务的红利时代结束了，传统电商出现了增长瓶颈。但同时，人们发现线下的边际获客成本几乎不变，且实体零售进入整改关键期，因此出现了线上企业向线下拓展的迹象。

（3）新技术的发展及成熟。移动互联网、移动支付、大数据、人工智能、虚拟现实等新技术的应用，进一步拓展了线下场景和消费社交，让消费不再受到时间和空间的制约。

2. 新零售的概念

2016年，阿里巴巴云栖大会开幕式上提出"新零售、新制造、新金融、新技术、新能源"的"五新"概念，认为未来的10年、20年，线上、线下和物流必须结合在一起，线下的企业必须走到线上去，线上的企业必须走到线下来，才能真正创出新零售。

小米公司从2015年就开始了"小米之家"新零售的探索，希望用互联网思维，做线上、线下融合的零售新业态；其认为新零售的本质是改善效率，释放百姓的消费需求。

随后，京东也提出了"无界零售"的新零售战略。

腾讯则称之为"智慧零售"，并明确提出要利用其用户的连接优势，提供助力、赋能。

润米咨询公司董事长刘润在其《新零售》一书中，基于对"零售"的深刻洞见——零售的本质是连接"人"与"货"的"场"；而"场"的本质是信息流、资金流、物流的万千组合。他提出，新零售是以数据化管理为基础、将线上线下整合打通的，是更高效率的零售。

前顶新集团新零售事业部总经理胡兴民的观点是，新零售是传统零售企业变革与转型的必然趋势，需要重新思考和建立企业与客户间的战略关系，切实以客户需求为核心，通过大数据、信息技术、人工智能（AI）、互联网等科技力量赋能，重构"企业""人""货""场"的关系，并且实现可持续获利的模式。

总结上述各方观点，新零售应具有以下几个特点：

（1）以客户需求为中心。即要以本企业客户的需求为着眼点，完善企业产品组合、营销组合，为客户提供更多的选择、更便捷的服务。

（2）线上、线下相结合。通过线上、线下优势互补，全面整合，提升信息流、资金流、物流的运转效率。

（3）现代科技赋能。借助互联网、信息技术、大数据、人工智能等技术手段，实现运营及管理的高效率。

（4）持续获利。一方面通过提升服务顾客的能力、水平，能够更好地赢得顾客，提高销售量及盈利水平；另一方面通过更高效的服务及管理，能够降低运营成本，保证企业获利。

实例 7-6 // 全家便利店选择京东到家进军线上

中国大陆的全家（FamilyMart）公司于 2004 年在上海成立，公司追求不断创新，以特色的商品与服务赢得竞争优势。全家始终保持着超过 2 500 款商品、每年 70% 的商品更新率为消费者提供便利生活，引领便利店行业最新潮流（见图 7-4）。连续多次荣获中国连锁经营协会颁发的中国便利店创新大奖、零售创新奖。

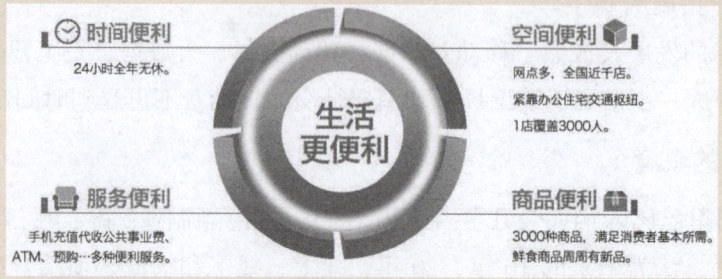

图 7-4　全家的品牌优势

"全家就是你家"，门店鲜食是其一大特色，有营养便当、经典风味面、营养三明治、营养汤粥、蒸包、饭团、咖啡等十几个品种，且周周有新品。他们努力以高质量的产品和服务，带给顾客贴心的、家人般的感受，赢得了良好的市场口碑。鲜食属于高频消费、高毛利商品，在店面租金、人工成本不断上涨的压力之下，较好地保证了全家实体店的盈利。

全家的传统便利店一直经营的是线下的生意，只服务周边工作或生活的消费者，线上长期处于缺位状态。2017 年 9 月，全家开始了与京东到家的合作；到 2018 年 8 月其线上销售额较同年 2 月增长超过 886%，线上订单量猛增 10 倍。

线上经营极大地拓展了全家的商品品类，提供 2 500～3 000 种商品，在满足消费者基本生活所需的同时，有效提升了全家的盈利能力。

合作后，通过商品的数字化管理，打通京东到家和全家便利店库存系统，有效解决了便利店门店缺货、滞销等问题。依据双方的销售数据，京东到家和全家还会共同进行大数据选品，全家通过京东到家拓品汰换工具进行每月一次的整体拓品汰换，进而制定线上线下联动的营销策略，有效降低了缺货率，提高了商品周转率。

接入京东到家后，线上店承接了大量消费者的夜间消费订单，全家门店的夜间运营成本明显降低，同时提升了快消品类的库存周转。据京东到家平台数据，通常一线城市晚上 8 点至凌晨的订单会占到一天订单的 40% 左右；晚间订单，特别是晚 9 点至第二天早上 8 点时段，便利店订单量比较大。

当然，便利店想要发展线上业务，获客、配送都是难题，全家选择与京东到家合作，这些问题也都得以迎刃而解。

营销伦理小贴士　　分销领域问题多

企业分销渠道的选择和管理,是企业营销的重要决策。企业与渠道成员的关系、渠道成员的能力和绩效,对企业赢得顾客满意和竞争优势都有非常重要的影响。

在分销环节,产品的流通领域,伦理失范的表现主要有:

(1)生产商与中间商之间违反或不完全履行经营合同的问题,包括:生产商供货不及时或供货不足;中间商返款不及时、中间商从其他渠道进货损害厂商和消费者利益、中间商串货,以及商业贿赂等问题。

(2)经销商与消费者之间的问题,包括:中间商过度承诺、误导消费者,经销商违法违规经营,产销双方相互推诿责任等。

(3)物流服务质量和水平问题。物流配送服务问题可能引发消费者对销售方的满意度。

(4)传销骗局问题。据媒体报导,我国2021年被警方查获打掉的传销大案涉及金额巨大,如"青岛大狮""SSG生命能量液"等。这些骗局主要以金融投资理财项目、境外资金盘、虚拟币、网上商城、微商等方式进行。有的以"消费全返""消费共享"等各种旗号利诱、欺骗广大群众缴费成为会员,鼓动会员发展下线骗取钱财。目前传销多以新型网络传销为主,逐步取代了过去的聚集式传销,已全面渗入社会公众、经济金融等领域,其隐蔽性、欺骗性、危害性更大,并逐步向危害社会稳定和政治安全方面传导。

(5)加盟骗局。2021年上海警方公布的一起"套路加盟"合同诈骗案,涉案金额7亿余元,涵盖50余个奶茶品牌,其中包括某知名演员代言的品牌。奶茶行业被称为加盟骗局的重灾区。

营销从业人员要增强法律意识,多学习相关法律知识,法制社会只保护守法经营者。

本章小结

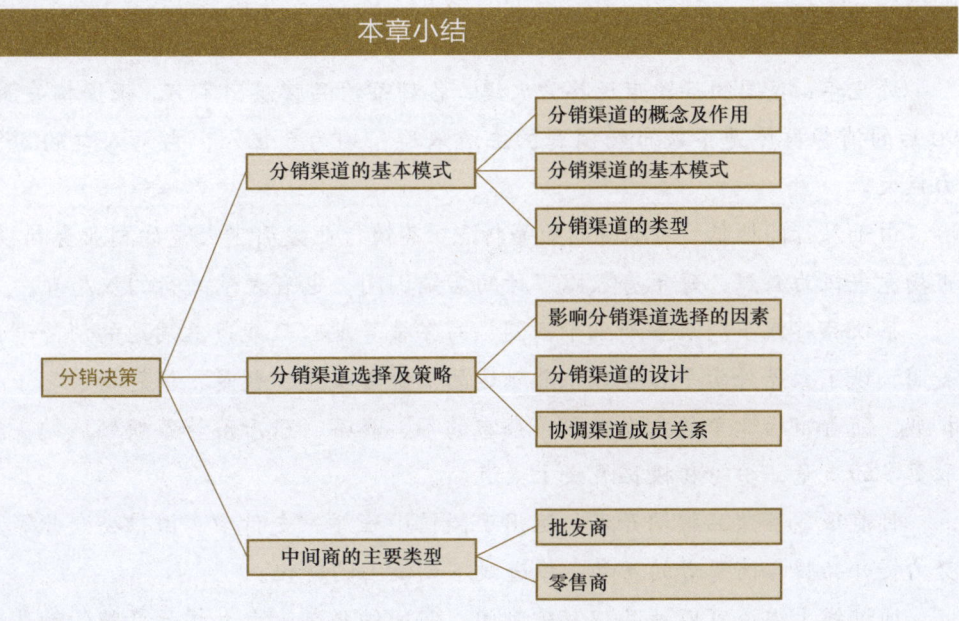

知识检测与拓展

1. 试分析消费品市场和产业市场分销渠道模式的不同特点。
2. 企业进行渠道决策时通常需要考虑哪些因素？
3. 采取广泛分销、选择性分销、独家分销策略各需要什么条件？分别适合哪些制造商？
4. 批发商与零售商有何不同？其主要种类有哪些？

实训项目

【实训任务】

试选取一家生鲜电商或助农电商，结合相关营销理论及策略，调研分析其经营现状、优势及特色、可能面临的主要问题等。

【操作要求】

1. 以小组为工作团队，以网络调研为主获取相关信息。
2. 搜集了解该电商经营的产品、销售数据、商品评价等，做好数据的整理和分析。
3. 了解分析其优势及特色、经营模式。
4. 分析总结其面临的主要问题。
5. 制作PPT，课堂演讲汇报。

案例分析

茶饮品牌纷纷布局线上零售渠道

近几年，我国的茶饮市场异常火爆，各种茶饮品牌层出不穷，根据相关调查，80后、90后的消费群体是茶饮市场消费的主流人群，约为5亿人，占总人口的36%，市场潜力巨大。

由于入行门槛低、回本时间短等特点，茶饮行业吸引了大量的创业者和投资者涌入，市场竞争极为激烈，每年有数以万计的店铺倒闭，也有大量的新的入局者。

茶饮品牌线下门店多局限于商圈、写字楼等地，只能覆盖周边的消费群体，通过与美团、饿了么等外卖平台合作，其触达的消费者类型、数量、消费场景有了一定程度的扩展。随着市场竞争的愈发激烈，奈雪的茶、喜茶、乐乐茶等茶饮领域的头部企业为获取更多的流量，纷纷积极拓展线上渠道。

目前很多茶饮品牌均开发和运用了微信小程序、支付宝、微信公众号等应用平台，努力提升品牌与消费者的互动，推进线下到线上的转化。

通过线上渠道可以让品牌突破时间、空间的限制，大大扩展品牌的触达范围，有助于提升品牌影响力。当然，线上销售需要企业开发新的产品品类，如周边产品、保质期长的产品等，需要全新的业务团队、平台、运营体系来经营线上业务，对企业也是很大的挑战。

星巴克在数字化平台开发及经营上已取得了非常优异的表现，值得国内茶饮品牌借鉴。其秉持着"通过不断创新，建立我们和顾客之间的情感链接"的理念，创建了星巴克APP、星享俱乐部，与阿里巴巴、腾讯都建立了战略合作。星巴克天猫旗舰店于2015年12月上线，销售包装食品、咖啡器具、星卡及杯子等周边产品，并且有着不俗的销量。2019年，星巴克推出猫爪杯，不仅引发消费者熬夜去线下店铺采购，在天猫旗舰店上线后，数千个杯子也在一秒内被抢空。

请补充搜集相关资料，进行案例分析：

1. 星巴克、喜茶、奈雪的茶等茶饮品牌采取的是哪种连锁经营模式？各家的经营特色及发展情况如何？

2. 对比分析上述三家企业天猫官方旗舰店的运营情况，提出你的看法及建议。

Chapter 8

第八章
促销决策——
做好与消费者的沟通

学习与能力目标

◎ 理解促销及整合营销传播的含义及作用，能恰当选择促销目标。

◎ 熟悉不同促销方式各自的特点，能较好地选择评估企业促销组合。

◎ 熟悉人员推销、广告、营业推广、公共关系等促销手段的基本策略，并能在实际工作中加以运用。

第八章
学习导引

第一节　促销组合与整合营销传播

> **引导案例 8-1　可口可乐时刻**

近年，可口可乐的身影频繁出现在各大重要节日与事件中，无论是传统佳节，还是举国纪念，抑或是全球活动，可口可乐都积极参与。

可口可乐新春迎惊喜

农历新年之际，可口可乐联合支付宝推出福字福娃图（见图8-1），并推出宣传语："看萌态十足的可口可乐福娃们拿红包、贴窗花、放烟火，带你优雅轻松集五福分奖金。"此外还有新年表情包、新春潮语祝福罐，可口可乐尽力把喜气洋洋的节日气氛带去每一座城市、每一个家庭。

图 8-1　可口可乐福字福娃图

可口可乐大使在平昌传递奥运圣火

1928年，可口可乐第一次与奥运会结缘。2018年的韩国平昌，同样有那么一抹"可口可乐红"格外耀眼。4位平凡岗位上的中国可口可乐大使担任了第23届冬季奥林匹克运动会火炬手，以他们不平凡的行动诠释了奥运精神和可口可乐大使精神。

可口可乐世界杯"打call"新姿势

作为世界杯的老朋友，可口可乐自然不会错过为世界杯"打call"的绝妙机会。在激情满满的2018年夏天，可口可乐推陈出新，为全世界球迷献上可口可乐世界杯手环瓶、手环舞，更有可口可乐FIFA世界杯限量瓶，帮你留住世界杯的美好回忆。

此外，借助VR与AR技术，可口可乐为全世界球迷打造了一场身临其境、360度环绕式的全新数字体验。无论你身处世界何方，只要搭乘可口可乐虚拟航班（见图8-2），即可拥有一场与众不同的大力神杯环球之旅。

图 8-2　可口可乐虚拟航班

纪念改革开放 40 周年

为纪念改革开放 40 周年，回馈同可口可乐一起参与、见证、成长的中国消费者，可口可乐推出了限量 mini 罐礼盒，纪念 40 年来大家用可口可乐分享欢乐的所有瞬间，并精心设计了宣传语（见图 8-3）。此外，可口可乐与人民日报合作设立了时光博物馆，众多可口可乐旧物件勾起了大家的满满回忆。

图 8-3　可口可乐纪念改革开放 40 周年宣传语

促销在各行各业中都起着非常重要的作用，因此，可以说促销是 4P 中最受重视的一个要素，甚至有很多人误将促销等同于营销。

一、促销

促销（Promotion）是促进销售的简称，指企业的营销人员采用各种有利于销售的沟通方式，向目标顾客以及对目标顾客的消费行为有影响的群体进行宣传、说服、诱导、唤起需求，以促成购买的活动。

对于促销，需要特别注意的有三点：

（1）促销必须要有明确的对象。促销的对象应该是企业现有的目标顾客或潜在顾客，以及对目标顾客购买行为有影响的群体，如购买的决定者、影响者等。

（2）促销活动的核心是沟通。随着经济的发展和人民生活水平的提高，消费者的需求已从"量的满足"发展到"质的满足"，甚至"感性消费"。因此，现代企业促销的核心在于与消费者的有效沟通，引起消费者的情感共鸣，进而诱导消费者购买。

（3）促销的最终目的是促成消费者的购买，扩大产品销售，但企业不能指望消费者一接触有关产品的信息就马上购买，所以促销沟通的目标应是一个层层推进的过程，如图8-4所示，一般可划分为知晓、了解、偏好、信服、购买五个层次，而且越往上走，难度越大。因此企业应根据消费者所处的层级，确定具体的促销目标，推动消费者不断地向更高的台阶迈进，当然最终到达顶级台阶的可能只是目标市场中的少数人。

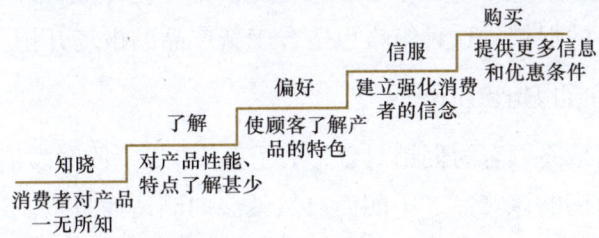

图8-4 促销沟通层级目标示意图

二、促销组合

促销组合（Promotion Mix）是指企业根据促销工作的需要，对人员推销、广告、营业推广、公共关系等促销手段的有机结合与综合运用。

由于各种促销工具具有不同的优势和特点，企业在促销时，应针对不同的产品、不同的目标顾客、不同的竞争环境等，选择不同的促销手段，并将它们加以整合运用，以达到在一定的成本下促销效率最大化或者是在一定的促销目标下成本最小化。

（一）促销组合的主要手段

各种促销手段的特点及应用将在本章后面的几节中具体阐述，这里仅对它们的优劣势进行简要比较，如表8-1所示。

表8-1 主要促销手段比较

促销手段	优势	劣势
人员推销	与顾客直接接触，可灵活地进行促销宣传，能立即得到顾客的反馈信息	市场覆盖面有限，推销成本较高；推销队伍的管理复杂
广告	信息传播范围广，可以控制信息传播的内容、时间	对单个顾客的针对性不强；制作、发行总体费用较高
营业推广	激励零售商支持产品的销售，给顾客提供购买的刺激，提升短期销售量	过于频繁的营业推广会引起顾客的疑虑和反感，不利于提升品牌形象
公共关系	可信度高，易于为人们接受，有利于树立良好的企业形象	见效慢，间接促销
新媒体促销	互动性、即时性、海量性、共享性、多媒体、超文本、个性化、社群化；可与前述四种促销方式结合使用	非大众化；对企业的反应速度提出更高的要求

(二)促销组合的两类策略

1. 推式策略(Push Strategy)

推式策略是指以中间商为主要促销对象,通过人员推销的方式,将产品推进分销渠道,再由中间商推向最终顾客。这种策略一般适合于单位产品价值高、性能复杂,消费者或用户对产品不太了解或根本就不了解的情况。如一些专业性设备,以及专业性的销售、财务管理软件等的促销。这种策略也适合于新产品的市场开拓。

2. 拉式策略(Pull Strategy)

拉式策略是指以最终顾客为促销对象,可通过广告等手段激发消费者的兴趣和需求,由最终顾客向中间商询购该产品,中间商自然就会向制造商进货。这种策略一般适用于单位价值低、市场需求量大、流通环节多,消费者或用户对产品非常了解和熟悉,市场比较成熟的情况。

实际中,企业常常要根据具体情况,灵活地将两类策略结合运用,如先推后拉、推拉结合或者先拉后推。

实例 8-1 //"闪送"的借势促销

2017年有则漫画"我们是谁?"刷屏了朋友圈(见图 8-5)。

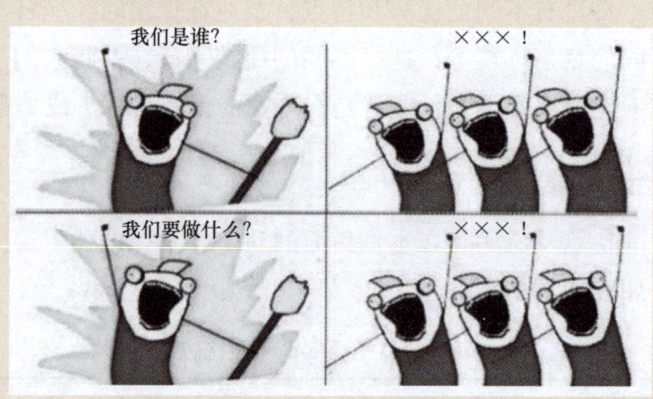

图 8-5 漫画"我们是谁?"

据了解,它最初出自美国女画家 Allie Brosh 之手,创作于 2010 年,2011 年在欧美著名论坛 reddit 上开始走红。它的中文版本于 2013 年就已出现,但是在 2017 年配上"吐槽甲方"的文案后才在国内引起话题,随即出现了很多的跟风文案,但大都是简单的模仿。

而"闪送"在 24 小时内推出了真人版的"我们是谁",有趣又接地气,引起了众多用户的关注。1 天后,这波广告就登上了北京各大写字楼、电梯间、电影院线、户外广告牌,线上、线下的紧密配合,让很多消费者感到惊喜和意外,纷纷拍照分享。

据"闪送"的内部统计,"我们是谁"广告宣传不仅为品牌带来了巨大的曝光量,同时,APP 下载量 2 天就超过了 3 万,实现了用户活跃度和移动端下载量的双暴增。

三、企业选择促销组合时应考虑的因素

企业在选择促销手段，制定促销组合策略时，应综合考虑以下一些因素：

1. 促销目标

不同的促销手段对实现不同的促销沟通层级目标（知晓、了解、偏好、信服、购买）有不同的作用，如广告、公共关系在知晓阶段最有效力；人员推销在建立顾客偏好、信服阶段会有很大的作用；而营业推广对于促成购买效果明显。因此，企业应根据具体的促销目标，对不同的促销手段加以选择和运用。

2. 产品类别及市场类型

一般对于消费品而言，最主要的促销手段是广告，其次是营业推广；而对于生产资料用品，最主要的促销手段是人员推销，其次是营业推广。换言之，广告比较适合于产品价值低、技术性低，买主多而分散的消费品市场；人员推销比较适合于产品价值量高、技术复杂，买主少而集中的企业用户市场和中间商市场。图8-6反映了两类产品在促销手段运用方面的差异性。

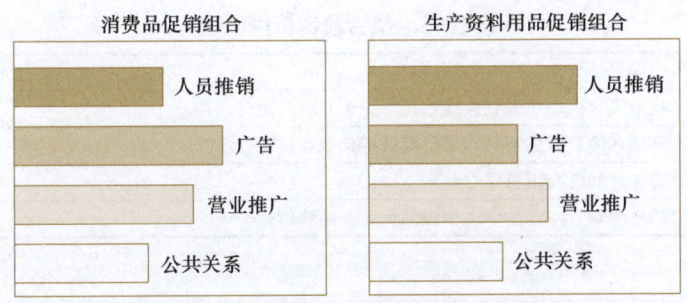

图8-6 不同类别产品促销组合的差异

3. 产品所处的生命周期阶段

对处于生命周期不同阶段的产品，企业促销的目标和重点不同，因而应采用不同的促销手段和沟通方式，如表8-2所示。

表8-2 不同生命周期阶段促销方式比较

产品生命周期阶段	促销目标	主要方式
导入期	认识了解产品	广告、公共关系，辅以营业推广、人员推销
成长期	增进兴趣与偏爱	加强广告、人员推销，宣传产品特色，巩固、扩大市场
成熟期		加强公共关系，树立品牌形象
衰退期	促成信任购买	营业推广为主，辅以提示性广告、减价

4. 促销费用预算

不同的促销手段所需费用不同，有的费用较高，如电视广告、大型展销会、派送赠

品等；有的费用较低，如邮寄广告、商场展销等。企业应在促销费用预算的限度内，选择促销效果尽可能好的促销组合方式。

四、整合营销传播

扫码观看：
如何制定
营销传播方案

1992年，《整合营销传播》在美国出版，这是全球第一部IMC（Integrated Marketing Communications）专著。美国广告公司协会将整合营销传播的概念定义为：在评估大众广告、销售促进、公共关系等多种传播工具的同时，充分认识到综合运用这些工具产生的附加价值，即整合后信息的清晰度、持续性和传播影响力最大化。

随着信息技术的进步与大众市场的分化，越来越多的公司采用整合营销传播这一新型营销传播模式。

整合营销传播要求找出顾客可能接触到企业信息、企业品牌的所有途径，确保其每次接触时所得到的是一致且正面的信息，通过展示企业及其产品帮助顾客解决问题，建立牢固的顾客关系，如表8-3所示。

表8-3 整合营销传播概述

整合营销传播	识别目标受众
	找出顾客可能接触到企业信息、企业品牌的所有途径
	评估在消费者的不同购买阶段这些接触点可能的影响
	将企业的所有信息整合起来
	传递清晰、一致、令人信服的企业或品牌信息

第二节　人员推销

引导案例8-2　史上最牛的推销员有多厉害？

这位推销员就是空中客车集团的销售总监，被称为"Mr.Airbus"（空客先生）的雷义（John Leahy）。

他推销的是世界上最贵的商品之一——飞机，平均每架售价8 000万美元，约合人民币5.2亿元。担任空客销售总监的23年里，他签下了很多大单，共为公司卖出了1.6万架飞机，平均每天卖出2架飞机。在他快退休时，阿联酋航空只为"给他送一份退休礼物"，而一口气向他订购了30架、每架2.4亿美元的飞机。

1994年，雷义刚刚上任销售总监时，空客的市场份额只有18%，而其对手波音飞机公司的市场份额高达60%。上任后，雷义仅用了4年时间，就使空客的市场份额从18%提高到了50%。之后，波音飞机公司先后换了8名销售总监与他竞争，但没有一个人能赢他。

美国《华尔街日报》直接称他为"The Living Legend"——活着的传奇。

在我们日常的生活、工作中处处都有推销，不仅企业需要推销产品，作为个人我们也需要学会推销自己，以赢得更大的社会价值。因此从某种意义上说，现代社会是一个推销的社会。

一、人员推销的形式及特点

1. 人员推销的形式

人员推销（Personal Selling）就是通过推销人员深入企业用户、中间商或消费者中间，进行直接的宣传介绍活动，说服顾客购买产品的一种促销方式。主要做法有：

（1）上门推销。这是最常见的人员推销形式，即由推销人员携带产品的样品、说明书、订单等走访顾客，推销产品。

（2）柜台销售。商场的营业员也是广义上的推销员，他们接待上门的顾客，推销产品。

（3）会议推销。这是指利用各种会议向与会人员宣传和介绍产品，开展推销活动，如订货会、展销会、交易会等。这种推销形式接触面广，可同时向多个推销对象推销产品，成交额较大，推销效果较好。

（4）电话销售。这是以电话为主要沟通手段，进行主动销售的模式。电话特别是手机作为一种方便、快捷、经济的现代化通信工具已十分普及，企业销售人员可借助专用的自动化信息管理技术和运行平台与目标对象通话，进行产品的推介、咨询、报价以及产品成交条件确认等。

（5）网上推销。这是指各电商的客户服务人员，利用网络平台与消费者互动，推销产品。

实例 8-2 // 直播卖货业绩惊人

> 据淘宝直播的官方数据，2019 年"双 11"开场仅 1 小时 03 分，直播销售就超过了 2018 年"双 11"全天；8 小时 55 分，直播销售就突破了 100 亿元；超过 50% 的商家通过直播获得新增长；在家装、消费电子等行业，直播销售同比增长均超过 400%。
>
> 直播电商作为一种新的互联网商业模式，通过直播的方式建立商家与用户、用户与商品的连接，并直接产生交易，为主播、商家、用户三者带来利益；直播电商本质上就是主播在卖货，相当于在传统的淘宝店铺之上，又多了一种销售形式。继淘宝之后，京东、拼多多、抖音、快手等都已纷纷入场，目前直播已成为电商、社交、视频等各类线上平台的吸睛利器。

2. 人员推销的特点

人员推销是最古老的促销手段，在当代仍是十分重要的促销手段，不可或缺。人员推销的突出优点是：

（1）灵活性大，针对性强。推销人员在与潜在顾客的直接接触和面谈中，能及时了解顾客的反应，从而可以根据不同的推销对象，灵活采取不同的推销策略，进行有针对性的说服。

此外，推销人员对于价格、产品配置、服务内容等也有一定的掌控空间，最后的成交取决于双方的谈判能力。

（2）有利于双向沟通。推销人员在推销过程中，一方面可以通过示范、讲解，更好地传递产品信息，帮助顾客更深入地了解产品的操作及性能，消除顾客的疑虑；另一方面又可以听到顾客的意见和要求，从而可给予及时的解释，或将意见反馈回企业。

（3）有利于发展与顾客的长期关系。推销人员与顾客在长期交往中可以建立起良好的个人关系和友谊，进而有利于巩固和争取更多的顾客，建立长期、稳定的业务关系。

当然，人员推销这种促销方式也有一定的局限性。首先是人员推销的市场覆盖面有限，推销成本较高；其次是对推销人员的素质要求较高，而理想的推销人员也不易得。

二、企业推销人员的组织形式

人员推销工作效率的高低，不仅取决于推销人员个人的工作积极性和工作能力，也取决于企业能否合理地组织推销队伍。企业推销人员的组织结构有以下四种常见的类型：

（1）地区型结构。企业按区域分配推销人员，即由特定的推销人员负责特定地区所有产品的推销。这是最简单的一种组织形式。

其优点是推销人员责任明确；有利于推销人员熟悉当地的市场和顾客，掌握推销重点，并与顾客建立发展长期的合作关系；差旅费用相对较少。但其局限性是只适合于产品种类、技术较为单纯的企业。

（2）产品型结构。将产品分类，每个推销员负责一类或少数几类产品在各地的推销。这种结构较适用于种类多且技术性强的产品推销，要求推销员对产品有深入的了解。

（3）顾客型结构。将顾客按职业、行业、规模等进行分类，据此分类配置销售队伍。这种结构能使推销人员深入了解各类顾客的需求状况及所需解决的问题，使推销工作更具针对性。

（4）矩阵型结构。当企业是在一个较大的区域内向许多不同类型的顾客推销多种产品时，通常要将上述方法结合起来使用，如可以按地区—顾客、产品—地区、产品—顾客等形式对推销人员进行矩阵式配置。跨国公司常采用这种方式。

三、人员推销的基本步骤与策略

人员推销的基本步骤如图8-7所示。

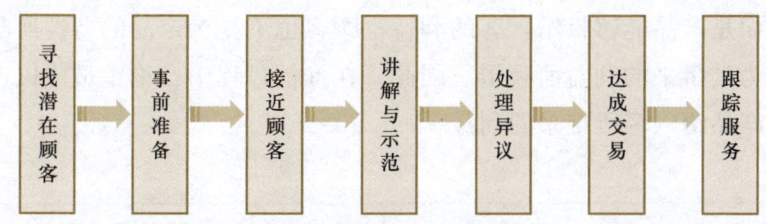

图 8-7　推销的基本步骤

1. 寻找潜在顾客

推销工作的第一步就是要搜集潜在客户的名单。具体途径有：

（1）查阅企业现有销售资料。目的是分析掌握企业现有客户的类型、需求状况，进一步挖掘现有客户资源。

（2）向现有顾客征询潜在客户。这样可以大大避免推销的盲目性，也容易赢得新客户的信任。

（3）个人观察及个人关系网。推销人员要善于学习、善于思考，锻炼提高自己捕获信息的能力。此外，还应特别注意并善于建立人际关系，可通过参加各种社交、培训活动扩大自己的人际关系网络，为寻找潜在顾客提供更丰富的线索。

（4）查阅各种信息来源，如报刊、电视、电话簿、政府部门的出版物、行业协会资料、网上搜索等。

推销人员要及时对搜集到的潜在顾客的资料进行记录、归类、更新，不断积累潜在顾客的资料。

2. 事前准备

在拜访顾客之前，一般需要做好两方面的准备。一是了解拟拜访顾客的背景信息，二是要做好推销面谈计划。对顾客背景的了解一般包括其购买、消费的历史，目前的需要，甚至其性格、爱好等。在此基础上，分析、制定自己的推销方式、策略。总之，准备得越充分，推销成功的可能性就越大。

【课堂行动学习】如何进行拜访准备

客户拜访是人员推销的常见行动类型。好的开始是成功的一半，销售人员在进行拜访前需要进行客户拜访准备。请列举三件你认为最重要的拜访准备工作事项。

3. 接近顾客

在推销人员与潜在顾客开始接触的最初几分钟往往是很关键的，因为给顾客留下的第一印象的好坏直接关系到以后的推销能否继续进行下去。因此，推销人员应精心设计开场白，设法从潜在顾客感兴趣的话题入手，顺利地打开推销的局面。此外，推销人员还应特别注意自己的服饰仪表、行为举止。

4. 讲解与示范

这是推销工作的核心步骤。推销人员必须明确的一项基本原则是：推销员推销的不是产品本身，而是产品能够带给顾客的利益；顾客也不是为产品的特性所吸引，而是为产品的特性能为其带来的利益所吸引。因此，在推销过程中，推销员应以产品性能为依据，着重说明产品给顾客所带来的利益。

链接 8-1

销售人员职业能力特征

（1）以客户为中心。成功的销售无一例外都是把客户放在第一位，永远关注客户的认知和需求。

（2）思维理性、有逻辑。擅于控制情感，理性行动。遇到销售项目时逻辑清晰、理性思考，不是根据经验想当然。

（3）较强的专业知识和技能。只有扎实的专业知识和技能才能为客户提供真正有价值的解决方案，这样才能赢得客户的长期认可。

（4）保有好奇心和进取心。销售工作的挑战性很高，通常会遇到很多困难，保持好奇心和进取心，能激励自己不断探索前进。

为了使推销介绍更具说服力，推销人员应注意运用样品、产品模型、图片及各种证明材料（权威机构的鉴定、获奖证书等），进行示范、展示，并尽可能地让顾客提问、试用，调动顾客参与的积极性。

5. 处理异议

顾客的异议是成交的障碍，但同时也表明顾客已经对推销员的讲解给予了关注，因此只要处理好顾客提出的异议，就有望达成交易。

顾客在接受推销的过程中，几乎都会表现出不同程度的抵触情绪，会提出各种各样的问题，如价格问题、产品问题、交货问题、操作使用方面的问题等。推销人员应注意倾听顾客的意见，以了解顾客异议背后的真实想法。推销人员还应注意搜集各种可能的异议，多做分析，才可能有备无患，给出圆满的回答。

在此阶段，最忌讳的是断然否定顾客的意见，或与顾客发生争执，因为这样做的结果必然是推销的失败。

【营销工具】YES … IF 法则

在人员推销沟通过程中，只要消费者有情绪，有不满，就会提出反对意见。在处理反对意见时不要正面反驳客户，可以使用 YES … IF 法则，即采用"是的……如果"的句式，首先对客户的意见表示赞同，减轻对方的抵触情绪，然后用假设表达自己的真实说法，这样可以减少负面情绪，有利于说服顾客。

6. 达成交易

在洽谈的过程中，一旦顾客认可了企业的产品，推销人员就应及时把握机会，促成交易。常用的方法有：

（1）优点汇集成交法。即将产品的特色或优点重复展现，以促成交易。

（2）假定成交法。即在顾客认可产品后，就其感兴趣的方面给予适当承诺，以促成销售。

（3）选择成交法。即向顾客提出几个购买方案，请顾客从中做出选择。

（4）优惠成交法。即通过给顾客一定的优惠条件，促使其做出购买决定。

7. 跟踪服务

跟踪服务就是要确保顾客能及时收到订货和得到指导、服务。跟踪服务做得好，可以加深顾客对企业和产品的信任，有利于顾客重复购买，也有利于企业通过老顾客发展新顾客，因此跟踪服务既是人员推销的最后环节，也是新推销工作的起点。

第三节 广 告

> 引导案例8-3 没有剧本，没有演员，余额宝拍了一系列"真"广告

2019年，余额宝陆陆续续推出了一系列"无演员""不加戏""纯纪录片"风格，处处体现普通人真实生活场景的小视频广告（见图8-8），得到人们的普遍好评。

图8-8 余额宝系列小视频广告

每个广告片只有短短的15秒，广告中出现的每一个人的背后都有一个真实的故事。那些看似杂乱的快闪镜头，都是极具真实细节的广告素材，反映的都是普通人的生活，自然能深深地打动人心。

广告（Advertising）是企业在促销中普遍重视、应用最广的促销方式。与人员推销相比，它是一种非个性化的沟通。广告是指组织或个人（即广告主）为了推销产品或达到某种宣传的目的，而支付一定的费用，通过大众传播媒体向公众广泛传递信息的一种促销方式。

一、广告的主要形式及特点

（一）广告的主要形式

1. 产品广告（Product Advertising）

产品广告就是以某一具体产品或服务为核心内容的广告，如引导案例中余额宝的广

告。这类广告又可分为以下三类：

（1）通知性广告，又称报道性广告。主要用于产品的投入期，广告以介绍产品的用途、性能等为主，目的是激发顾客对产品的初始需求。

（2）劝告性广告，又称竞争性广告。主要用于产品的成长期，广告以突出产品特色，促使顾客形成品牌偏好，劝导顾客购买自己的产品为目标。

（3）提示性广告。适用于产品的成熟期或衰退期，广告的目的是提醒顾客，产生"惯性"需求，如可口可乐、百事可乐的广告。

2. 组织广告（Institutional Advertising）

组织广告宣传的不是某一具体的品牌或产品，而是宣传某一组织或企业的活动、组织形象或观点及态度的广告信息，目的是提升企业的声誉与形象。具体又可分为以下三类：

（1）企业形象广告。2019年是我国建国70周年大庆，在国庆前期（2019年8月、9月），中国银联推出了新广告片"大唐漠北的最后一次转账""付出必有回报"，迅速在社交媒体上广为传播，网友评论表示："银联，一个被做金融耽误了的电影公司。"新广告片引发无数网友的赞赏和泪目，大大提升了中国银联的声誉。

（2）倡议性广告。这是企业通过广告形式宣传和倡导自己的某种想法或主张，以间接达到促进产品销售、助力企业经营等目的的一种广告，如宣传"节能减耗，从我做起"等广告。

（3）公益广告。指用来宣传公益事业或公共道德的广告，如宣传"健康生活方式""义务献血""防火、防盗""戒烟""戒毒"等广告。

（二）广告的特点

与其他促销手段相比，广告的突出特点是：

1. 传播的范围广、速度快

广告信息凭借现代化的电子媒介可以迅速地传遍全国，乃至全球，这是其他任何促销方式所无法相比的。

2. 表现形式丰富多彩

广告可以借用各种艺术形式、手段与技巧，加之现代化传播媒体，可以声形并茂、直观生动地传递产品信息，从而增强宣传的吸引力和说服力。

3. 硬广告的费用普遍较高

硬广告（或称纯广告），通常指那些在大众传媒上发布的直接介绍、宣传企业产品及服务的广告，这类广告传播速度快，影响力大，对提升产品及企业知名度有明显效果。

硬广告的总体费用普遍较高，特别是电视广告，通常以万元/秒来计费。现在国家明文限制电视硬广告的播出时段和时间，导致广告整体播出时间的缩减，使得广告费用进一步提升。同时因其明显的"王婆卖瓜，自卖自夸"的特征，较容易引起顾客的回避或抵触，这是企业做产品广告创意及设计时要考虑到的。

4. 软广告费用低、形式多样

相对于硬广告，软广告（也称软文广告），是指那些通过更巧妙的、更隐蔽的方式传达广告信息，使消费者在不知不觉中接受广告所传达的内容的一类广告。

软广告的费用也较硬广告低很多。如企业所做的公益活动及宣传、宣传性的新闻报道、深度文章、付费短文等，并不直接宣传介绍企业产品及服务，但往往能引起消费者的关注和共鸣，产生润物无声的传播效果，进而达到提升企业及产品形象或美誉度的目的。其表现形式可以是动画、文字、视频、声音等，传播的媒体可以是传统媒体，也可以是自媒体（包括企业自己的微博账号、微信公众号、百度官方贴吧等）。

二、广告媒体及其选择

（一）广告媒体的种类和特性

在日常生活中，广告随处可见，从网络、电视、电梯广告，到地铁和公交车体内外、座位及拉手广告等，可以说我们已置身于一个广告的世界。随着科技的发展和社会的进步，广告媒体的种类越来越多。广告媒体是广告信息借以传播的媒介，是广告宣传必不可少的物质条件，广告媒体的选择甚至可以直接影响广告的宣传效果。

从广告媒体的发展历程来看，大致可划分为线下媒体、互联网媒体、新兴媒体三个阶段，表 8-4 对这三类广告形式及特点进行了简要说明和比较。

表 8-4 广告形式及特性比较

广告形式	广告媒体	特点
线下广告	电视、广播、报纸、杂志、流动媒体、户外媒体、店铺、邮寄、电影贴片等 电梯广告、卖场广告等；移动电视及 IPTV 网络电视广告等	固定时间、固定位置；受众的针对性不强；内容无法调整；广告购买价格固定；广告效果不能准确衡量
互联网广告	搜索引擎；文字链接；横幅；视频、悬浮广告、弹出广告、插播式广告等	跨越时空限制；可传播文字、图片、声音、视频等多种广告信息
新型互联网广告——原生广告及其他	新社交媒体等的信息流广告、开屏广告、激励视频广告、视频弹幕、试玩体验等	广告受众更有针对性；依托信息技术、大数据的应用，实现了广告位实时购买、广告内容随时调整、广告效果准确衡量

注：原生广告（Native Advertising），是近几年在我国媒体界爆红的新词，简单来说，就是把广告融入内容中，或者说是以广告主目标人群使用的媒体去接触目标人群的一种广告形式。例如，当一则广告出现在新浪微博上，它就是一条普通的微博；当它出现在微信里，它就是一条朋友圈。这样的广告形式相对于传统硬广告更容易被用户接受。信息流广告就是一种常见的原生广告，它常出现在用户的社交媒体、资讯 APP 和浏览的网页上。

（二）广告媒体的选择

广告媒体的选择对于促销效果有很大的影响，企业在选择广告媒体时，除了要考虑和比较各种媒体的影响力、优劣势及成本费用以外，还需考虑以下两个重要因素：

1. 产品的性质及特点

不同性质、特点的产品应选择不同的广告媒体。生活资料用品与生产资料用品、高科技产品与一般生活用品、高档产品与低档产品等所采用的广告媒体各不相同。一般来说,具有广泛需求的大众消费品,可选择电视、广播、户外等面向大众的媒体做宣传;而技术性能复杂的产品、生产资料用品,则多选择专业性的杂志、报纸、网站做宣传。

实例 8-3 // 开学季到了,晨光文具的广告又来了

> 晨光文具创办于1989年,虽然是一个文具"老"品牌,但晨光给自己的定位是:一家整合创意价值与服务优势,倡导时尚文具生活方式,提供学习和工作场景解决方案的综合文具供应商。晨光希望把自己打造成年轻人喜爱的有态度的文创品牌,它在微博上有一个粉丝多达250万的"晨光粉丝团",晨光正努力把自己塑造成一个活泼调皮又充满正能量的社交达人。
>
> 针对其主要消费群体学生一族,晨光文具总是在开学季、中高考季、毕业季等学生的重要事件节点大打广告并进行产品促销。如近两年推出的《开学前一夜》第一季、第二季,形象地演绎了学生们的真实经历,将产品卖点巧妙地植入有趣的剧情之中,引发了众多目标消费者及家长的共鸣和回忆。
>
> 同时,晨光还会在天猫旗舰店开展促销活动,促进销售转化。

2. 目标顾客的媒体习惯

目标市场与媒体工具的和谐搭配是广告成功的先决条件之一。企业必须要了解哪些媒体是目标顾客所能频繁接触到的,只有选择这样的媒体做广告,才能达到与目标顾客最有效沟通的目的。如某品牌在中央电视台《大师列传》系列节目中进行广告植入,将产品广告融入节目的相关环节之中,强化了《大师列传》与某品牌之间的关联记忆,实现了产品销量和品牌资产的有效增长。

链接 8-2

中国综艺节目领跑广告市场

> 据九合数据发布的《2019年上半年中国综艺节目广告营销白皮书》,2019年上半年中国综艺节目广告市场规模接近220亿元,较上年同期增长16.12%,环比增长10.15%。2019年上半年中国综艺节目植入品牌数量达到546个,产品数量达到697个;品牌数量同比增长15.19%,产品数量增长22.06%;品牌数量环比增长9.4%,产品数量增长8.2%。
>
> 快消品和网络服务行业是综艺广告市场的主要赞助商,占比超过八成,并保持稳定增长,具体包括乳制品、网络服务、食品、美妆及饮料等行业。真人秀类节目为2019年上半年品牌植入的第一大综艺类型,共计84档节目,市场规模几乎占据整个综艺市场的一半,吸纳品牌数超过50%。

三、广告设计

(一) 广告创意

扫码观看：
这样的洗脑广告
怎么样？

通常所说的广告创意（Idea），是指贯穿广告活动始终，对活动起指导作用的、富有创造性的想法。可以简单地说，创意是广告的灵魂。

成功的广告创意，可从独特视角出发，将看似各不相干或有极大差异的东西巧妙地联系在一起以产生震撼的效果，经过传播又能被极大地认同，并激发消费者强烈的好奇心及购买欲望。

通常评判一个创意好坏的标准有：是否与产品相关、新鲜、不落俗套、引人思考、受人喜欢等。

(二) 广告诉求

广告诉求指广告表现的主题思想。有的广告用感情色彩浓重的故事，配以戏剧化的效果和强有力的形象来感染消费者；有的则用事实向消费者"狂轰滥炸"；还有的则采用感性的人物或严肃的专家来表现。

实例 8-4 // 啥是佩奇？

2019年春节前后，"啥是佩奇"的话题刷屏了朋友圈。怎么回事呢？

其实，这是由一部成功的电影宣传片——《啥是佩奇》引发的。这部宣传片是为在大年初一上映的《小猪佩奇过大年》电影所做的提前宣传。但这个宣传片没有像常规的电影宣传片那样把影片中的精彩片段做个剪辑，而是重新拍摄了一个小故事，讲述了一位农村的老爷爷为了给过年回家的孙子准备礼物，四处打听"佩奇是什么"，最终根据他人的语言描述，把鼓风机手工改造成了一个佩奇（见图8-9）的温情故事。虽然整个短片只有5分40秒，且几乎全程都没出现佩奇，但短短的故事情节勾起了人们对团圆、对家人、对父母的思念情绪，达到了非常好的宣传效果。

图 8-9 由鼓风机改造成的佩奇

(三) 广告语言

广告语言可以说是广告的点睛之笔。下面通过一些具体的例子来看看这些耳熟能详的世界经典广告语是如何造就世界级品牌的。

实例 8-5 // 经典广告语欣赏

1. M&M巧克力：不溶在手，只溶在口

这是著名广告大师伯恩巴克的灵感之作，堪称经典，流传至今。它既反映了M

＆M巧克力糖衣的特点，又暗示M＆M巧克力口味好，以至于消费者不愿意使其在手上停留片刻。

2. 百事可乐：新一代的选择

在与可口可乐的竞争中，百事可乐终于找到突破口，它从年轻人身上发现商机，把自己定位为新生代的可乐，邀请新生代喜欢的超级歌星作为自己的品牌代言人，终于赢得众多年轻人的青睐。一句广告语明确地传达了品牌的定位，创造了一个市场。

3. 耐克：Just do it

耐克通过以"Just do it"为主题的系列广告和篮球明星乔丹的明星效应，迅速成为体育用品的第一品牌，这句广告语正符合青少年一代的心态——要做就做，只要与众不同，只要行动起来。然而，随着乔丹的退役，随着"Just do it"改为"I dream"，耐克的影响力似乎也逐渐削弱了。

4. 戴比尔斯钻石：钻石恒久远，一颗永流传

经典的广告语总是丰富的内涵和优美的语句的结合体，戴比尔斯钻石的这句广告语不仅道出了钻石的真正价值，而且也从另一个层面把爱的价值提升到足够的高度，使人们很容易把钻石与爱情联系起来，给人以十分美妙的感觉。

【课堂行动学习】 我国《广告法》规定的广告禁用词有哪些？

近年来，国家对广告的管制越来越严格，违法的罚款从20万起步，最高达100万元。请你查询《广告法》了解有哪些广告禁用词。

第四节 营业推广

引导案例8-4 "双11"已成为全民购物狂欢节

据说，当年阿里巴巴创办"双11"活动的灵感来自美国传统的"黑色星期五"大优惠。在2009年创立之初，仅有27家店铺参与、5 200万元的交易额，但到2018年交易额已突破2 000亿元。2022年"双11"全网交易额达到5 571亿元，其中淘宝天猫"双11"成交额3 434亿元。

尽管是阿里巴巴开创了"双11"购物节的先河，但后来京东、唯品会、苏宁易购等也都加入了这个促销活动。本是销售淡季的11月份，就这样被众多电商打造成了全民购物狂欢节，吸引了数亿消费者的参与。

领券、叠加、满减、预售、抢购、定金膨胀、盖楼……各种促销玩法让人眼花缭乱，类似这类的促销活动就是营业推广。你对这些促销活动感受如何？

营业推广（Sales Promotions），又称销售促进，是指企业在某一特定时期内，采取一些刺激措施，鼓励消费者购买，促进企业产品或服务销售的促销活动。

一、营业推广的特点

与其他促销手段相比，营业推广的突出特点是：

1. 方式灵活多样

根据营业推广活动针对的对象不同，可以分为三大类：①面向消费者，如赠品、奖券等；②面向中间商，如折扣、合作广告等；③面向推销员，如推销竞赛等。营业推广的方式多种多样，企业可根据具体产品的性能、顾客心理和市场状况等进行设计和调整。

2. 针对性强，效果明显

企业根据需要，可以有针对性地开展面向消费者、中间商、推销员的营业推广活动，调动相关人员的积极性，并能很快地、明显地收到提升销量的效果，而不像广告和公共关系手段需要一个较长的时期才能见效。

3. 具有临时性和非正规性

营业推广虽然能在短期内取得明显的促销效果，但是它一般不能单独使用，常常要与其他促销手段相结合。因此对企业来讲，人员推销、广告属于常规性的促销方式，而营业推广则是一种辅助性的促销方式，具有临时性和非正规性的特点。

4. 攻势过强，容易引起顾客的反感

营业推广往往伴随着一些优惠措施、强大的宣传等促销攻势，因而容易引发顾客的逆反心理，引起顾客的反感和对产品质量、价格等方面的怀疑，进而影响企业的形象和声誉。因此，企业在开展营业推广活动时，要注意促销时机及方式的选择。

二、营业推广的方式

（一）对消费者的营业推广

对消费者营业推广的主要目的是刺激老顾客、吸引新顾客购买和使用本企业的产品。随着企业间竞争的加剧，营业推广花样迭出，常用的方式有以下几种：

1. 赠品

赠品包括赠送样品和附赠品两种形式。

赠送样品是介绍、推销新产品时常用的一种促销方式，企业专门生产或拿出一部分产品做样品，免费赠送给消费者试用。样品赠送可以是有选择的赠送，或附在老产品包装内赠送，也可在商店或人流量大的地方无选择地赠送。但这种做法费用较高，高价值的产品一般不宜采用。

附赠品是在顾客购买某种产品时，赠送给顾客另一种产品，以刺激该产品的销售。通常对价值较高的产品，可以赠送给顾客相关的、价格相对较低的产品，以刺激高价品的销售。

2. 折价券

消费者在购买企业产品时，可以凭折价券享受一定的价格优惠。折价券可以邮寄，也可附在产品包装或广告中赠送，还可以向购买达到一定数量或金额的顾客赠送。

3. 有奖销售

企业在销售某种产品时，设立若干奖项，规定购买数量或金额，当顾客达到规定的购买数量或金额后，可以获得相应的奖券。然后定期抽奖，宣布中奖号码，中奖者持券兑奖。

4. 特定时段的优惠促销

企业利用传统的节假日、新的电商节（如双11、双12、6·18等）、厂店开张及纪念日等进行优惠销售活动；还有些商场、超市经常对一些鲜活商品或为了吸引顾客避开高峰期购物而推出限时折价等。这些都是常见的营业推广措施。

> **【课堂行动学习】** 如何界定商品原价
>
> 在促销活动中，经营者会使用"原价""原售价"等类似标识，以显示降价的幅度，刺激消费者购买。你知道什么是"原价"吗？在使用"原价"进行促销标识时应该注意什么？

5. 包装兑现

包装兑现是指凭一定的包装物可以兑换一定的现金或实物。如一些饮料、啤酒企业常借此鼓励消费者购买和消费其产品。

6. 以旧换新

以旧换新是指消费者在购买某种新产品时，可以用同品牌的旧产品或其他品牌的同类产品抵扣一部分价款。

7. 商品展销

展览会、展销会等可以有效地集中顾客的注意力和购买力，因此，参展是非常好的营业推广机会和有效的促销方式。

（二）对中间商的营业推广

对中间商营业推广的目的是促使中间商积极经销本企业的产品，主要方式有：

1. 交易折扣

为了刺激、鼓励中间商购买或大批量地购买本企业的产品，对中间商第一次购买和购买数量较多的给予一定的折扣优惠，购买数量越大，折扣越多。折扣可以直接支付，也可以从付款金额中扣除，还可以赠送商品作为折扣。

2. 推广津贴

这是生产企业为了感谢中间商促销本企业产品而给予的一种报酬，具体有广告津贴、展销津贴、陈列津贴、宣传物津贴等，以此可以鼓励中间商积极推销本企业的产品。

3. 销售竞赛

这是指为推动经销商努力推销其产品，生产企业在所有经销商中发起销售本企业产品的竞赛，获胜者可以获得生产企业给予的现金或实物奖励。

（三）企业间联合促销

联合促销是指两个或两个以上的企业或品牌合作开展促销活动。这种做法的最大好处是可以使联合体内的各成员以较少费用获得较大的促销效果，联合促销有时能达到单独促销无法达到的效果。

实例8-6 // 优衣库联名款遭疯抢

> 2019年6月3日，"优衣库联名款遭疯抢"的消息在社交媒体刷屏，"百米赛跑""挤坏卷帘门""拆卸模特胳膊"等词语充斥各大媒体网络。
>
> 当天优衣库与Kaws联名推出的T恤与托特包正式发售。在线上天猫旗舰店，联名款T恤在开售3秒钟就被全部抢光。线下门店内外人山人海，连模特身上的衣服都被扒下买走了。
>
> Kaws是做街头涂鸦出身的，创造出××眼睛等经典动漫形象，其画作曾拍卖到1.16亿港币。相比同Dior、Supreme、AJ等品牌的联名，优衣库的这款Kaws联名T恤只卖99元，真可谓是"物美价廉"了。
>
> 有行业专家分析认为，优衣库推出联名款的根本目的是巩固消费群体，时不时地创造惊喜感。

但联合促销不同于捆绑销售。因为捆绑销售中有一个是主要产品，另一个是次要产品；一个是主动销售，另一个是被动的、附属的销售。而联合促销是甲乙双方在平等互利的条件下，"你借我势，我借你声"。联合促销是整体行为，捆绑销售是个体行为。

联合促销主要有以下几种类型：

1. 不同行业、相关产品企业之间的联合促销

这是联合促销最常见的形式，不同行业的企业之间不存在竞争关系，而且还可以形成优势互补。

例如，"金龙鱼"食用油与"苏泊尔"厨具曾联手开展过一场"引领健康新食尚"的促销活动。在活动期间，凡购买一瓶金龙鱼第二代调和油，可领取红运双联刮卡一张，享受购买苏泊尔产品的优惠。而购买一定金额以上的苏泊尔产品，可获赠金龙鱼第二代调和油一瓶。

又如，"碧浪"洗衣粉的包装上写着"推荐一流产品小天鹅洗衣机"；"小天鹅"在销售时，则会赠送"碧浪"洗衣粉给顾客试用。由于"小天鹅"与"碧浪"都是名牌产品，且双方不存在竞争关系，两家的联合促销能产生名牌叠加效应，达到双赢目的。

2. 同一企业不同品牌之间的联合促销

同一企业不同品牌的联合促销，也能达到单一品牌促销无法达到的效果。

如上海太太乐调味食品有限公司推出了多品牌联合促销活动：消费者购买"太太乐"鸡精、宴会酱油，任选两款调味包、一个礼品袋，一共只需10元钱。这些商品原售价共计19元左右，联合促销提供了接近50%的折价优惠。这种同一企业不同品牌的联合促销，可以用来搭卖滞销商品，比单一品牌折价促销效果更好。

3. 制造商与经销商之间的联合促销

某年春节期间，为了烘托新春气氛，苏宁易购上线了一套以"苏福"为主题的活动，与一些知名品牌（如青岛啤酒、联合利华、景德镇陶瓷等）联合推出了新年限量装。联合利华推出的是一套新年护理套装，青岛啤酒推出了特制易拉罐，景德镇陶瓷则在传统白瓷材质上绘以国画风格的卡通猪八戒，这些"苏福"定制版产品配以"苏福"特有的红色包装，显得格外喜庆，让人爱不释手。

这种实例在现实中比比皆是，有些商场对全场商品八折促销，其中厂家承担10%的降价损失，商家承担10%的降价损失，商品打八折后双方都可盈利。

4. 同行企业之间的联合促销

俗话说"同行是冤家"，但同行之间并不是没有合作的余地，仍可以一起联合促销，制造话题，达到共赢。如在愚人节当天，成都两大火锅巨头大龙燚和小龙坎突然凑在一起，在微博上公布"婚讯"，宣称"我们决定在一起"，引起诸多网友关注，起到了很好的营销效果，彼此的影响力都扩大了，可见同行企业也是可以合作共赢的。

联合促销活动中应遵循以下基本原则：

（1）互惠互利。这是联合促销最基本的原则，只有合作各方都能得到好处，联合促销才能顺利进行。

（2）各方目标市场相同或相近。联合各方要有基本一致的目标消费群体，才容易收到理想效果。

（3）联合各方优势互补。

（4）联合各方形象一致。

第五节　公　共　关　系

引导案例 8-5　加多宝的"对不起"

王老吉商标之争被称作"中国商标第一案"。1997年广药集团与"加多宝"的母公司香港鸿道集团签下商标许可使用权；2008年加多宝的"红罐王老吉"为汶川地震灾区捐款1亿元名声大噪；2012年7月13日，北京市第一中级人民法院驳回鸿道集团提出的诉讼申请，鸿道集团失去"王老吉"品牌的使用权。

2013年加多宝发出了"对不起"的主题微博（见图8-10），对无法继续使用王老吉商标的损失做出了反应，没有抱怨，只是把部分责任归咎于自己，以博取大家的怜悯之心。

这组图片的发布，引发了网友极大的关注和参与。新浪数据显示，加多宝的"对不起"主题微博发布后短短数小时内，其转发量已超过17万次，覆盖粉丝数逾3亿人，成为2013年的著名公关事件。

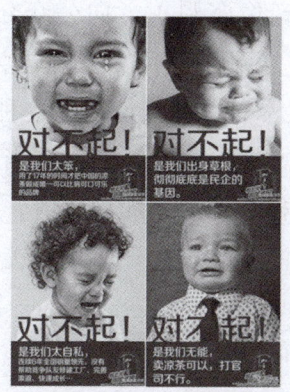

图 8-10 加多宝发出"对不起"主题微博

公共关系（Public Relations，PR）简称公关，是指一个企业为了搞好与公众的关系，增进公众对企业的信任和支持，树立企业良好的声誉和形象而采取的各种活动和策略。公共关系也被称为"塑造企业形象的艺术"。

一、公共关系的特点

与其他促销手段相比，公共关系的特点是：

1. 公共关系的对象十分广泛

公共关系的对象包括企业外部公众和内部公众两大类。外部公众主要是消费者、供应商、中间商、竞争对手、当地政府部门、各类社会团体组织、大众传媒等；内部公众主要是企业员工、公司股东等。企业进行公关活动，就是要沟通企业上下、内外的信息，建立起相互间理解、信任、支持，内外和谐的社会关系环境。

2. 公共关系是一项长期性的促销活动

公共关系的目标是通过广结良缘，树立企业良好的社会形象和声誉。而这一目标的实现不是急功近利的短期行为所能达到的，其效果也只有在一个很长的时期内才能得以显现。因此需要企业有计划地、持之以恒地去努力做好公关工作。

3. 公共关系是一种间接促销手段

公共关系不是直接宣传产品，而是通过提升企业和产品的形象，达到间接促销产品的目的。

二、公共关系的主要任务

扫码观看：
星巴克
公共活动

企业公共关系的中心任务是树立和维护企业良好的公众形象。具体来讲，企业公关工作的主要任务是：

（1）宣传企业。企业可以向公众提供自己印制或正式出版的宣传品（书面资料或音像资料），向公众介绍企业文化、企业的产品以及企业所做的对公众有利的事情。还可以利用大众媒体为企业进行宣传，以建立企业良好的形象。如果能争取到新闻媒体的主动报道，则这种宣传的可信度会更高。

（2）加强与社会各界的沟通与联系。企业通过与当地政府、经销商、社会团体、消费者等的沟通与联系，能够增进相互了解，加深感情。沟通方式有举办新产品、新技术发布会，展览会，招待会或纪念活动；设立开放日，接待各界的参观；捐助社会公益事业；赞助体育赛事等。

（3）意见反馈。建立与公众间的联系制度，答复他们向本企业提出的各种询问，提供有关本企业情况的材料，迅速、准确、礼貌、友好地进行接待和处理。

（4）应对突发事件，维护企业形象。当企业外部环境出现重大变化，或自身的营销工作出现失误时，应利用公关措施及时予以调节和补救；当出现不利于企业发展的社会舆论或影响因素时，要运用应急公关措施进行反驳和纠正。对于任何企业来讲，恰到好处地应对突发事件、化解危机，往往也正是提升企业形象的良机。

三、企业公共关系策略

扫码观看：
疫情中的中国
企业都做了
哪些事情？

在实际的营销工作中，企业需根据不同时期具体的主客观条件，确定公共关系的具体目标和策略。

1. 导入型公共关系策略

导入型公共关系策略适用于企业初建时期或新产品投入期。这时公关的主要目的是尽快提高企业和产品的知名度，形成目标市场公众对企业和产品良好的第一印象。公关工作的重点在于宣传、沟通，向公众介绍企业及其产品或服务，使公众对企业及其新产品或服务有所认识，引起兴趣，尽可能地争取公众的了解、信任和支持。

导入型公关一般可借助开业庆典、开业广告、新产品展销、新服务介绍、免费试用、免费招待参观、赠送宣传品、折价酬宾、社区活动等形式来进行。

实例 8-7 // 京东校园"在意体",走心了

在校大学生是消费力极强的消费群体。据艾瑞咨询推出的《大学生消费洞察报告》,当代大学生的年度日常消费规模达 3 815.68 亿元,日常可支配金额为 1 405 元/月。京东推出"京东校园"专区(见图 8-11)发力大学生市场。

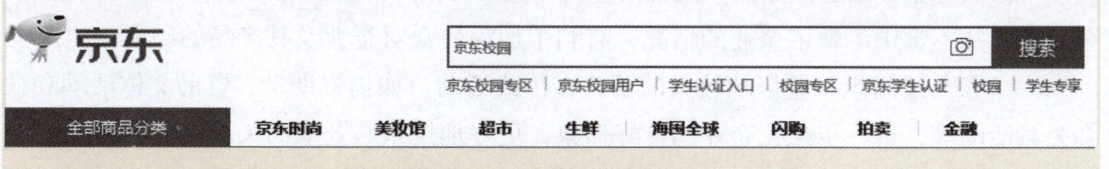

图 8-11 "京东校园"专区

2019 年"双 11"期间,京东推出了以"在意你的青春"为主题的"京东校园"推广活动,包括专门的宣传片、海报等线上线下联动的宣传活动,直击年轻人的内心。

影片中呈现的游戏失败、额头冒痘、篮板球被盖等日常大学生活片段,虽然都是别人不在意的小事,但青年学生自己却会放在心上。宣传片瞄准当代大学生注意自我形象这一心理需求,有效拉近了京东校园与大学生的距离。

线下则通过"在意体"海报、条幅等包围 1 111 所高校,渗透大学生的日常生活。"在意你斩获头甲的欣喜,更在意你背后付出的无数努力""在意你仰望星空时眼中的光,更在意你脚踏实地更好地成长"……文案幽默有趣、接地气,得到学生们的广泛关注和再次传播。

"京东校园"还联合膜法世家、三只松鼠、玉泽等品牌推出"在意体"联合海报:"你在意休闲零食的美味享受,三只松鼠用全球坚果,给你每一天的喜悦开怀""你在意看见更美的风景,博士伦用更明亮的视界在意你,给你每一天的清朗明晰""你在意关键时刻的出色表现,高夫用更清爽的控油配方在意你,给你每一天的朝气自信""你在意创造力受限好点子想不出来,国誉用更智慧的功能性设计在意你,给你每一天的灵光闪现"等。在吸引大学生注意力的同时刺激他们的购买欲望,达到平台与品牌共赢。

"京东校园"还推出了青春在意好物排行榜,为大学生消费决策提供帮助,降低其决策成本。这是京东通过大数据的整合分析,推出的具有超高可信度的排行榜,将最具价值的消费信息传递给大学生。

诸多线上线下的互动,将"京东校园"的品牌宣传与节庆促销有机结合,有效激发了大学生们参与京东"双 11"活动的热情。

2. 稳定型公共关系策略

稳定型公共关系策略的目的在于与公众保持长期、稳定、良好的相互关系。具体的实施策略有:

（1）通过优惠服务和感情联络来维系与公众的关系，即通过提供各种优惠服务吸引目标公众的再合作。如企业对购买企业产品超过一定数量者免费赠送一定价值的礼品或服务等。这种做法适用于已经与企业建立了业务往来的组织和个人。

（2）保持企业和产品一定的提及率。如定期广告、组织报道、提供新闻片等，以使公众不致淡忘企业。这种做法不是直接宣传企业，促销产品，而是以低姿态的宣传为主，公众在不知不觉中了解了企业的情况，有利于加深公众对企业及其产品的印象。

（3）参与或组织一些影响较大的公关宣传或活动。如捐资助学、资助文体活动和社会公益活动等，进一步强化企业的良好形象，更好地维系与公众的关系。

在实际营销工作当中，企业可以单独采用一种方法，也可以将不同方法加以组合运用。如可通过某一公关活动，提高企业形象；通过宣传报道，向公众经常提示；通过优惠服务，使公众得到实惠，从自身利益需要出发去主动维持与企业的关系等。

3. 冲突型公共关系策略

冲突型公共关系策略也称危机公关策略。当企业与公众、企业与环境之间发生摩擦或冲突事件，进而影响企业经营或品牌声誉时，企业为挽回不利影响或提升自身形象，必须考虑采取一定的冲突型公关策略加以应对。国外最新研究表明，如果企业未预先制定完善的公关策略，并且未在危机的最初阶段对其态势加以控制，则危机造成的连锁反应将是一个加速发展的过程——从初始的经济损失，直至苦心经营的品牌形象和企业信誉毁于一旦。

危机公关策略主要有以下四种：

（1）创新。创新即开拓新的领域，改变企业对环境的旧的依赖关系。如采取开发新产品、开拓新市场、组建新的合作关系等方式，吸引新的顾客群，从而摆脱不利因素的影响。

（2）合作。企业应主动交朋友，加入同业协会或搞协作性的交流会议，减少与竞争者的冲突、摩擦。

（3）转移。为避免环境中的消极因素给企业带来的不利影响，企业可以采取迂回策略，转移公众的注意力。

（4）矫正。当冲突或危机的出现，对企业和产品形象造成损害时，应及时发现问题、纠正错误、改善不良形象。如可以用实际行动，或通过自我批评，或借助权威等来矫正形象。

第六节　新媒体促销

引导案例8-6　"故宫淘宝"玩转新媒体

"故宫淘宝"是成功运用新媒体促销的网红店，通过开通新浪微博、"微故宫"微信公众号、"故宫微店"以及"皇帝的一天""故宫社区"等多款App，使"来自故宫的礼物"这一概念深植于消费者心中。

2018年6月4日，"故宫淘宝"在公众号中发布了一篇《朕再也不许别人说你土》的文章，科普宣传了中国山水画相关知识，说明了"故宫淘宝"如何提取山水画元素重新打造"端午花草系列古风香囊"等文创产品，并在文章结尾处附上淘宝链接。这篇文章的阅读量在十天之内超过十万人次，文创产品香囊的当月销量也高达数千个。其在宣传传统文化的同时，扩大了故宫博物院的影响力，提升了淘宝店铺的转化率。

"故宫淘宝"在新媒体促销实践的过程中，有效联动社交媒体与电商，形成了具有鲜明特色的运作模式，通过圈粉和引流，配合"故宫淘宝"及"故宫微店"开展活动。以用户为本，进行情感互动，积极回应粉丝的评论，放下身段对粉丝"卖萌耍贱"，通过贴近用户的方式与他们建立信任关系。

一、新媒体促销的特点

新媒体促销指采用微信、微博、直播、短视频等新型互动媒体进行促销活动的新型市场促销方式。与传统促销方式相比，新媒体促销更加注重创造用户的持续参与率，而非市场覆盖率。新媒体促销旨在通过促销活动挖掘并正确引导消费者的需求，与客户建立双向联系，增强客户黏性，从而扩大产品或服务的知名度和影响力。

借助新媒体促进用户的触达、认同、传播和参与，强化用户对内容、企业及企业品牌的认同，激发用户传播意愿是新媒体促销策略的基本逻辑。

二、新媒体促销的主要平台

在互联网技术得到广泛发展与应用的现在，新媒体层出不穷，目前，除了微博、微信、抖音等最有效的新媒体促销平台外，市场上相对成熟与稳定的新媒体渠道主要可以分为以下五类：

1. 百科系

以百度为代表的百科系，如文库、贴吧、知道等。

2. 直播

直播促销通过将现场事件的发生、发展进程进行制作和播出的方式，提升品牌形象或是促进销量的增长，主要的平台有抖音、快手、一直播、火山直播、虎牙、YY等。

3. 自媒体

自媒体分两个领域。一类是以社交功能为主的，如微信、微博、美篇、内涵段子等；另一类为媒体系，如今日头条、网易号、企鹅号、凤凰网、百度百家等。

4. 问答

以知乎、分答等为代表，关注需求端的认知信用和效率，具有认知普惠的社区价值，是消费者日常生活中提高用户认知的一个场景。

5. 视频

以创意视频的方式，将产品信息移入视频短片中，适合碎片化观看。通过这种方式进行促销容易被用户群体所接受。代表性平台有优酷、爱奇艺、秒拍、美拍、抖音、西瓜视频等。

实例 8-8 // MICHAEL KORS 试水抖音品牌广告

> 全球闻名的美国设计师品牌 MICHAEL KORS 是第一个在抖音上试水，并与之开展深度合作的时尚类奢侈品牌。
>
> 2017 年，双方合作开发出许多新的玩法。如邀请抖音达人以及 MICHAEL KORS 品牌代言人等共同参加品牌在上海举行的派对；举办了"城市 T 台，不服来抖"为主题的挑战赛；为抖音设计专属贴纸等。目的是凭借抖音在年轻人群中的巨大影响力与曝光度更好地拓展中国市场。在不到一周的时间内，就吸引了超过 4.5 万的用户参与 MICHAEL KORS 品牌的系列活动。
>
> 据第三方数据显示，抖音 85% 以上的用户是以一、二线城市为主的 95 后年轻人，其用户群的主要特征是年轻、紧跟潮流、消费能力强，MICHAEL KORS 与其目标用户群高度切合。

三、新媒体促销的主要策略

1. 构建平等生活空间

消费者认可新媒体促销方式不仅是因为消费者可以便利地购买商品，更重要的是能满足其自身的社会活动需求。因此，新媒体促销应依托互联网重塑生活运作模式和消费者行为，关注新媒体对用户需求的满足，努力打造一个与消费者平等沟通的生活空间。

促销活动要围绕构建平等生活空间，建立用户与产品、用户与用户间的连接，在产品、内容、活动、用户这四个维度间构建闭环。产品方面的销售力量要强大，能打动消费者、稳定消费群体、吸引回头客购买。在内容方面，要让用户了解企业及其产品内涵，提升体验感。要注重原创开发，使消费者对于企业有一个全面、清晰的认识，有利于产品信息、服务理念在网络环境中的表达，使企业更具竞争力。

2. 平台选择多样化，注重创新迭代

互联网技术不断成熟的今天，新媒体日新月异，迭代迅速。一个新媒体从产生到消

融的周期逐渐缩短，单一平台或者是单一工具已经不能够实现有效的销售促进，要注意选择的多样化，特别是注重选择更具创新意识的新媒体进行合作，通过各种互联网平台提供的有效支持，进行实际推广和操作。

3. 关注客户类型，精准促销

新媒体促销一方面需要注意产品、客户群体和媒体的精准定位，充分利用各种新媒体，将营销信息推送到准确的受众群体中，关注客户层次；另一方面，要洞悉互联网新贵对趋势的影响力，通过新媒体引导和培养顾客，实现其忠诚、习惯、感情、满意等维度从无到有的进阶，将新用户逐步转化为普通用户、种子用户，最后成长为核心用户。

（1）新用户。通过促销手段宣传吸引用户参与新手任务，了解产品内容架构，吸引新用户开始观看关联内容。

（2）普通用户。通过促销手段培养普通用户经常观看任务，完成日常任务，重点培养客户的习惯养成及积分积累，逐步引导普通用户进行积分兑换消费，从而形成付费习惯。

（3）种子用户。通过促销手段加强关键意见领袖（Key Opinion Leader）的黏度，通过人脉资源拓展、满足品牌需求和影响力等手段实现共同利益诉求。

（4）核心用户。通过促销手段筛选高频付费点播用户，定期组织社群或活动，提高用户积极性与主动性，通过分享传播扩大影响力。

新媒体促销给企业带来新机遇的同时，也带来了新的挑战。由于网络新媒体具有虚拟性和隐蔽性，一些网络行为突破了商业伦理、传统道德甚至法律的底线。隐私被盗取、垃圾邮件等现象在一定程度上导致了新的信任危机。"真实、可见、安全"已成为消费者的主要诉求，建立健康、互信的促销体系是新媒体促销发展的方向。

> **营销伦理小贴士** 促销活动需合法
>
> 每逢"6·18""双11"等购物节，商家会掀起让利促销的高潮，销售额屡破新高。也有商家给促销活动披上"隐身衣"，提前上调商品价格，或是以满减优惠、赠折扣券为噱头，迷惑消费者，"打折"实则是明降暗升。
>
> 根据相关法律规定，经营者开展促销要公示促销规则、促销期限以及对消费者不利的限制性条件等，充分保障消费者的知情权，维护消费者的合法权益。
>
> 经营者利用虚假的、使人误解的标价形式或者价格手段，欺骗、诱导消费者与其进行交易的行为，属于价格欺诈行为。
>
> 依据《中华人民共和国消费者权益保护法》第五十五条第一款规定，经营者提供商品或者服务有欺诈行为的，应当按照消费者的要求增加赔偿其受到的损失，增加赔偿的金额为消费者购买商品的价款或者接受服务的费用的三倍；增加赔偿的金额不足五百元的，为五百元。法律另有规定的，依照其规定。

本章小结

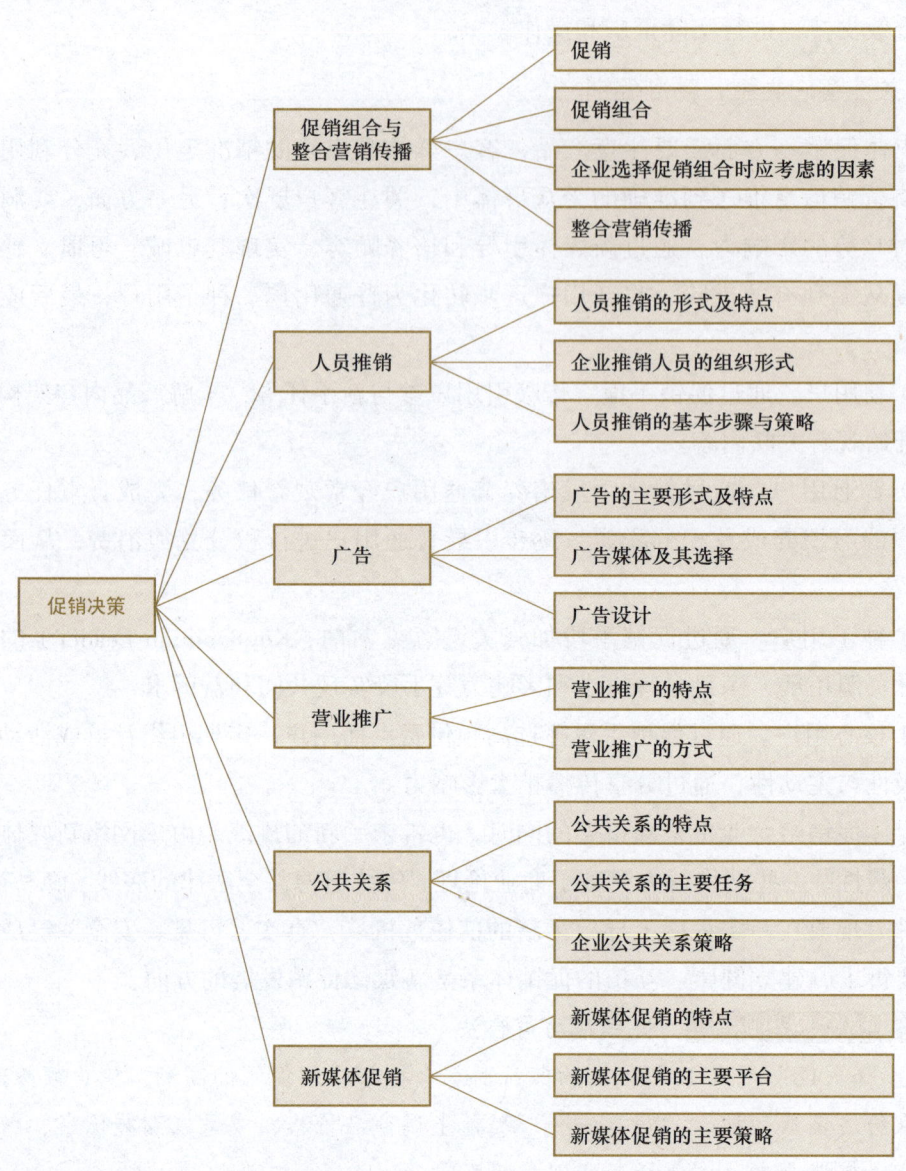

知识检测与拓展

1. 为什么说促销的核心是沟通？谈谈你的看法。
2. 企业促销的目标可以有哪些选择？
3. 促销组合主要包括哪些促销手段？简述各种促销手段的优缺点。
4. "推销产品本身"与"推销产品所带给顾客的利益"有何不同？请举例加以说明。
5. 请分别举出给你印象最深、印象最差，或者你认为最成功及最不成功的广告实例，并说说你的理由。

6. 在日常生活中，你接受过哪些营业推广的促销活动？对此你有何评价？

7. 俗话说"好事不出门，坏事传千里"，对此若运用公共关系的手段该如何作为呢？

实训项目

【实训任务】产品促销策划。

【操作要求】

1. 以小组为单位，确定一项具体产品（如可选某一新产品或校企合作企业的产品）。

2. 方案要主题明确、有创意、可操作性强；方案的主要内容包括促销主题、促销目标、促销时间、受众分析、促销具体方式及做法（如制作出海报、软文、小视频等）、费用预算、效果预测等。

3. 提交策划书，并制作简要的PPT（或其他辅助工具），课堂演讲汇报。

案例分析

政府助力农产品营销

我国是人口大国、农业大国，但却不是农业强国。我们在农业生产、农产品流通、农产品营销等方面距离发达国家还有很大的提升空间。目前这些问题已引起了社会各界的高度重视，各级政府部门已纷纷行动起来，助力农产品的推广和营销。

根据《国务院关于同意设立"中国农民丰收节"的批复》（国函〔2018〕80号），自2018年起，将每年农历秋分设为"中国农民丰收节"。2020年5月，"中国农民丰收节推广大使"名单公布，袁隆平、申纪兰、冯巩、海霞、冯骥才、李子柒6人受聘担任首批推广大使，他们分别担任"国家推广大使""民俗推广大使""社会推广大使""媒体推广大使""乡村推广大使""网络推广大使"等不同角色，承担着在各自领域的公益推广义务，赢得了社会的广泛关注和反响。

广东省农业农村厅从2019年4月开始，发起"12221"（建设一个荔枝全产业链数据平台，组建采购商和经纪人两支队伍，建设产地和销区两个市场平台，策划采购商联盟走进荔枝产区及荔枝走进销区市场两场活动，实现打造品牌、扩大销量、提高价格、市场引导推广良种、果农增收等一揽子目标）荔枝市场营销行动，设立了"520广东荔枝"消费节，大力推动广东省荔枝产业高质量发展，逐步实现优化品种、提升品质、提升"广东荔枝"品牌影响力、适应市场消费需求、实现产业转型、价值效益升级等目标。

农产品与工业产品不同的特点加大了其营销的难度。农产品季节性上市，很多产品不易保存、运输，流通渠道不畅也加剧了农产品销售的困难，农民往往增产并不能增收。因此，上市前的宣传推广、市场及渠道开发对产品的上市销售是极为重要的。2020年是广东荔枝的丰收年，疫情之下，产品销售及果农增收面临空前的压力。珠江经济台与《南方农村报》策划了"520致敬平凡英雄，就用荔枝表达爱"的活动主题，以向奋战在一线的抗疫医务工作者表达敬意，并策划了一系列促销活动，如：南航客机印上了"广东荔枝"的品牌LOGO及图案，开启"广东荔枝靓丽全球行"；"广东荔枝"的宣传海报登上了美国纽约纳斯达克屏、日本Q'S EYE电子屏；巨幅海报和短视频在广州、深圳、中山、东莞等地的地标建筑上展示一周；2020年5月20日当晚8点，珠江经济台举办了"2020广东国际网络荔枝节之丝路行——520，让世界知道我爱'荔'"的全球视频直播节目，同一时间在淘宝直播和珠江广播直播，广东荔枝国际推广大使、珠江经济台"云播珠江"公益主播为广东荔枝直播带货。诸多活动涉及线上、线下，国内、国外市场。

案例思考题：

1. 根据案例及相关资料，你对"中国农民丰收节""广东荔枝节"的设计有何评价？
2. 了解你所在地的一种特色农产品的市场推广及营销现状，提出改进建议或策划一个推广活动。

Chapter 9 第九章 服务市场营销

学习与能力目标

◎ 能理解并说出服务产品及服务营销的特殊性。
◎ 熟悉服务市场营销组合策略,并能对企业案例进行分析。
◎ 了解服务业关系营销的基本策略及实际运用。

第九章
学习导引

第一节　服务市场概述及服务营销的特殊性

引导案例 9-1　购物中心不只属于年轻人

在日本永旺葛西店，70%的顾客都是老年人，这里有为老年人提供的健身房、乐器，有针对老年人的食谱和培训课程，甚至还有一些精心的细节设计，如走过的楼梯会显示今天步行的步数、所有地方都用毛毯铺地以防止老人摔伤等。因此可以说这里是一个帮助老年人对抗时光流逝的空间。

日本是一个老龄化非常严重的国家，日本的总人口在 2010 年之后出现负增长趋势，65 岁以上的人口构成比例超过 25%。但日本人的平均寿命与退休年龄的间隔是 21 年，日本永旺发现了这个庞大的市场，进而洞察到老年人深层次的需求，在永旺葛西店设置了适合老年人的丰富多彩的可参与性内容，将老年人的学习、休憩、音乐、运动、旅行、健康、理财、兴趣等结合起来，营造出一个体现人生价值的平台。每天一到营业时间，很多老年人就会前来，从早间的健身操开始，在这里待上一整天。更重要的是，永旺葛西店的业绩也非常不错。

一、服务市场概述

服务业最早主要是为商品流通服务的。随着商品生产和商品交换的发展，人们的经济交往也逐渐扩大，为解决由此而产生的人的食宿、货物的运输和存放等问题，出现了饮食、旅店等服务业。随着城市的繁荣发展、居民的日益增多，服务业进一步转向为人们的生活服务。

再后来，社会化大生产创造的较高的生产率和发达的社会分工，促使生产企业中的某些为生产服务的劳动从生产过程中逐渐分离出来（如工厂的维修车间逐渐变成修理企业），加入服务业的行列，成为为生产服务的独立行业。服务业从为流通服务到为生活服务，进一步扩展到为生产服务，经历了一个很长的历史过程。

服务业（也被称为第三产业）所包括的门类非常繁多，根据国家统计局颁布的《三次产业划分规定》（2018 年修订），第三产业即服务业，是指除第一产业、第二产业以外的其他行业，具体如表 9-1 所示。

表 9-1　我国三次产业的划分

产业划分	产业范围
第一产业	农、林、牧、渔业（不含农、林、牧、渔专业及辅助性活动）
第二产业	采矿业（不含开采专业及辅助性活动），制造业（不含金属制品、机械和设备修理业），电力、热力、燃气及水生产和供应业，建筑业
第三产业（服务业）	批发和零售业，交通运输、仓储和邮政业，住宿和餐饮业，信息传输、软件和信息技术服务业，金融业，房地产业，租赁和商务服务业，科学研究和技术服务业，水利、环境和公共设施管理业，居民服务、修理和其他服务业，教育，卫生和社会工作，文化、体育和娱乐业，公共管理、社会保障和社会组织，国际组织，以及农、林、牧、渔业中的农、林、牧、渔专业及辅助性活动，采矿业中的开采专业及辅助性活动，制造业中的金属制品、机械和设备修理业

服务业的兴起与发展是社会经济发展的客观规律，其发达程度也是衡量一国经济发展水平的重要标志。截至 2022 年年底，我国服务业增加值占 GDP 比重为 52.8%，仍低于发达国家水平，还有提升的空间。

当今，以现代科学技术特别是信息网络技术为主要支撑，建立在新的商业模式、服务方式和管理方法基础上的现代服务产业正蓬勃兴起，它既包括随着技术发展而产生的新兴服务业态，也包括运用现代技术对传统服务业的改造和提升。

链接

2022 年中国服务业民营企业百强中的前 10 名如表 9-2 所示。

表9-2　2022 年中国服务业民营企业百强（前 10 名）

序号	企业名称	省（市、自治区）	所属行业	营业收入（万元）
1	京东集团	北京市	互联网和相关服务	95159200
2	阿里巴巴（中国）有限公司	浙江省	互联网和相关服务	83640500
3	腾讯控股有限公司	广东省	互联网和相关服务	56011800
4	碧桂园控股有限公司	广东省	房地产业	52306400
5	万科企业股份有限公司	广东省	房地产业	45279777
6	国美控股集团有限公司	北京市	零售业	35005444
7	泰康保险集团股份有限公司	北京市	保险业	26193348
8	中南控股集团有限公司	江苏省	房地产业	26025762
9	龙湖集团控股有限公司	重庆市	房地产业	22337548
10	顺丰控股股份有限公司	广东省	邮政业	20718665

服务市场营销研究始于 20 世纪 70 年代，伴随着发达国家服务业的迅速发展，服务营销蓬勃兴起。科特勒曾指出，服务代表了未来市场营销管理和市场营销学研究的主要领域之一。

在营销学上，服务（Service）一般是从区别于有形的实物产品的角度来进行研究和界定的。如科特勒将服务定义为："一方能够向另一方提供的基本上是无形的任何活动或利益，并且不导致任何所有权的转移。它的生产可能与某种有形产品联系在一起，也可能毫无关联。"例如，家用电脑的维修服务就是指维修人员检查和修理计算机的活动和过程，这一活动和过程的结果是顾客得到完全或部分恢复正常的计算机；而心理咨询则属于纯服务产品。

根据产品和服务交织在一起的不同状态，可将服务分为以下四种类型：

（1）有形产品的附加服务。很多消费品和工业品是与附加的服务一起出售的，如汽车、计算机、电器等产品，附加服务作为整体产品的延伸层，在当代对提高企业竞争力具有非常重要的作用。

（2）与有形产品相混合的服务。如餐馆既提供食品又提供服务。

(3)占绝大比重的服务。如航空服务。
(4)纯粹服务。如家政、咨询服务等。

二、服务的特性及服务营销的特殊性

> **专家观点**
>
> 哈里·贝克威思（Harry Beckwith）著《无形产品的销售》《无形的商机》，书中提出：
> 产品是被制造的，服务则是在传递的过程中完成的。
> 产品是被使用的，服务则是一种经历的感受。

与有形产品相比，服务具有以下四个主要特性（见图9-1），从而使得服务营销具有与产品营销不同的特点：

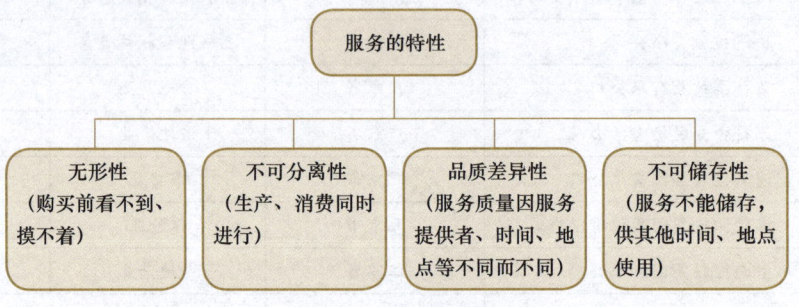

图9-1 服务的特性

1. 无形性（Intangibility）

无形性即不可感知性，这是服务最为显著的一个特点。服务与有形产品不同，在被购买之前，不能被看到、听到、感觉到、品尝到、接触到，顾客很难感知、判断服务的质量和效果。如人们做整容手术、听音乐会等，在购买之前很难预知其质量和效果。

因此，消费者购买服务时会感受到比购买有形产品更大的风险性。他们为减少购买的风险，会更多地根据服务设施和环境等有形线索及参考多方意见来进行判断。因此，企业应注意创造和传播有形证据来化无形为有形，增强顾客对产品形象的感知和信赖。

服务的无形性还要求服务企业要做好服务的介绍和承诺。服务介绍应准确、诚实地反映企业服务所能带来的利益；加强服务承诺的针对性、周到性以及兑现的及时性，将有助于降低消费者购买的顾虑。

2. 不可分离性（Inseparability）

一般来说，有形产品是先生产，再销售，最后消费的；而服务是先销售，然后同时生产和消费。也就是说，服务的生产与消费往往是同时进行的，服务人员向顾客提供服务的过程，也正是顾客消费、享用服务的过程，二者在时间上不可分离。

由于顾客参与服务的生产过程，因此对于顾客来说，服务就是一种发生在服务场所或设施的经历或体验。企业必须重视服务场所或设施的设计，其地理位置和营业时间应方便顾客，其设计应对顾客有吸引力和亲和力。此外，服务过程中顾客的行为也会影响服务的质量和生产效率，因此，服务提供者与顾客之间良好的沟通和互动是服务营销管理的重要内容。

3. 品质差异性（Heterogeneity）

品质差异性指服务的产出或质量会随着服务提供者、顾客、时间、地点等因素的不同而有所变化。不同服务人员由于技术水平的差异，在提供同样的服务时其品质也难以完全相同。即便是同一服务人员，其服务品质也会因人、因时、因地而异，从服务提供者方面来讲，其心理状态、服务技能、努力程度等都会影响其服务质量；而不同顾客的兴趣偏好、社会经验等的不同，也会影响其对服务质量的评判。

因此，服务企业应努力提高服务人员的素质和服务技能，建立严格的品质标准，规范操作流程，及时调查和追踪顾客的意见，以不断改进和提高企业的服务质量。企业也应努力通过提供定制服务来提高顾客的满意度。

4. 不可储存性（Perishability）

不可储存性指服务产品既不能在时间上储存下来，以备未来使用，也不能在空间上将服务转移。如理发、外科手术、酒店住宿、旅游、现场文艺晚会等，都无法在此时生产并储存，然后在彼时进行销售或消费。

服务的不可储存性使其不能像有形产品那样通过库存来缓冲或适应需求的变化。当需求不稳定时，供不应求会导致顾客的抱怨或流失，供过于求又会导致设施和人员的闲置，造成经济损失。因此，服务企业必须确定合理的经营规模，并采取有效措施解决供求矛盾。

差别定价、预定制度、雇佣兼职人员等都是服务企业常用的管理供求平衡的有效方法。

第二节　服务营销组合策略

引导案例 9-2　诚品书店之复合式经营模式

有人说台北的地理地标是 101 高楼，而文化地标却是诚品书店。诚品书店在台湾、香港、苏州、深圳共开设有几十家分店，平均每年举办超过 5 000 场不同主题及形式的文化活动，吸引了来自世界各地超过 2 亿人次的光顾。

1989 年 3 月，吴清友创立了以人文、艺术类书籍为主，兼营诚品画廊、文化空间以及传统工艺品牌的诚品书店。30 多年来，秉持着"深耕阅读，将人文、艺术、创意融入生活"的经营理念，通过不断创新，诚品书店已发展成今天涵盖了书店、画廊、文化展演、零售、文化创意、旅游、建筑、餐饮美食等以文化内容为基底的复合式文化场所。

在全球书店经营不景气，甚至大批书店倒闭之时，诚品却逆势而上、一枝独秀。吴清友说"我从来没有把诚品视为单纯卖书的书店。"他还表示，从一开始，诚品就不想重复普通书商的老路，而是将自身定位为结合学习、信息、建筑、戏剧、舞蹈、音乐、摄影、美术、文学、设计等丰富元素的场所，带有公益性的人文关怀。通过人、空间、活动三大元素，共同营造诚品独特的文化氛围。

一位经常光顾诚品的女性消费者称，从少女时代喜欢园艺，到少妇时期养儿育女，再到后来参与公益事业，诚品的阅读经验是其成长中不可抹去的记忆和主题。

传统的 4P 营销组合主要适用于有形产品的营销，由于服务产品及市场的特殊性，4P 组合难以满足服务营销需要。科特勒曾提出，服务营销需做好以下三个方面的营销工作（见图 9-2）：

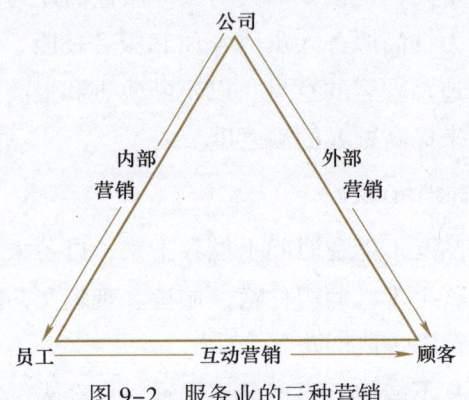

图 9-2 服务业的三种营销

外部营销（External Marketing）是指公司为顾客提供服务、进行定价、分销和促销等常规工作。内部营销（Internal Marketing）是指对公司员工的培养和激励，使其更好地为顾客提供服务。互动营销（Interactive Marketing）强调员工为顾客服务的技能。顾客对服务的评价既取决于服务的提供者，也取决于顾客在整个服务过程中的体验。

综合菲利普·科特勒（Philip Kotler）、詹姆斯·洛夫洛克（James E. Lovelock）等多位专家学者的研究，服务营销新的决策变量为：人员、有形证据、过程、生产率和质量，从而构成了 8P 服务营销组合。以下将对此 8P 组合进行具体的阐释。

一、服务产品（Product）

顾客购买服务实际上是购买服务带给他们的特定利益或价值。服务产品策略要考虑的是提供服务的范围、服务质量、服务水准、服务品牌、服务保证以及售前售后服务等。服务产品要素是服务营销组合中最重要的要素。用整体产品的概念来分析，同样可以将服务产品划分为三个层次：

1. 核心服务（Core Service）

核心服务指企业的服务产品为顾客提供的最基本效用和核心利益，如航空公司的运输服务、医院的诊疗服务等。

2. 便利服务（Facilitating Service）

便利服务指为配合推广核心服务而提供的便利，如航空公司的订票、送票等服务。便利服务往往是义务性的、不可或缺的，离开了这些服务，顾客就无法使用到核心服务。

3. 辅助或支持服务（Supporting Service）

辅助或支持服务主要用以增加服务的价值或区别于竞争者的服务，如航空公司在飞行中提供电影、空对地电话及常客奖励计划等服务。

企业在进行服务产品的设计时，首先必须根据顾客的需求及其所追求的利益，确定核心服务的内容，核心服务是企业产品能否为市场所接受的关键。随着竞争的加剧、产品同质化的加剧，企业就应考虑顾客期望的利益和竞争者的状况，进一步增加便利服务和辅助服务来赢得顾客，形成差别化的竞争优势。如诚品书店已不仅仅只是一个购书地点，而是人们可以悠然流连的书香世界，是新文化的休闲场所，它也因此成为亚洲地区最具标志意义的文化企业之一。

二、服务定价（Price）

定价策略是服务企业调节供求平衡，实现预期收益的重要手段，同时也是一种重要的识别标志，顾客往往从服务价格来评判服务价值的高低。

由于服务自身特性方面的原因，服务成本的核算、服务质量的界定、顾客感知价值的评价等均难以进行准确的评估，因此服务定价具有较大的灵活性。

常用的定价方法有需求导向定价法、成本导向定价法、竞争导向定价法；常用的定价策略有需求差别定价策略、折扣定价策略、产品组合定价策略等。

三、服务分销（Place）

服务分销策略涉及服务让渡的地点、时间以及采用的渠道方式等方面的决策。

由于服务的不可分离性和不可储存性的特征，使得服务地点的选择和分布显得特别重要。如商场、餐馆等应选址在人口密集、人均收入高、交通方便的地段，有利于扩大销售量。

此外，服务等待时间和服务时间的长短也会影响顾客对服务质量的感知，因此服务过程中时间要素的重要性要求企业必须了解顾客的时间价值，寻求在服务速度和便利性方面更有竞争优势的分销方式。

总体来说，服务分销可分为直接销售和间接销售两类。直接销售是由服务提供者直接向顾客提供面对面服务的形式，如会计咨询、法律咨询、管理咨询、美容等。间接销售是由中介机构来完成的销售方式，常见的中介机构有代理人、经纪人、经销商、代理商、特许经营等。

随着当代互联网等信息技术的普及和发展，电子分销方式可帮助企业在更广泛的范围获取销售和盈利的机会。

四、服务促销（Promotion）

促销与沟通在服务营销中扮演着重要的角色。服务的无形性要求企业创造出有形的、可识别的服务形象；服务的差异性要求企业提供有关服务绩效的有形提示来增强顾客的信心，消除顾客购买前的感知风险。总之，服务促销的核心在于宣传服务提供的利益及价值，并尽量使服务产品有形化。

另外，许多服务促销与沟通还具有教育的特征。这种教育特征对于新产品和新顾客来讲表现得更为明显。

服务促销的手段有广告、人员推销、营业推广、公共关系、口碑传播等。不同的行业，针对不同的顾客群体，往往采用不同的促销组合。

五、有形展示（Physical Evidence）

有形展示的要素包括：服务场景（如营业大厅、装潢、陈设等）、设备、有形的沟通工具或资料、标志象征、参与服务生产和消费的人（包括人数及人员仪表、行为等）、价格等。

这些有形展示有助于为服务产品的无形性提供有形支持，有助于传播企业服务的市场定位，引导顾客产生合理的预期，对顾客的感知和行为产生重大的影响，因此服务企业需仔细管理好这些有形展示要素。

实例9-1 // "新一代星巴克"体验店开张了

> 2014年，星巴克在其品牌发源地西雅图开设了当时全球最大的一家星巴克旗舰店——星巴克精品烘焙体验店（Starbucks Reserve Roastery and Tasting Room）。这家店约有1 394平方米，在这里顾客不仅能品尝到美味的精品咖啡，也能观看咖啡豆的加工过程，开业几年来，这家咖啡烘焙工坊已经成为当地四大旅游景点之一。
>
> 2017年12月在上海太古汇开业的第二家星巴克咖啡烘焙工坊，却比西雅图店还要大一倍，面积达2 700平方米，造价耗资170亿元。
>
> 2018年6月29日，星巴克在北京开设了一家1 040平方米、3层楼高的臻选旗舰店，臻选品牌从产品到门店消费体验都与星巴克常规门店不同，从视觉设计到品牌形象也都更为高端。
>
> 这是星巴克开发高端品牌和"体验式目的地"的新尝试。

六、人员（People）

人员指服务的生产和操作人员，他们在顾客心目中实际上就是服务产品的组成部分，特别是一线员工的态度、行为、衣着、举止等会直接影响顾客对服务质量的评价。另外，服务企业的经营特色往往也要通过操作者的服务来体现。

因此，服务营销的成功是与员工的招聘、培训、激励和管理密切相关的。如何有效调动员工的积极性，提高员工的素质和技能始终是服务企业最重要的工作。

【营销工具】客户旅程图

客户旅程图（Customer Journey Map）从客户的角度出发，通过图表的形式直观地描述客户在企业特定场景下，从初次接触产品（或服务）到完成使用产品（或服务）的全过程。从中发现用户在整个使用过程的痛点和满意点，在此基础上提炼出产品（或服务）中的优点和改进机会。同时让产品（服务）团队了解用户使用过程中看、想、听、做的感受，让他们能够从用户角度去考虑设计或改进产品（或服务）。

客户旅程图一般可用坐标图的形式绘制，横轴是时间轴，上面标注客户接触点；纵向描绘客户角色和特征、客户体验感受（对应各接触点）。

绘制客户旅程图，接触点是重中之重，首先要确定客户全旅程的关键接触点，再采集用户的反馈，进而可以明确问题所在，制定针对性的行动策略。

七、过程（Process）

服务过程体现了服务的内容形式和传递顺序。设计合理的过程不仅可以给员工提供规范的作业程序，减少服务产出的可变性，而且可以为顾客提供判断服务质量的证据。

服务过程可以是标准化的过程，也可以是定制化的过程。过程要素的设计主要包括标准化或定制化的活动流程、操作步骤的数量和次序安排、顾客参与的水平、新技术的应用等。

【课堂行动学习】服务体验分析

> 以一个你曾有过良好或不好的消费体验的经历，用图描绘出企业方在服务过程的主要细节及自己的感受，其中有哪些可推广或可改进的地方？给出你的建议。

八、生产率和质量（Productivity and Quality）

洛夫洛克（2001）在研究中发现"生产率和质量这两个要素常常被区别对待。实际上应该把它们看成是一个分币的正反两面"。生产率涉及如何把投入转化为顾客认为有价值的产出，而质量是指服务满足顾客需要的程度。

服务质量是服务营销的核心，是企业在竞争中制胜的法宝。但服务质量是一个主观范畴，它取决于顾客对服务的预期质量和实际体验质量（即顾客实际感知到的服务质量）之间的对比。在顾客体验质量达到或超过预期质量时，顾客就会满意，从而认为企业的服务质量较高；反之，则会认为企业的服务质量较低。企业常常借助质量控制标准、服务质量差距分析、服务承诺、服务质量认证等，持续不断地改进服务质量，增加顾客想得到的利益，进而实现服务的差异化和建立顾客忠诚。

但同时，生产率也是关系到服务营销成败的一项重要工作，因为利润是任何企业经营的目标，服务企业必须通过提高生产率来控制成本的上升，以避免因价格过高而失去市场。对许多服务企业而言，也多是从服务产品的质量层面来衡量其生产率的。

当然，服务作业上许多可以改善生产率的原则，也有助于改善质量。如器械的采用、时间与动作研究、标准化、分工专门化、装配线作业原则的利用、加强训练以及注重工作安排和工作组织等原则和措施，均可用来改善服务质量。麦当劳成功的关键就在于它将制造业的观念运用到了服务业，把标准化作业变成容易复制的程序，凭借特许经营赢得全球市场。麦当劳在"BrandZ全球最具价值品牌排行榜"连续十多年排名前十，2019年，麦当劳在该榜单排名第九位，是全球排名最前的餐饮服务企业，品牌价值超过1303亿美元。

实例9-2 // 京东的物流及"亚洲一号"

作为普通消费者，大家可能会有这样的感受：在国内电商中，京东的分拣、发货等物流速度首屈一指。

京东集团自2007年开始自建物流，并于2017年4月25日宣布成立京东物流集团，目前是全球唯一拥有中小件、大件、冷链、B2B、跨境和众包（达达）六大物流网络的企业，在全国范围内运营约600个大型仓库，运营了23个大型智能化物流中心"亚洲一号"，90%以上的自营订单可以在24小时内送达，甚至部分商品还可提供"上午买、下午必达"的配送服务，这都与其在全国范围内"亚洲一号"的布局极为有关。

以京东于2014年建成投产的上海亚洲一号为例，整个仓库操作及管理系统均由京东开发并拥有自主知识产权，90%以上操作实现自动化，是国内智慧物流领域最高水平。上海亚洲一号已经成为京东物流在华东区的中流砥柱，使京东可以有效应对"6·18""双11"订单量暴涨带来的压力。

第三节 服务业的关系营销

引导案例9-3 西贝会员的精细化运营之道

西贝餐饮有限公司1988年起步于内蒙古的"黄土坡风味小吃店"，现已成为中国最大的中式餐饮连锁企业之一。

西贝从2009年开始做会员营销，起初以服务员推荐办理为主，之后通过扫码或关注微信公众号不断拉新，近年又增加了扫码点餐、支付即会员等方式，会员总量已突破2 000万。

西贝以顾客的消费频次为依据（消费频次＝消费周期/平均消费天数），进行顾客等级划分，具体分为新客、回头客、活跃客、沉睡客、流失客。2018年年初，西贝将会员设置简化为三个层级：普通顾客、普通会员和VIP。运营人员根据顾客等级的不同进行更有针对性的维护及营销。例如，普通顾客没有任何权益，普通会员可以有积分兑换、生日券等特权，VIP则享有会员价、服务特权、商城特权等多项福利。公司重点运营的是VIP消费群体。

西贝还面向家庭消费群体，建立了亲子体验馆，建立了上千个宝妈微信群，通过线下亲子活动加强与宝妈的连接，提供更加精细化的服务。目前西贝正在会员营销、粉丝营销上不断发力。

一、服务业关系营销的发展

关系营销的核心思想就是培养忠诚顾客，使顾客产生持续购买行为，从而求得企业长久的利润增长。特别是在新经济条件下，企业间竞争更为激烈，企业应更关注顾客的终身价值，即从顾客的终身消费中获利。一份美国商业研究报告指出，多次光顾的顾客比初次登门者，可为企业多带来20%～85%的利润。还有调查显示，企业获取一个新顾客的成本是保留一个老顾客的5倍。另外，通过老顾客的口碑发展新顾客不但成本低，而且成功率也较高。

由于服务本身的特性，服务人员与顾客直接接触，使得服务企业更容易发展与顾客的良好关系；同时，服务企业也更便于得到顾客的个人资料。如酒店业常用的做法是，每当客人办理入住酒店登记时，客人的消费信息就会被记录下来，而当客人入住超过一定次数，便会成为VIP贵宾会员，享有特别的优待。

关系营销已在银行、航空、旅游、酒店、健身美容、汽车服务等行业得到了广泛的应用。

二、多层次关系营销策略

【课堂行动学习】你有哪些会员卡？

> 日常生活中，你或者家人可能拥有许多企业的会员卡，请尽可能列举出具体的企业名称，其中哪些卡是比较满意的？哪些是不满意的？阐述具体的理由。

关系营销也被称作"建立忠诚顾客计划（Customer Loyalty Program）"。为了提高顾客的忠诚度，获取顾客的终身价值，企业必须以利益为纽带，采取系统化的步骤，发展与顾客的长期关系。而实际中，许多企业却是零敲碎打地采用一些最简单的方式，或模仿其他公司的做法（如抽奖等），给顾客一些蝇头小利，因而很难有长期的收效。根据服务业关系营销的理论和实践经验的总结，企业应从以下四个层次逐层推进给予顾客的利益，以培养并强化与顾客的长期关系：

（一）一级关系营销：增加财务利益

在这个层次的关系营销中，企业通常提供价格诱因给顾客，以鼓励他们多消费企业的产品或服务。常用的方式有频繁营销计划和俱乐部营销计划。

1. 频繁营销计划（Frequency Programs）

频繁营销计划也称老主顾营销计划，即向经常购买和大量购买的顾客提供一定的奖励。奖励的形式有折扣、赠送商品、奖品等。例如，航空公司可以对经常乘坐者给予奖励；宾馆可以对老顾客提供高级别的住宿；超市可以对老主顾实行折扣等。有时企业间还通过交叉销售的方式，以免顾客流失，如旅游公司与航空公司、宾馆饭店甚至信用卡机构相互合作。

2. 俱乐部营销计划（Club Membership）

俱乐部营销计划也称俱乐部成员计划，即建立顾客俱乐部，吸收购买一定数量产品或支付会费的顾客成为会员。例如日本资生堂化妆品公司，吸收了1 000多万会员，为会员发放优惠卡，可以在影剧院、旅馆以及零售商处得到折扣，同时还为"频繁购买者"定额优惠，会员还能得到一本刊载有关个人美容等有趣文章的杂志。

上述做法的优点是有利于树立顾客偏好，其主要缺陷是价格诱因难以对顾客产生独特的吸引力，竞争者容易模仿，企业的竞争优势会很短暂。一般情况下，第一家推出频繁营销计划的企业获利最多，但当多数竞争者加以效仿后，频繁营销计划就可能成为所有实施者的一项财务负担，只会增加支出而难以增加销售。因此企业需不断创新，力争走在竞争对手的前面，才能保持并不断提升对顾客的吸引力。

（二）二级关系营销：增加社交利益

在这个层次的关系营销中，企业不再是简单地提供价格诱因，而是要将财务利益与社交利益相结合，即要求服务提供者应与顾客建立良好的社交关系，保持高度的沟通和联系，努力去了解顾客的需求，努力去开展顾客化的服务。如医生与病人、律师与委托人、咨询顾问与客户、银行理财经理与顾客等，如果双方之间形成了良好的个人关系，则顾客将对企业及员工产生信赖感，也会提升顾客的满意度。

俗语讲"买卖不成仁义在"，这种交易关系当然要比一级关系营销更有利于维持长久的顾客关系。

（三）三级关系营销：增加个性化利益

在这个层次的营销中，企业使用弹性的流程和作业程序，以大量标准化生产的价格，提供能更好地满足顾客需要的个性化的产品和服务。

如某银行推出的投资管理账户，就是在这种理念下推出的金融创新产品。简单地讲，就是利用信息技术的自动化交易方式，将顾客的存款、证券交易、房屋贷款、信用卡、基金等整合在同一个账户内，顾客可享受到高的存款利率、节省手续费、灵活调度房贷资金、节税理财、网络下单交易等好处，推出后相当受顾客欢迎。

（四）四级关系营销：增加结构性利益

在这个层次的营销中，企业进一步为顾客提供一些有价值的服务，而这些服务无法从别处获得，或者需付出高昂的代价才能获得，从而使企业与顾客的关系更为牢固。

如上例中的银行服务，还可以进一步将客户关系提升到"家庭"层次，提供整个家庭的理财服务。银行可以针对顾客家庭生命周期的不同阶段，设计不同组合的金融产品，以满足不同阶段的差别需求，从而取得顾客的终身价值。这种情况下，顾客再去选择其他银行理财服务的转换成本很高，而银行也因其提供的高价值服务创造出高度的顾客忠诚。

三、关系营销的实施步骤

关系营销最常用的做法是会员营销，如引导案例里介绍的西贝公司的做法。其主要步骤是：

1. 设计企业的会员体系，吸引顾客加入

会员体系的设计要对顾客有吸引力，顾客才会愿意加入。

会员体系的设计主要包括会员等级的设置、不同等级会员享有的不同权益设置、会员积分及使用兑换规则、会员等级升级及降级条件等。如西贝将其会员等级设置为顾客、普通会员、VIP 三个层级，各有不同的权益。

西贝采取的是免费加入会员的做法，通过服务员推荐、顾客扫码、关注微信公众号、点餐支付等都可成为西贝会员。会员注册使公司能从中搜集到精准的客户信息，建立客户的电子档案，方便之后消费者消费行为数据的积累及分析。

除了免费加入会员以外，还有些公司采取的是付费会员方式。如 2019 年 8 月进入中国上海的美国最大的连锁会员制仓储量贩店 Costco（开市客），年费 299 元，只有会员才能进场购买消费。付费会员往往比免费会员质量更好，但前提是企业品牌及实力对消费者有足够的吸引力。

2. 做好与会员的互动，吸引顾客重复消费

会员营销现已被各类企业普遍采用，但实施的效果却有很大差别，原因是很多企业的产品或服务还做得不够好，或是其会员运营仅仅流于形式。而要取得理想的收效，企业必须进行系统、全面的深入思考，不断提升产品或服务带给顾客的体验，同时合理规划和设计适合本企业的会员运营计划和方案，切忌人云亦云、缺乏特色。

2009 年时，星巴克就提出数字化绝不仅仅是一个网站，或者一套销售点餐系统，而是一种能力，是与消费者连接并颠覆他们的体验以驱动公司业务增长的能力。他们让顾客在星巴克门店内，可以通过免费的 Wi-Fi 网络，免费阅读《华尔街日报》《纽约时报》《经济学人》等付费内容，收看 ESPN 赛事等；与雅虎合作，在其数字网络的欢迎首页上，链接多种免费电子书籍、新闻、音乐和电影；与苹果合作，令顾客可享受 iTunes 上仅对星巴克数字网络免费开放的音乐下载。2012 年，星巴克又推出了一款别具匠心的 APP "Early Bird" 早鸟闹铃。顾客在设定的起床时间，按提示点击起床按钮，就可

以集一颗星，同时如果能够在一个小时内走进任一家星巴克门店，就能买到一杯打折咖啡，并鼓励顾客在社交媒体上与朋友分享起床时间。可见，星巴克的确是"非常懂营销，能掌握消费者心理，会做互联网生意的咖啡连锁品牌"。

3. 高度关注公司的重要顾客

从本质上说，关系营销是一门吸引和维系有利可图的顾客的艺术。但著名的二八规律认为：企业 20% 的顾客贡献了 80% 的业务量。所以，任何企业都应特别重视服务好这 20% 的顾客。

有公司统计数据显示，其 VIP 客户减少 5%，会造成公司业绩下降 20%；而如果 VIP 客户增加 5%，其业绩可以增长 50%。对接近 20% 临界点的顾客，可以设法采取一定的措施，刺激其消费的提升。

4. 持续进行反馈和改善

日常工作中要密切关注并了解顾客对产品的兴趣和需求、顾客的意见及建议，注意测定顾客长期需求情况，追踪评估顾客的购买行为，分析各项关系费用的投资效益，不断反馈、调整，改进各方面的工作。

本章小结

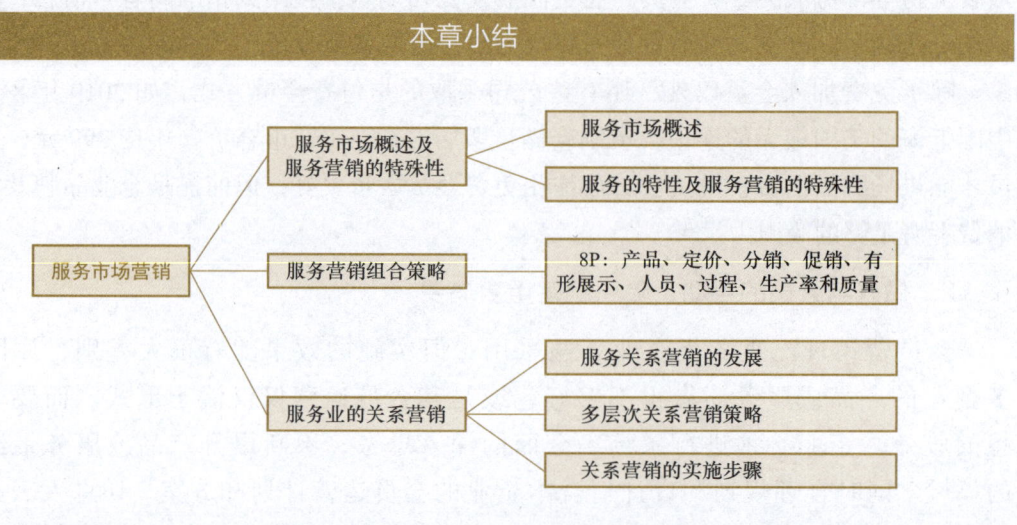

知识检测与拓展

1. 服务具有哪些特性？试结合具体事例加以说明。
2. 服务营销组合具有哪些特殊性？为什么？
3. 服务企业可以从哪些环节着手设计和创造理想的服务环境，以提高顾客对服务的满意度？请以具体企业为例进行阐述。
4. 服务企业为什么要加强对服务人员的培训？

实训项目

【实训任务】

选定某一餐馆、商场、超市、培训机构、健身馆或电影院等,结合服务营销的相关理论及营销策略,调研了解其经营现状、维系客户关系的主要做法、客户关系管理方面有哪些成绩或问题,进而提出改进的方法和建议,撰写出调研报告。

【操作要求】

1. 以小组为工作团队,进行实地调研。
2. 调研分析该企业维系客户关系的主要做法。
3. 针对问题,商讨改进对策,提出具体的操作方案。
4. 措施对策有新意,有可操作性。

案例分析

原始烧烤:第一家主营烧烤的淘宝店

原始烧烤团队成立于2009年,是第一家将烧烤放到淘宝上卖的店铺(见图9-3),创始人是80后李烨。原始烧烤2009年销售额30万元,2010年销售额80万元左右,2011年销售额超过150万元。这些收入中,原始烧烤的网店销售占60%,门店销售占20%,电话团购批发和服务类产品等占20%。

图9-3 原始烧烤淘宝店铺界面

李烨大胆地把烧烤店所能卖的一切都搬到了网上,从海鲜、肉类、水产、蔬菜等百余个品种的半成品食材,到烤炉、烧烤叉、木炭、一次性餐具,甚至烧烤景点门票都可以在线上买到,实现了户外烧烤的一条龙服务。

原始烧烤最为核心的成长优势在于,严格控制成本,最大化地利用社会资源。由于原始烧烤是一家微型电商公司,但其产品却是配送成本较高的生鲜食品,因此他们从一开始就做到了精打细算、充分利用社会资源,譬如他们聘请上海本地的大学生在原始烧烤兼职做配送员,利用城市公交系统(地铁沿线)进行配送,并且更注重在老顾客身上下功夫,减少营销成本。

原始烧烤特别重视口碑营销,李烨曾说"保证客户的消费满意度最重要"。当偶尔出现配送员送货不及时的情况时,他们会根据配送员的迟到情况给顾客退还部分金额或免单;其淘宝店的"描述""服务""物流"好评率一直保持在4.9,已经服务过IBM、三星、飞利浦、中青旅等3 000多家企业的户外烧烤活动。

请搜集相关资料进行案例分析:
1. 试分析原始烧烤的营销组合及特色和优势。
2. 分析原始烧烤所采取的关系营销的具体做法及意义。

Chapter 10

第十章
企业营销组织、计划与控制

学习与能力目标

◎ 了解企业中营销组织的主要类型及岗位设置。
◎ 了解企业市场营销计划的主要类型与内容结构。
◎ 了解营销业绩分析的主要指标和方法。

第十章
学习导引

第一节　企业市场营销组织

引导案例 10-1　腾讯组织架构大调整

2018年9月30日，腾讯官方宣布正式启动新一轮整体战略升级。腾讯将进一步探索更适合未来趋势的社交、内容与技术的融合，并推动实现由消费互联网向产业互联网的转型升级。

伴随战略升级，腾讯公司的组织架构在时隔6年后迎来新一轮的优化调整，在原有七大事业群（BG）的基础上进行重组整合：保留原有的企业发展事业群（CDG）、互动娱乐事业群（IEG）、技术工程事业群（TEG）、微信事业群（WXG）；又突出聚焦融合效应，新成立了云与智慧产业事业群（CSIG）、平台与内容事业群（PCG），如图10-1所示。

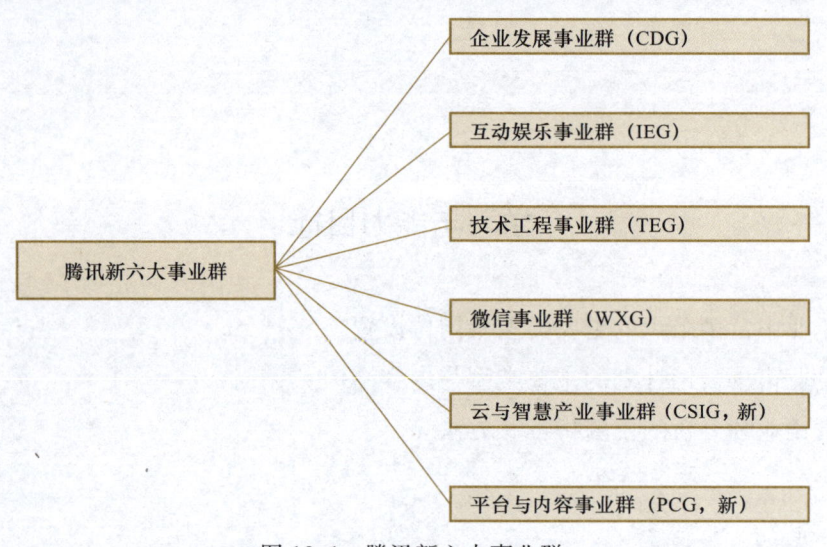

图 10-1　腾讯新六大事业群

腾讯成立至今，始终保持着自我进化的基因，先后经历三次重大战略升级和架构调整。

2005年调整为BU（Business Unit）事业部制，使腾讯由一家初创公司转向规模化的生态协同公司，由单一的社交产品升级为一站式生活平台。

2012年调整为BG（Business Group）事业群制，使腾讯实现了从PC互联网向移动互联网的升级，并通过科学技术"连接一切"，为亿万用户提供优质服务的同时建立起了开放生态。

此为第三次战略升级，是腾讯由消费互联网向产业互联网升级的前瞻思考和主动进化，也是对自身"连接"使命和价值观的传承。

所谓组织,通常是指人们为了实现一定目标,互相协作而组成的集体或团体,如一个企业、学校、党团组织等。市场营销组织则是指企业内部涉及企业营销活动的各个职位及其结构形式。当代企业中的市场营销组织需以市场营销观念为指导,以实现企业经营目标为核心,为更好地发挥各项营销职能并有利于企业内各相关部门协作配合,而设计、组成的有机的科学系统。

任何企业的组织结构都不是一成不变的,企业主管或经理需准确地评估整个企业及各部门组织结构的合理性,并且根据不断变化的市场需求及企业发展情况,对企业组织结构做出及时的调整。作为普通员工则需要了解公司的策略和组织结构,以及自己在达成企业整体目标过程中所担当的角色。

一、企业营销组织的基本类型

不同的企业,其营销组织形式各有差异,但最基本的有以下几种类型:

(一)职能型营销组织

职能型营销组织是最古老,也是最常见的一种营销组织形式。它是指按照营销的各项职能来设置具体的营销部门或人员,如市场部、销售部、调研部、广告部、售后服务部等,如图10-2所示。

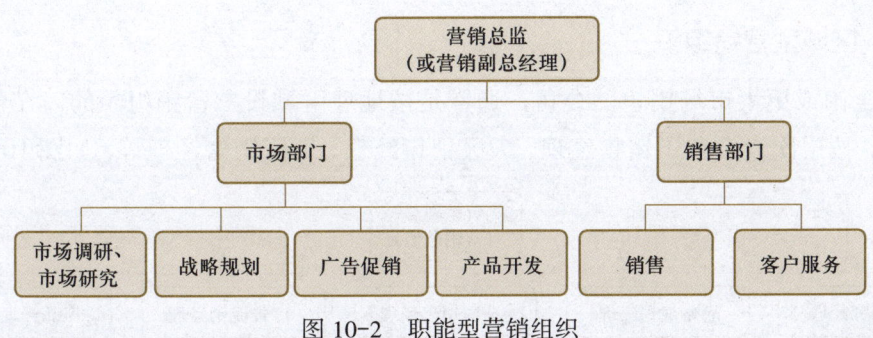

图10-2 职能型营销组织

职能型营销组织的特点是管理层次少,通常适合产品品种少、销售市场差别不大的企业。缺点是没有对一个产品或市场负完全责任的人,各部门各自为政,需要高层管理者做好协调。

(二)产品/品牌管理型营销组织

当企业拥有多种不同的产品或品牌时,可以考虑按产品或品牌建立营销组织。这种组织形式是在职能型营销组织的基础上为每一种产品或品牌设置专门的产品经理或品牌经理,如图10-3所示(以产品管理型营销组织为例)。

产品/品牌管理型组织的优点是,各类产品或品牌责任明确,便于销售人员掌握与产品或品牌相关的技术与销售技巧;产品/品牌经理能够将营销组合的各种要素有效地协调起来,并能根据市场的变化做出快速反应,及时解决销售中的各种问题;由于有专人负责,任何产品或品牌都不会被忽视;组织更具灵活性,企业可以根据产品或品牌的增减,增加或撤销一个产品/品牌部门即可。

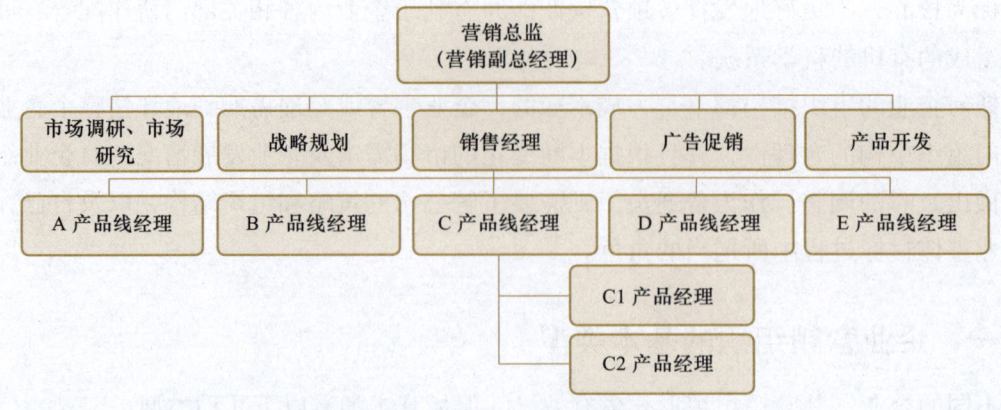

图 10-3　产品管理型营销组织

产品/品牌管理型组织的缺点是,可能导致各产品/品牌部门只重视本部门的利益,而不顾整体利益;产品/品牌经理可能没有足够的权威,在与其他职能部门合作中容易产生冲突和矛盾;产品/品牌经理的更替可能导致产品营销计划缺乏长期性、连续性;销售地域的重叠、客户的重叠,可能造成工作重复,增加营销成本。

(三)区域型营销组织

面向全国或更大市场销售的公司,通常是按地理区域设立营销组织的。在营销副总的主管下,按层次设立全国销售经理、大区销售经理、地区销售经理等,如图10-4所示。

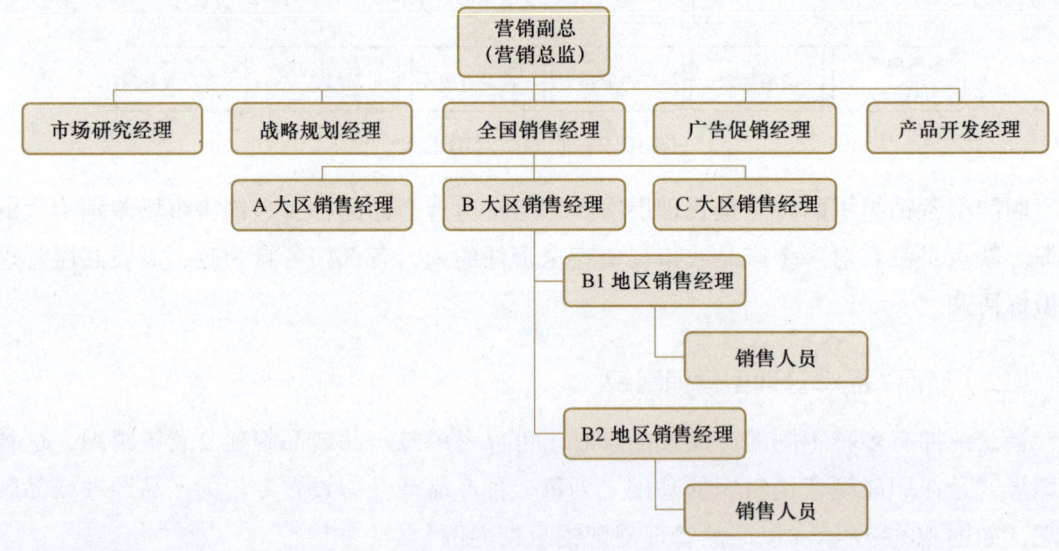

图 10-4　区域型营销组织

这种组织形式有利于对各个地区市场的深入了解,制订有针对性的营销计划,帮助产品迅速进入和占领各地区市场;由于权力下放,有利于调动各区域营销部门的积极性,提升区域营销绩效。但由于各区域市场间情况差异较大,不同区域销售部门间的利益有时难以协调。为了使整体市场的营销活动更为有效,区域型组织经常需要与其他类型的组织形式结合起来使用。

(四)市场管理型营销组织

这种组织形式是企业在市场细分的基础上,按照对市场的不同划分,建立相应的市场营销组织。如个人客户与组织客户,其需求及购买行为有很大的不同;而组织客户又可以根据不同的行业、企业规模等进行划分。对于这种情况,设立市场管理型的营销组织就比较合适。

这种组织形式与产品管理型营销组织类似,可将产品部门换成市场部门,产品经理换成市场经理,如图10-5所示。

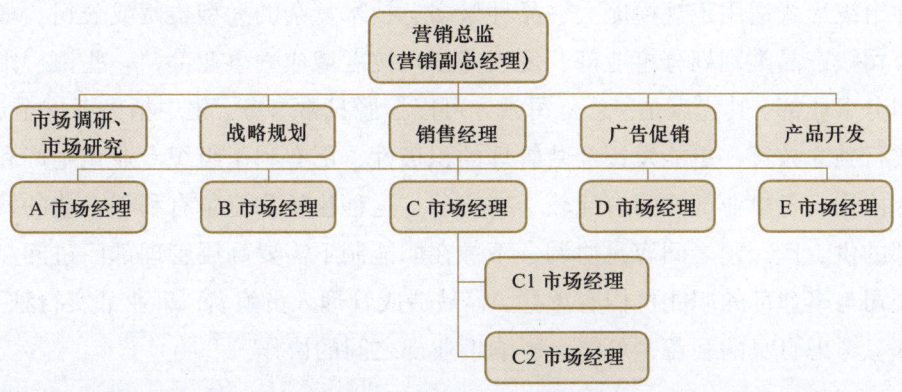

图10-5 市场管理型营销组织

此种组织形式的优点是企业可以按照不同客户的需求开展营销活动,有利于产品的销售和市场的开拓;但缺点是可能造成不同的市场部门缺乏整体观念,而产生部门利益的冲突。

(五)产品-市场管理型营销组织

这种组织形式是在营销组织中同时设置产品经理和市场经理的组织形式,从而形成一个矩阵式结构形式,如表10-1所示。

表10-1 产品-市场管理型营销组织

	A市场经理	B市场经理	C市场经理	D市场经理
甲产品经理				
乙产品经理				
丙产品经理				

产品-市场管理型组织兼顾了产品型与市场型两种组织的优点，适合产品种类繁多、市场多且复杂的多元化经营的公司。产品经理负责制订该产品的销售规划和产品改进计划，市场经理负责市场开发，双方可以密切配合。

这种组织形式的缺点是管理费用高，部门之间易产生矛盾和冲突，时有权责划分不清的问题发生。

（六）事业部型营销组织

随着企业多元化的发展及企业规模或市场范围的扩大，一些企业常把产品管理部门升格为独立的事业部，或按地区设立事业部，形成事业部型营销组织。如按产品类别划分的事业部，从产品的设计、原料采购、成本核算、产品制造，一直到产品销售，均由事业部及所属工厂负责，实行单独核算，独立经营，公司总部只保留人事决策、预算控制和监督大权，并通过利润等指标对事业部进行控制。

这种组织形式适用于规模庞大、品种繁多、技术复杂的大型集团或公司。如美的、宝洁等公司按产品类别划分事业部，麦当劳公司按区域成立事业部，一些银行则按顾客类型来划分事业部。其优点是：总公司领导可以摆脱日常事务，集中精力考虑全局问题；事业部实行独立核算，更能发挥经营管理的积极性，更有利于组织专业化生产和实现企业的内部协作；各事业部之间有比较、有竞争，这种比较和竞争有利于企业的发展；事业部内部的供、产、销之间容易协调，不像在职能制下需要高层管理部门过问。其主要缺点是公司与事业部的职能机构有重叠，容易造成管理人员浪费；事业部实行独立核算，各事业部只考虑自身的利益，可能会影响事业部之间的协作。

二、企业营销组织的职能

通常，企业的营销组织由市场部和销售部两大部分组成，而小企业通常是合二为一的。从职能分工来讲，市场部负责拉近产品与消费者的心理距离，销售部则负责拉近产品与消费者的物理距离。

（一）市场部的主要职能

市场部的主要职位及其主要工作任务如表10-2所示。

表10-2 市场部的主要职位及其主要工作任务

职　位	直属上司	主要工作任务
营销总监（营销副总）	总经理	协助总经理制定公司总体发展规划以及战略目标（销售目标+财务目标）；编制和实施年度市场推广计划和新产品开发计划；制定公司品牌管理与发展策略；管理、监督和控制公司市场经费使用情况；配合销售部进行方案推广实施等
市场部经理	市场总监	组织部门人员完成市场策划工作，监督管理销售部门的工作进度

(续)

职　位	直属上司	主要工作任务
市场策划主管	市场部经理	协助制定公司战略规划；负责公司年度、季度、月度的所有市场营销策划工作，编写所有的策划文案
市场拓展主管	市场部经理	公司大型活动策划的实际实施与指导工作
促销主管	市场部经理	编制促销计划，并监督其实施（以节日促销、现场终端促销为主）
广告企划主管	市场部经理	策划设计广告、制作广告、CI 设计实施以及终端 POP 设计等
公关主管	市场部经理	负责编制与执行市场公关计划，监督实施公关活动
产品主管	市场部经理	了解同类产品的市场动态以及根据市场信息的变化大胆设想未来产品的发展趋势（畅想未来产品，为生产部门提供设计思路）
调研主管	市场部经理	编制、实施各项市场调研计划以及市场调研项目，为相关部门人员提供所需的市场信息支持

（二）销售部的主要职能

销售部的主要职位及其主要工作任务如表 10-3 所示。

表 10-3　销售部的主要职位及其主要工作任务

职　位	直属上司	主要工作任务
销售部经理	市场（营销）总监	依据公司整体发展规划，编制各季度销售计划、具体的销售策略，全面负责销售部门内的业务及人员管理，落实完成任务目标
销售	销售部经理	寻找潜在客户，建立准客户信息群；客户跟踪，需求了解，商务谈判，合同签订；完成规定的销售任务；维系好新老客户的关系等
客户服务	销售部经理	为公司各类客户提供业务咨询；负责公司客户资料、公司文件（复件）及分销商合同（复件）等资料的管理、归类、整理、建档和保管工作；协助一线部门做好上门客户的接待和电话来访工作；接听客户投诉电话，收集客户信息和用户意见，对公司形象提升提出参考意见

第二节　营销计划的编制和执行

引导案例 10-2　用 ADP 模型估算营销计划目标

ADP 模型提供了一个用来估算下一年企业销售能否增长以及增长来源的方法。

该模型将影响企业销售的因素归结为三大因素，主要是：

A（Attitude，客户态度）——要想达到一定的销售目标，就必须要让客户将企业产品作为第一选择。

D（Distribution，渠道因素）——包括渠道覆盖情况、销售人员的表现、渠道的满意度等，对此进行分析，就能大概知道努力的方向在哪里，并能做出一定的判断和预测。

P（Profit，价格因素）——性价比、中间商的利润空间等。

可以从这三大因素出发，分析目前市场状况，评估下一年A、D、P三个参数的预计目标，当然行业不同、企业不同，三个因素的变化特点也不相同。

一般情况下，在市场已比较稳定的情况下，价格和渠道往往没什么变化，主要看客户态度的变化；但对于新产品、新企业来说，渠道的增长潜力就很大，因此，可据此确定企业年度计划的量化指标及努力方向。

"凡事预则立，不预则废"。"预"即指事先做好计划或准备。不论做什么事，事先有准备，就很可能取得成功，不然就会失败。

营销计划就是指企业在对市场营销环境进行调研分析的基础上，制订出企业及各部门的营销目标以及实现这一目标所应采取的策略、措施、步骤和详细说明。

营销计划是企业营销工作的起点和基础。它可以帮助企业及员工明确营销目标和需要解决的主要问题，明确为达到营销目标所要采取的营销策略和行动方案，加强团队协作，提高工作效率和效益。

一、营销计划的主要类型

（一）按制订计划的层次来划分

（1）战略计划。这是企业整体战略规划在营销领域的具体化，是对企业将在未来市场占有的地位及采取的营销战略所做的策划。

（2）策略计划。这是对营销活动某一方面所做的策划，如产品策略计划、品牌策略计划、定价策略计划等。

（3）作业计划。这是各项营销活动的具体执行性计划，如一项促销活动，需要对活动的目的、时间、地点、活动方式、费用预算等做策划。

（二）按计划时间的长短来划分

（1）长期计划。期限一般5年以上，主要是确定未来发展方向和奋斗目标的纲领性计划。

（2）中期计划。期限在1～5年的计划。

（3）短期计划。期限通常为1年，如年度计划，或1年以内的季度、月度计划。

（三）按计划涉及的范围来划分

（1）总体营销计划。这是企业营销活动的全面、综合性计划，如企业的年度营销计划。

（2）专项营销计划。这是针对某一产品或特殊问题而制订的计划，如品牌计划、渠道计划、促销计划、定价计划等。

二、营销计划的主要内容

1. 拟定营销计划主题

扫码观看：
如何编制
营销计划

主题是整个计划方案的基石和内核，后续的各部分内容都要围绕此主题展开，因此题目要明确、具体，有明确的目的性、针对性。如××××年××项目营销计划，或促销计划。

2. 计划概要

概要即是对主要营销目标和措施的简短、摘要性的描述，目的是使高层主管迅速了解该计划的主要内容，抓住计划的要点。

3. 现状分析

主要从产品、市场、竞争、宏微观环境等方面，在结合企业内外部调查研究的基础上，做出深入、详细的分析阐述。

（1）产品状况分析。分析目前本公司产品的优劣势、价格、市场占有率、成本、费用、利润率等情况。

（2）市场状况分析。分析内容包括市场规模和容量、市场增长情况、近年市场销量、细分市场情况、顾客需求状况、顾客对品牌的认知、顾客购买行为等。

（3）竞争状况分析。分析企业主要竞争对手的产品特性、生产规模、发展目标、市场占有率、主要的营销战略和策略，以及未来发展的意图、方向、行为特点等。

（4）宏微观环境分析。选取影响本企业营销的主要的宏微观环境因素，分析其现状、发展趋势等。

4. 机会及问题分析

在上述现状分析的基础上，进行SWOT分析，明确企业当前面临的主要问题，为确定下一步的目标及应对策略做好铺垫。

5. 目标设定

目标一般要体现在具体的可以量化的数字指标上，如具体的销售目标（销售收入、销售增长率、销售量、品牌知名度、市场份额等）、财务目标（利润额、利润率、投资回报率）等。

【营销工具】目标设定的SMART原则

S：Specific，设定的目标必须是具体明确的。

M：Measurable，目标是可以量化和衡量的。

A：Attainable，在付出努力的情况下是可以实现的，避免目标过高或过低。

R：Relevant，与其他的工作目标有一定相关性。

T：Time-bound，明确的目标完成截止期限。

6. 营销战略

营销战略即是为实现预定的计划目标和任务拟采取的途径和方法，如拟采取的目标市场战略、营销组合战略、竞争战略等。

7. 行动方案

要详细阐述营销活动"要做什么""什么时间做""怎么做"等，应该是具体的、细节化的，全面考虑到实施的时间、地点、步骤、责任人、项目费用等因素的详尽安排。

可以用表格的形式，将如何实施的详情罗列、描述出来，要条理清晰，让人一目了然。

8. 营销预算

对计划方案做出预计盈利或亏损的评估，可分"支出"和"预期收益"两部分来写。支出部分，列出上述方案内容中各项成本支出与营销活动的费用预算；预期收益部分，要对销量、销售价格等做出预估。预期的收益与支出之差就是预估的利润（或亏损）。

预期损益是企业高层衡量评估计划方案的重要参考依据。一旦通过审批，该预算就成为企业采购原材料、安排人力物力资源、组织相应的营销活动的依据。

9. 执行与控制

计划的执行和控制是确保营销计划达到预期结果的关键和保证，否则即使是一份出色的计划，如果执行和控制不力，也会毫无成效和价值。

首先确定人员、机构、业务流程等的安排。分工、责任要明确，同时要兼具灵活性和适应性；制定相应的激励措施；设定实施提示和监督的表格等，以确保计划方案能有条不紊地实施和执行。

其次要将营销计划变成具体的任务。如执行一份营销年度计划，就要将计划规定的目标和预算按月、按产品、按部门等进行分解，以便企业高层管理者或主管及时了解各阶段的进展，进行有效的监督、检查，未按计划完成任务的部门要及时纠偏，确保全年营销计划的顺利完成。

最后还应包括应急预案。因为任何计划的编制都是对未来活动的规划，而现实中企业内外部因素有诸多变数和不确定性，因此应考虑到一些有可能发生的问题，预备一些应急措施。应列举可能发生的突发事件或意外情况，制订出相关的防范、应对及善后措施，力争防患于未然。费用预算也要留有余地，预备一定的机动资金。

【课堂行动学习】用 SMART 工具制订一份计划书

> 试学习运用 SMART 工具，为自己制订一份学习计划，或健身计划，或阅读计划，或者自己所在班级、社团工作中的活动计划。可以合作完成。

第三节　企业营销控制

> **引导案例 10-3　如何把控促销活动的节奏**
>
> 要想最大可能地提升促销活动及宣传的效果，必须注意把控好促销活动的节奏。归纳电商促销活动的主要步骤，企业需要做好以下五个阶段的安排：
>
> （1）造势。一般在预热期开始前的 5~10 天，可发布一些活动亮点信息，吸引客户关注。
>
> （2）预热。一般在正式活动开始前的 3~5 天，但对于重大活动预热期可能要更长点，如天猫"双 11"预热期可达 10 天。此阶段要发布活动的亮点和利益点，如参与活动的商品、游戏及抽奖等促销活动力度。线上平台此时会特别关注客户收藏、加购物车的数据。
>
> （3）正式活动。通常是 1~3 天，工作的重心是提高转化率。线上主要把控好选品，使客户购物过程流畅，最大限度地提升销售额；对线下活动，则要关注客户的现场体验，刺激到场的人在社交媒体上进行二次传播，扩大活动的影响。
>
> （4）发酵。可通过意见领袖、评论媒体等把正式活动中值得传播的内容再次从不同角度进行低成本的网络宣传，持续提升活动的影响力。当然，并不是所有活动都能做到这一点。
>
> （5）尾声。公司或部门内部需做总结复盘，对外则可宣告活动圆满落幕，并将活动全程中的亮点、爆点再进行一次公关宣传。

在营销计划执行的过程中，营销部门需持续地进行营销控制，以保证最终营销目标的实现。

营销控制就是对营销战略、营销计划的执行情况进行度量和评价，必要时采取纠正措施以保证营销目标的实现。主要任务是根据具体的营销目标，衡量市场业绩，对实际业绩和预期业绩进行对比分析，及时采取必要的纠偏措施，力争达成预期目标。

营销控制主要包括战略控制和运营控制两个层面的内容。

战略控制，主要检查和评估公司的基本战略与市场机会的匹配程度。因为随着市场形势的变化，营销战略和方案可能会很快过时，公司需及时对整体市场战略做出评估和调整。以白酒行业为例，经过十年的高速增长，白酒的黄金时代在 2013 年戛然而止。经过漫长而难熬的 2013 年，白酒业者们也从美梦中惊醒过来，接受了行业进入调整期的现实。但就在"白酒冬天论"已成了行业的基本判断时，2013 年 12 月 26 日，汾酒集团董事长李秋喜在汾酒年会上抛出的"春天论"和"进攻论"再一次震惊了业界。他认为，这一轮白酒调整破产的是"官本位"文化，即将迎来的是白酒真正回归民众，是白酒真正市场化的春天。基于这个与众不同的战略判断，汾酒集团做出了大胆进攻的战略决策。

运营控制，包括对不同产品、地域、市场和渠道的盈利性、业绩表现进行评估和分析，以便及时采取纠正措施，保证公司营销计划中设定的销售额、利润和其他目标的顺利实现。

营销控制中，分析的主要方法有指标分解、对比分析、时间序列分析、因果分析、数据分布分析。以下着重介绍运营层面的分析及控制：

一、销售情况分析

1. 销售额分析

主要分析一定时期内销售额指标的完成情况。具体公式为

$$产品销售额 = 销售数量 \times 产品单价$$

2. 市场占有率分析

市场占有率是指一定时期内，某一公司的产品（或某品牌产品）在同类产品市场销售中所占的比例。具体公式为

$$市场占有率 = 产品（或品牌）的销售数量（或销售额） / 行业销售数量（或销售额）$$

通常，可比的产品以销售数量来计算市场份额，不可比的产品以销售额来计算市场占有率。但一般而言，销售额涵盖数量和价格两方面因素，更为全面。

市场占有率是反映企业竞争力的重要指标。在市场大小不变的情况下，市场占有率越高的公司其产品销售量越大。同时由于规模经济的作用，提高市场占有率也可能降低单位产品的成本，增加利润率。

市场占有率具体又可分为以下三种衡量尺度：

（1）总体市场占有率。它是指企业的销售占整个行业销售的比重，通常是衡量大企业市场地位的重要指标。使用这一指标要确定行业的统计口径，如在计量空调行业的销售量（额）时，要考虑是否将家用空调、商用空调、中央空调和家用中央空调算在一起。

（2）细分市场占有率。可按照产品线、价格定位、区域市场、渠道等分为若干市场数据组合来分析各个细分模块的市场占有率，及其产品销售在不同市场和渠道的分布比例。

（3）相对市场占有率。它是指本公司产品市场占有率与某标杆企业的市场占有率的比值，可用公式表示为

$$相对市场占有率 = 某企业的市场占有率 / 行业内领导者企业的市场占有率$$

3. 营销费用分析

营销费用分析的目的是监督各项费用支出的情况。在销售额一定的情况下，营销费

用越低，相应地，企业的效益就会越好。

营销费用主要包括：

（1）销售费用。如销售人员的工资、销售提成、差旅费、培训费、交际费等。
（2）促销费用。如广告等媒体费用、印刷费用、赠奖费用、临促费用等。
（3）物流费用。如储存费、运输费、折旧、维护费、保险等。
（4）其他费用。如管理人员的工资、管理费、办公费等。

4. 客户反应分析

主要是搜集客户的反应，如客户的态度、意见、满意度、忠诚度等，以便企业及时采取措施，改进工作，消除客户的不满。

二、盈利能力分析

盈利能力是指企业在一定时期内赚取利润的能力。盈利能力的高低是一个相对概念，是利润相对于一定的资源投入或一定的收入而言的。利润率越高，盈利能力越强；利润率越低，盈利能力越差。

企业经营的根本目的在于获利。盈利能力是企业经营人员最重要的业绩衡量标准，也是发现问题、改进营销管理的突破口。

1. 销售利润率

它表明单位销售收入获得的利润，反映了销售收入和利润的关系。计算公式为

$$销售利润率 = 利润总额 / 销售收入净额 \times 100\%$$

2. 营销投资回报率

它是指营销投资的净收益与营销投资成本的比率，可用于衡量营销活动中投资所产生的利润。

由于目前还缺乏统一的计算标准，除了财务上的收益指标外，还可以根据品牌认知度、顾客购买率等具体指标来评价营销收益。

如企业拟投入 200 万元做电视节目赞助广告，可将该支出需要取得的观众渗透率作为收益指标。假设经常观看节目的人数为 1 000 万人，其中 1/4 的人看到了赞助商，其中约 10%（25 万人）可能购买该公司的产品。如果产品的成本为 200 元，则公司需向这 25 万名潜在客户售出 1 万件产品才能收支相抵。根据营销投资回报率的分析，可大致判断这场活动可使企业收入提高多少、怎样才能做到，从而为公司开展相关活动指明方向。

三、效率控制分析

效率控制的目的是不断寻求更有效的方法来管理销售队伍、广告、促销和分销等绩

效不佳的营销实体活动。

1. 销售人员效率控制

销售人员效率控制是企业销售经理统计分析本地区销售人员效率的重要指标，如单个销售员平均每天进行销售访问的次数、每次销售人员访问平均所需要的时间、平均收入、平均成本和平均招待费、每100次销售人员销售访问的订货单比例、每一期新的顾客数目和流失的顾客数目、销售队伍成本占总成本的比例等，企业可以从以上分析中发现一些重要问题。

2. 广告效率控制

广告效率的控制至少要掌握以下资料：各种媒体类型、每一媒体工具触及千人的广告成本；能够注意、看到、联想和阅读广告的人在其受众中所占的比例；消费者对于广告内容和有效性的意见；对于产品态度的事前事后衡量；由广告激发的询问次数；每次广告成本等。

广告效率控制可以帮助企业高层领导者采取措施来提高广告效率，包括进行更有效的产品定位、完善或调整广告目标等。

实例 10-1 // 每日优鲜精准推广

每日优鲜是一家专注于优质生鲜的移动电商，创立于2014年11月，2015年1月1日正式上线。

每日优鲜采用了微信朋友圈LBS（Location Based Service，基于位置的服务）本地精准投放推广的模式。企业通过分析各城市对生鲜产品不同的需求及转化情况，采用分地域出价调整的策略，与平台方沟通挖掘出转化更高的人群画像，进行精准广告投放，再配合优惠信息，较好地吸引了消费者的关注，有效引导了新用户注册下单。

3. 促销效率控制

促销效率控制要求管理层对每一次销售促进的成本及对销售的影响做好记录和统计。

销售促进效率的控制应注意以下资料：优惠销售所占的比例；每单位销售额中所包含的商品陈列成本；赠券的回收率；一次演示所引起的询问次数等。

4. 分销效率控制

分销效率控制着眼于对企业分销经济性的分析，主要是对企业存货水准、仓库位置及运输方式进行分析和改进，以达到最佳配置并找出最佳运输方式。

本章小结

- 企业营销组织、计划与控制
  - 企业市场营销组织
    - 企业营销组织的基本类型
    - 企业营销组织的职能
  - 营销计划的编制和执行
    - 营销计划的主要类型
    - 营销计划的主要内容
  - 企业营销控制
    - 销售情况分析
    - 盈利能力分析
    - 效率控制分析

知识检测与拓展

1. 常见的营销组织有哪些类型？它们各自的特点、适用条件是什么？
2. 营销计划有哪些主要类型？
3. 一份营销计划书应包括哪些主要内容？
4. 营销计划执行与控制所涉及的主要问题有哪些？
5. 衡量营销业绩的主要指标有哪些？

实训项目

【实训任务】

调查本校学生在校内或校外的创新、创业项目，请选择一个项目，结合自己所在大学校园市场的特点，帮其拟订一份开业或促销的宣传活动计划书。

【操作要求】

1. 进行必要的市场调查。
2. 计划书内容完整、格式规范。
3. 策略措施要明确、具体，具有可操作性。

案例分析

格力电器全员开微店

2019年2月，格力电器启动了全员营销模式，包括董明珠在内的格力的9万员工都开设了自己的微店。董明珠的微店即命名为"董明珠的店",开店不到一个月销售额就突破了200万元,销售的商品从空调、冰箱、洗衣机、电饭煲到各种生活电器,应有尽有。

格力的"微店"不是开设在微店APP上的网上店铺,而是在格力自建的电商平台——"格力分销商城",每个格力员工有自己专属的店铺二维码。"格力分销商城"小程序入口,是不能通过微信搜索进入的,只能通过格力员工分享的二维码才能进入。

2019年1月16日,董明珠再次当选格力电器董事长。在股东大会上,董明珠表示未来5年,格力电器每年将保持10%以上的增长。格力"全员销售"模式的启动,与此预期销售目标有关。2018年格力电器财报显示其全年营收为2 000.24亿元(同比增长33.33%);但受不利的市场大环境影响,2019年一季度财报显示,格力营收405.48亿元,同比增长仅2.49%;实现净利润56.72亿元,同比增长仅1.62%。

董明珠在接受媒体采访时说到开微店的目的,一是希望能够通过微店让更多消费者快速了解格力除了空调以外还有更多的产品;二是消费者还可以通过微店把更多的需求、改进的建议直接反馈给企业;三是通过员工与消费者的直接接触,让其感受到自己的职责使命。她表示此项措施"主要是为激励大家,凝心聚力,培养大家的主人翁意识,卖少了不算考核,卖多了会有奖励"。

案例思考题:

1. 格力的全员营销模式对其实现预期销售目标有何作用?请谈谈你的理解和认识。
2. 试通过公司年报、财报、网站等渠道,调查了解1~2个格力同行友商的营收数据、目标,比较分析它们与格力的营销对策。

参 考 文 献

[1] 科特勒，凯勒，切尔内夫. 营销管理：第 16 版 [M]. 陈雄文，蒋青云，赵伟韬，等译. 北京：中信出版社，2022.

[2] 科特勒，卡塔加雅，塞蒂亚万. 营销革命 4.0 [M]. 王赛，译. 北京：机械工业出版社，2018.

[3] 波特. 竞争战略 [M]. 陈丽芳，译. 北京：中信出版社，2014.

[4] 麦克唐纳，莫里斯. 图解营销策划 [M]. 高杰，译. 北京：电子工业出版社，2019.

[5] 刘润. 新零售 [M]. 北京：中信出版集团，2018.

[6] 杨飞. 流量池 [M]. 北京：中信出版集团，2018.

[7] 王泽蕴. 不做无效的营销 [M]. 北京：中国友谊出版公司，2017.

[8] 符国群. 市场营销学 [M]. 北京，清华大学出版社，2023.

[9] 吴健安，钟育赣. 市场营销学 [M]. 7 版. 北京：清华大学出版社，2022.

[10] 杨洪涛，等. 市场营销：网络时代的超越竞争 [M]. 3 版. 北京：机械工业出版社，2019.

[11] 王永贵. 服务营销 [M]. 北京：清华大学出版社，2019.

[12] 毕思勇. 市场营销 [M]. 5 版. 北京：高等教育出版社，2020.

[13] 肖涧松. 现代市场营销 [M]. 3 版. 北京：高等教育出版社，2020.

[14] 武录齐，陈婧. 市场营销基础与实务 [M]. 北京：人民邮电出版社，2022.

[15] 夏凯，田俊国. 赢单九问 [M]. 厦门：鹭江出版社，2010.